히라가나 ひらがな

あ 아[a] あり [아리] 개미	か 카[ka] かさ [카사] 우산
い 이[i] いちご [이치고] 딸기	き 키[ki] きりん [키링] 기린
う 우[u] うさぎ [우사기] 토끼	く 쿠[ku] くり [쿠리] 밤
え 에[e] えき [에끼] 역	け 케[ke] いけ [이께] 연못
お 오[o] おりがみ [오리가미] 종이접기	こ 코[ko] きんこ [킹꼬] 금고

카타카나
カタカナ

ア 아[a] アイロン [아이롱] 다리미	**カ** 카[ka] カメラ [카메라] 카메라
イ 이[i] マイク [마이꾸] 마이크	**キ** 키[ki] ギター [기따] 기타
ウ 우[u] ウエハース [우에하스] 웨하스	**ク** 쿠[ku] グローブ [구로-부] 글로브
エ 에[e] エプロン [에이프런] 앞치마	**ケ** 케[ke] ケーキ [케-끼] 케익
オ 오[o] オレンジ [오렌지] 오렌지	**コ** 코[ko] コアラ [코아라] 코알라

왕초보에서 중급까지

한권으로 일본어
확실히 끝내기

어학연구소 지음

도서출판 사사연

머리말

요즘 「영어는 필수이고 제2외국어는 기본이다」라는 말이 있을 정도로 외국어의 습득이 곧 「세계화(世界化)」의 지름길로 받아들여지고 있습니다. 이처럼 언어가 국제 교류에 있어서 차지하는 비중은 실로 막대하며, 우리가 세계로 진출함에 있어 중요한 매개 수단으로 작용되고 있기 때문에 외국어의 학습이 절실히 요구되고 있는 실정입니다.

특히, 한일(韓日)간의 정치·경제·사회·스포츠·문화 등의 사회 전반에 폭넓은 교류가 활발하게 전개됨에 따라, 일본어는 제2외국어로서의 충분한 위치에 있다고 해도 과언이 아닐 정도로 일본어 학습자는 날로 증가하고 있습니다. 이에 따라 우리 실정에 맞는 올바른 일본어 교육은 하나의 과제로 등장하고 있습니다.

일본어는 우리말과 같은 계통의 언어로서 문법구조가 비슷하고 한자어를 쓰기 때문에 다른 계통의 언어에 비해 배우기가 쉽다고 할 수 있습니다. 그러나, 우리에게 비교적 배우기 쉬운 언어라고 하더라도 외국어인 이상 어려움은 정도의 차이일 뿐 마찬가지이고, 특히 초보자에게 있어서는 학습방법의 제시에 따라 영어보다 더 어려울 수도 있습니다. 이것은 일본어를 배우기 시작한 지 얼마 안 되어 중도에 포기하는 학습자가 많은 이유는 비능률적인 학습방법 뿐만 아니라, 교재 선택의 잘못에서 기인한 경우가 많다고 할 수 있습니다.

따라서 필자는 일선 강단과 일본어 교재 연구의 풍부한 경험을 바탕으로 하여 혼자서도 쉽고, 빠르게 익힐 수 있도록 문형 위주로 구성하여 체계적인 학습이 이루어지도록 심혈을 기울여, 제1장에서는 일본어 문자의 읽기와 쓰기 연습에 역점을 두었으며, 제2장에서는 일상생활에서 가장 많이 쓰이는 회화를 바탕으로 하여 어법과 문형을 중심으로 엮어 보았습니다.

● 일본어 문자

일본어 문자와 발음에는 청음, 탁음, 반탁음, 요음, 발음(撥音), 촉음, 장음으로 구분합니다. 모든 문자에 우리말 발음 표기와 단어의 예를 두어 정확하게 문자와 발음을 충분히 습득하고 본문으로 들어갈 수 있도록 하였습니다. 더욱 정확한 발음을 익히려면 독자 여러분께 서비스로 제공하는 히어링 테이프를 참고하시기 바랍니다.

● 회화와 문법

　회화는 초보 학습자의 체계적인 학습을 위해 어법의 순서에 맞춰 일상생활에서 많이 부딪칠 수 있는 장면을 기본어휘로 구성하였습니다.

　문법은 기초부터 중급 수준에 이르는 실력을 쌓을 수 있도록 품사별로 구분하지 않고 각 UNIT의 본문 회화에서 나오는 어법을 자세하게 설명하여 학습자가 혼자서도 충분히 이해가 되도록 하였습니다.

● 문 형

　문형은 각 UNIT에서 반드시 알고 넘어가야 할 어법을 바탕으로 4문장씩 두어 반복 숙지를 할 수 있도록 하였습니다.

　이 책은 일본어의 문자부터 초급·중급 수준에 이르는 어법을 한 권으로 충분히 익힐 수 있도록 엮었습니다. 외국어 학습에는 왕도가 없습니다. 학습 중에 이해가 되지 않는 부분은 몇 번이고 반복하여 익히면 소기의 성과를 얻을 수 있을 것입니다. 끝으로 이 책이 나오기까지 도와주신 여러분께 감사를 드리며 독자 여러분의 아낌없는 성원과 질정을 간곡히 부탁드립니다.

저자 씀

차 례

제1장 일본어 문자와 발음

Unit	제 목	Page	Unit	학습 Point	Page
1	청음	13	4	발음	19
2	탁음·반탁음	16	5	촉음	20
3	요음	17	6	장음	21

제2장 일본어 회화와 문법

Unit	제 목	Page	학습 Point
1	わたしは 学生です (저는 학생입니다)	24	1. ~は ~です 2. ~ですか 3. ~では ありません
2	はじめまして、わたしは 金です (처음 뵙겠습니다. 저는 김입니다)	30	1. 연체사 2. ~で、~です 3. 조사 ~の의 용법
3	これは 何の 本ですか (이것은 무슨 책입니까?)	36	1. 지시대명사 2. ~の의 준체 용법 3. 일본어 표기법
4	ここに 何が ありますか (여기에 무엇이 있습니까?)	42	1. 존재 표현 : あります 2. 존재 표현 : います 3. 조사 ~に、~が、~と、~や
5	ポケットの 中に 何か ありますか (호주머니 안에 무언가 있습니까?)	48	1. ありません 2. いません 3. 何か・だれか
6	大きい 箱と 小さい 箱が あります (큰 상자와 작은 상자가 있습니다)	54	1. 형용사의 기본형 2. 형용사의 정중형 3. 형용사의 연체형
7	きれいな ホテルですね (깨끗한 호텔이군요)	60	1. 형용동사의 기본형 2. 형용동사의 정중형 3. 형용동사의 연체형
8	研究室は いくつ ありますか (연구실은 몇 개 있습니까?)	66	1. 고유 수사 2. いくつ 3. ~で いちばん
9	封筒は 何枚 ありますか (봉투는 몇 장 있습니까?)	72	1. 한자어 수사 2. 조수사 3. ~い(な)のが

Unit	제 목	Page	학습 Point
10	桜の 花は 赤く ありません (벚꽃은 빨갛지 않습니다)	78	1. 형용사 ～くて 2. 형용사 부정형 3. 형용사 ～く ありません
11	たいへん 静かで きれいです (무척 조용하고 깨끗합니다)	84	1. 형용동사 ～で 2. 형용동사의 부정형 3. 형용동사 ～では ありません
12	お誕生日は いつでしたか (생일은 언제였습니까?)	90	1. ～でした 2. ～では ありませんでした 3. ～から ～まで
13	ソウルは 寒かったですか (서울은 추웠습니까?)	96	1. 형용사 과거형 2. 형용사 ～く なかった 3. 형용동사 ～でした
14	朝 何時に 起きますか (아침 몇 시에 일어납니까?)	102	1. 동사의 기본형 및 종류 2. 동사의 정중형 ～ます 3. 시간 표현
15	だれと テニスを しましたか (누구하고 테니스를 했습니까?)	108	1. 동사 ～ません 2. 동사 ～ました 3. 동사 ～ませんでした
16	どこから 来る バスですか (어디에서 오는 버스입니까?)	114	1. 동사의 연체형 2. 조사 ～へ, ～に, ～が 3. ～の의 주격 용법
17	朝 起きて 何を しますか (아침에 일어나서 무엇을 합니까?)	120	1. 동사 ～て 2. 5단동사의 음편
18	名前と 住所を 書いて ください (이름과 주소를 써 주세요)	126	1. ～て ください 2. ～て くださいませんか 3. 동사의 중지형
19	何を して いますか (무엇을 하고 있습니까?)	132	1. ～て いる (진행) 2. ～て いる (상태) 3. ～でしょう
20	どこかで お茶でも 飲みましょう (어디에서 차라도 마십시다)	138	1. ～ましょう 2. ～でも ～ませんか 3. 가족 호칭
21	何が いちばん ほしいですか (무엇을 가장 갖고 싶습니까?)	144	1. ～が ほしい 2. ～が ～たい 3. ～を ほしがる, ～たがる

Unit	제 목	Page	학습 Point
22	映画を 見に 行きます (영화를 보러 갑니다)	150	1. ～に 行く 2. (お)～なさい 3. 접두어 お(ご)의 용법
23	車の 運転が できますか (차 운전을 할 줄 압니까?)	156	1. できる 2. ～ことが できる 3. 동사의 가능형
24	あの 人は 韓国から 来た 友達です (그 사람은 한국에서 온 친구입니다)	162	1. 동사의 과거형 2. ～た의 상태 존속 3. ～て いた
25	もう すぐ 帰るだろうと 思います (이제 곧 돌아올 것입니다)	168	1. ～て ある 2. ～から 3. ～だろうと 思う
26	あしたは 試験なのに、大丈夫でしょうか (내일은 시험인데 괜찮을까요?)	174	1. ～ので 2. ～のに 3. ～ばかり
27	よく 見えないから、電灯を 点けましょう (잘 보이지 않으니까 전등을 켭시다)	180	1. 동사의 부정형 2. ～の(ん)です 3. ～ぶり
28	ずいぶん 日が 短く なりましたね (무척 해가 짧아졌군요)	186	1. ～に なる 2. ～く なる 3. ～と
29	旅行を しようと 思って います (여행을 하려고 합니다)	192	1. 동사의 의지형 2. ～う(よう)と 思う 3. ～てから
30	みんなで 行ければ 楽しいですね (모두 함께 갈 수 있으면 즐겁겠네요)	198	1. 동사의 가정형 ～eば 2. 형용사의 가정형 ～ければ 3. 형용동사의 가정형 ～ならば
31	時間が あったら、お茶でも 飲んで 帰りませんか (시간이 있으면 차라도 마시고 가지 않겠어요?)	204	1. 동사의 조건형 ～たら 2. 명사・형용동사 ～だったら 3. 형용사 ～かったら
32	少なくとも 七時間は 寝なければ なりませんよ (적어도 7시간은 자지 않으면 안 됩니다)	210	1. ～ても いい 2. ～なければ ならない 3. ～より ～の ほうが
33	牛乳も 飲んでは いけませんか (우유도 마셔서는 안 됩니까?)	216	1. ～ては いけない 2. ～に する 3. ～ないで ください

Unit	제 목	Page	학습 Point
34	まるで 兄弟の ように よく 似て いますね (마치 형제처럼 많이 닮았군요)	222	1. ～ようだ (비유·예시) 2. ～だと 思う 3. ～がる
35	本を 読んだり、テレビを 見たり します (책을 읽거나 텔레비전을 보거나 합니다)	228	1. 동사 ～たり 2. 형용사 ～かったり 3. 형용동사 ～だったり
36	私は もらうだけです (저는 받기만 합니다)	234	1. ～て あげる 2. ～て くれる 3. ～て もらう
37	李さんは あした 国へ 帰るそうですよ (이씨는 내일 고국에 간답니다)	240	1. ～そうだ (양태) 2. ～そうだ (전문)
38	あなたには 細すぎるかも しれませんね (당신에게는 너무 가늘지 모르겠군요)	246	1. ～かも しれない 2. ～たばかりだ 3. ～すぎる
39	雨は まだ 止まないらしいです (비는 아직 그치지 않는 것 같습니다)	252	1. ～らしい (조동사) 2. ～らしい (접미어) 3. ～て たまらない
40	着物を 着る 女の人は 多いようですね (기모노를 입는 여자는 많은 것 같더군요)	258	1. ～ようだ (불확실한 단정) 2. ～ことが ある 3. ～たまま
41	富士山に 登った ことが ありますか (후지산에 오른 적이 있습니까?)	264	1. ～た ことが ある 2. 접미어 ～さ 3. ～て ほしい
42	吉田君も 映画に 来いと 言って くれ (요시다도 영화를 보러 오라고 말해 줘)	270	1. 동사의 명령형 2. ～ことに なる 3. ～ことに する
43	背中を 押されたり、足を 踏まれたり しました (등을 밀치기도 하고 발을 밟히기도 했습니다)	276	1. 수동형 ～(ら)れる 2. 수동 표현 3. 피해의 수동
44	教科書の 本文を 読ませます (교과서의 본문을 읽게 합니다)	282	1. 사역형 ～(さ)せる 2. ～(さ)せて ください 3. ～(さ)せて もらう
45	本を お借りしに 参りました (책을 빌리러 왔습니다)	288	1. 존경 표현 お ～になる 2. 겸양 표현 お ～する 3. 정중 표현

제 1 장

일본어 문자와 발음

▶ 여기서는 청음, 탁음, 반탁음, 요음, 발음(撥音), 촉음, 장음을 배우게 됩니다. 모든 문자에 우리말 발음 표기와 단어의 예를 두어 정확하게 문자와 발음을 충분히 습득하고 본문으로 들어갈 수 있도록 하였으나, 더욱 정확한 발음을 익히려면 독자 여러분께 서비스로 제공하는 히어링 테이프를 참고하시기 바랍니다.

일본어 문자

일본어는 문자는 히라가나(ひらがな), 가타카나(カタカナ) 한자(漢字) 등 세 가지를 병용해서 표기한다. 히라가나와 가타카나를 합쳐서 「가나(かな)문자」라고 하며 우리 한글처럼 표음문자이다.

ひらがな

히라가나(ひらがな)는 한자의 초서체가 변형되어 만들어진 문자로 헤이안(9세기경)시대 궁정귀족의 여성들에 의해 쓰여진 문자로 지금은 인쇄·필기 등의 모든 표기에 쓰이는 기본 문자이다.

カタカナ

가타카나(カタカナ)는 한자의 일부분을 따거나 획을 간단히 한 문자로 헤이안 시대부터 스님들이 불경의 강독을 들을 때 그 발음을 표기하기 위해 쓰여진 문자이다. 가타카나는 외래어를 표기할 때 주로 쓰이며, 전보문, 의성어 등, 어려운 한자로 표기해야 할 동식물의 명칭이나 문장에서 특별히 강조할 때도 사용한다.

漢字(かんじ)

일본어는 음절(音節) 수가 적기 때문에 한자를 표기하지 않고는 그 의미를 이해하기 어렵다. 따라서 한자는 일본어 표기의 근간이 된다.

중국이나 우리는 한자를 음(音)으로만 읽지만, 일본어에서는 음과 훈 모두 읽는다. 또한 일본식 약자(新字体)를 사용하기 때문에 우리가 쓰는 정자(正字)로 표기하면 안 된다.

일본의 한자 정책

1981년 일본정부는 당용한자 중에 일부 한자를 삭제하거나 추가하여 현대 일본어 표기에 적합하도록 1,945자로 늘리고 새로이 상용한자(常用漢字)로 명칭을 바꾸어 지금까지 그대로 쓰고 있다. 이 상용한자는 「법령·공용문서·신문·잡지·방송」등 일반사회에서 사용하는 한자의 범위를 정한 것으로, 「전문용어·인명·지명」등에서는 예외로 하고 있다. 인명용 한자는 우리와 마찬가지로 사용범위를 제한하여 별도로 166자를 지정하여 쓰고 있다. 또, 상용한자 가운데 996자를 교육한자로 지정하여 소학교 과정에서 단계적으로 습득하게 하였으며, 나머지 949자는 중학교에서 익히도록 하여 의무교육 기간인 9년간에 걸쳐 1945자를 습득하도록 하였다.

오십음도

가나(かな)문자를 행(行)과 단(段)으로 나누어 다섯 자(字)씩 10행으로 배열한 것을 오십음도(五十音図)라고 한다.

● ひらがな

段\行	あ行	か行	さ行	た行	な行	は行	ま行	や行	ら行	わ行	
あ段	あ a	か ka	さ sa	た ta	な na	は ha	ま ma	や ya	ら ra	わ wa	ん n
い段	い i	き ki	し si	ち chi	に ni	ひ hi	み mi		り ri		
う段	う u	く ku	す su	つ tsu	ぬ nu	ふ hu	む mu	ゆ yu	る ru		
え段	え e	け ke	せ se	て te	ね ne	へ he	め me		れ re		
お段	お o	こ ko	そ so	と to	の no	ほ ho	も mo	よ yo	ろ ro	を o	

● カタカナ

段\行	ア行	カ行	サ行	タ行	ナ行	ハ行	マ行	ヤ行	ラ行	ワ行	
ア段	ア a	カ ka	サ sa	タ ta	ナ na	ハ ha	マ ma	ヤ ya	ラ ra	ワ wa	ン n
イ段	イ i	キ ki	シ si	チ chi	ニ ni	ヒ hi	ミ mi		リ ri		
ウ段	ウ u	ク ku	ス su	ツ tsu	ヌ nu	フ hu	ム mu	ユ yu	ル ru		
エ段	エ e	ケ ke	セ se	テ te	ネ ne	ヘ he	メ me		レ re		
オ段	オ o	コ ko	ソ so	ト to	ノ no	ホ ho	モ mo	ヨ yo	ロ ro	ヲ o	

일본어 발음

일본어 발음에는 청음(清音), 탁음(濁音), 반탁음(半濁音), 요음(拗音), 촉음(促音), 발음(撥音), 장음(長音) 등 7가지 형태가 있다.

1. 清音(せいおん)

청음이란「맑게 소리나는 음」이란 뜻으로, 오십음도에서 마지막 글자인 ん을 제외한 모든 음을 말한다. 일본어 모음은 あ い う え お이며, 반모음은 や ゆ よ이다. 자음은 모음과 반모음을 제외한 모든 음을 말하며, 모음이 접속되어 한 음절로 발음되는 것이 특징이다.

2. 濁音(だくおん)

탁음은 청음의 か さ た は行의 글자 오른 쪽 위에 탁점(゛)을 붙여 탁하게 소리내는 것을 말한다.

3. 半濁音(はんだくおん)

반탁음은 は행의 글자 오른쪽 위에 반탁점(゜)을 붙인 음을 말한다.

4. 拗音(ようおん)

요음이란 주로 한자어나 외래어에서 많이 쓰이는 음으로 반모음인 や ゆ よ를 い단(き し ち に ひ み り ぎ じ び ぴ) 자음 옆에 작은 글자로 표기하여 한 음절로 발음하는 것을 말한다.

5. 撥音(はつおん)

오십음도에서 마지막 글자인 ん을 발음, 또는 はねる音(하네루 오또)라고도 한다. 이것은 다른 글자 뒤에 붙어 받침으로만 쓰이는 글자로 뒷글자의 음에 따라 발음이 달라진다.

6. 促音(そくおん)

촉음은 일명 つまる音(쓰마루 오또)라고도 하며, た행의 つ를 작은 글자 っ로 표기하여 우리말의 받침과 같은 역할을 하는 것을 말한다. 뒤에 오는 글자의 음에 따라 발음이 달라진다.

7. 長音(ちょうおん)

장음은 한 박자의 음을 길게 늘여 두 박자로 발음하는 것을 말한다. 가타카나의 장음 표기는「ー」으로 표기한다.

1 청음　　　　　　　　　　　　　　　　　　　　清音(せいおん)

1-A

あ行	あ 아	い 이	う 우	え 에	お 오
か行	か 카	き 키	く 쿠	け 케	こ 코
さ行	さ 사	し 시	す 스	せ 세	そ 소

▶ か行은 단어의 첫머리에 올 때는 「가 기 구 게 고」로 「ㅋ」에 가깝게 발음하지만, 단어의 중간이나 끝에 올 때는 「까 끼 꾸 께 꼬」로 발음한다. さ行의 す는 「스」로 발음한다.

단어의 예

あし 아시	うし 우 시	かい 가 이	えき 에 끼
しお 시 오	ここ 고 꼬	かさ 가 사	そこ 소 꼬
くし 구 시	すいか 스 이 까	いけ 이 께	あせ 아 세

단어의 뜻　あし(足) 발　うし(牛) 소　かい(貝) 조개　えき(駅) 역　しお(塩) 소금　ここ 여기
　　　　　　かさ(傘) 우산　そこ 거기　くし 빗　すいか 수박　いけ(池) 연못　あせ(汗) 땀

청음   清音(せいおん)

た行	た 타	ち 치	つ 츠	て 테	と 토
な行	な 나	に 니	ぬ 누	ね 네	の 노
は行	は 하	ひ 히	ふ 후	へ 헤	ほ 호

▶ た行은 단어의 첫머리에 올 때는 「다 치 츠 데 도」로 「ㅌ(ㅊ)」에 가깝게 발음하지만, 단어의 중간이나 끝에 올 때는 「따 찌 쯔 떼 또」로 발음한다.

단어의 예

단어의 뜻: たいこ(太鼓) 북 うち(家) 집 くつ(靴) 구두 いと(糸) 실 さかな(魚) 물고기 かに 게 いぬ(犬) 개 ねこ(猫) 고양이 つの(角) 뿔 ふえ(笛) 피리 はし(橋) 다리 ほし(星) 별

청 음　　　　　　　　　　　　　　　　　清音(せいおん)

ま行	ま 마	み 미	む 무	め 메	も 모
や行	や 야		ゆ 유		よ 요
ら行	ら 라	り 리	る 루	れ 레	ろ 로
わ行	わ 와		ん 응		を 오

▶ や行은 반모음이다. わ行의 を(~을, 를)는 조사로만 쓰이며, ん은 받침으로만 쓰이며 그 뒤에 오는 자음에 따라 「ㅁ ㄴ ㅇ」으로 소리가 난다. ※자세한 것은 撥音을 참조할 것.

단어의 예

단어의 뜻　うま(馬) 말　みみ(耳) 귀　むし(虫) 벌레　くも(雲) 구름　ゆき(雪) 눈　よる(夜) 밤
さくら(桜) 벚꽃　はかり(秤) 저울　さる(猿) 원숭이　やま(山) 산　しろ(城) 성　かわ(川) 강

2 탁음·반탁음　　濁音(だくおん)·半濁音(はんだくおん)

▶ 탁음이란 청음에 비해 탁한 소리를 말하며, か さ た は행의 글자 오른쪽 윗부분에 탁점「゛」을 붙인 음을 말한다. 반탁음은 は행의 오른쪽 윗부분에 반탁점「゜」을 붙인 것을 말한다.

が行	が 가	ぎ 기	ぐ 구	げ 게	ご 고
ざ行	ざ 자	じ 지	ず 즈	ぜ 제	ぞ 조
だ行	だ 다	ぢ 지	づ 즈	で 데	ど 도
ば行	ば 바	び 비	ぶ 부	べ 베	ぼ 보
ぱ行	ぱ 파	ぴ 피	ぷ 푸	ぺ 페	ぽ 포

단어의 예

めがね 메가네	かぎ 가기	かぐ 가구	げた 게따
はいざら 하이자라	にじ 니지	ちず 치즈	かぜ 가제
くだもの 구다모시	まど 마도	そで 소데	はなぢ 하나지
はば 하바	えび 에비	かべ 가베	ぶた 부따
でんぱ 뎀빠	てんぷら 뎀뿌라	えんぴつ 엠삐쯔	さんぽ 삼보

단어의 뜻

めがね(眼鏡) 안경　かぎ(鍵) 열쇠　かぐ(家具) 가구　げた 나막신　はいざら(灰皿) 재떨이
にじ(虹) 무지개　ちず(地図) 지도　かぜ(風) 바람　くだもの(果物) 과일　まど(窓) 창문
そで(袖) 소매　はなぢ(鼻血) 코피　はば(幅) 폭　えび 새우　かべ(壁) 벽　ぶた(豚) 돼지
でんぱ(電波) 전파　てんぷら 튀김　えんぴつ(鉛筆) 연필　さんぽ(散歩) 산책

3 요음   拗音(ようおん)

▶ 요음(拗音)이란 い단 글자 중에 자음인 き し ち に ひ み り ぎ じ び ぴ에 반모음의 작은 글자 ゃ ゅ ょ를 붙여서 한 음절로 발음하는 것을 말한다. 따라서 ゃ ゅ ょ는 우리말의 「ㅑ·ㅠ·ㅛ」 같은 역할을 한다.

きゃ行	きゃ	きゅ	きょ
	캬	큐	쿄

しゃ行	しゃ	しゅ	しょ
	샤	슈	쇼

ちゃ行	ちゃ	ちゅ	ちょ
	챠	츄	쵸

にゃ行	にゃ	にゅ	にょ
	냐	뉴	뇨

ひゃ行	ひゃ	ひゅ	ひょ
	햐	휴	효

みゃ行	みゃ	みゅ	みょ
	먀	뮤	묘

りゃ行	りゃ	りゅ	りょ
	랴	류	료

ぎゃ行	ぎゃ	ぎゅ	ぎょ
	갸	규	교

じゃ行	じゃ	じゅ	じょ
	쟈	쥬	죠

びゃ行	びゃ	びゅ	びょ
	뱌	뷰	뵤

ぴゃ行	ぴゃ	ぴゅ	ぴょ
	퍄	퓨	표

일본어 문자와 발음

단어의 예

きゃく	ちきゅう	きょか	かいしゃ
갸꾸	치꾸─	교까	가이샤

しゅるい	さいしょ	おちゃ	ちょうさ
슈루이	사이쇼	오쨔	쵸─사

ちゅうい	にゅうこく	にょうぼう	ひゃく
츄─이	뉴─꼬꾸	뇨─보─	햐꾸

ひょうか	みゃく	みょうみ	りゃくず
효─까	먀꾸	묘─미	랴꾸즈

りゅうがく	りょこう	ぎゃくせつ	にくぎゅう
류─가꾸	료꼬─	갸꾸세쯔	니꾸규─

ぎょうむ	じゃぐち	じゅわき	じょせい
교─무	쟈구찌	쥬와끼	죠세이

びゃくや	ごびゅう	びょうき	はっぴゃく
뱌꾸야	고뷰─	뵤─끼	합빠꾸

すんぴょう	のうぎょう	かしゅ	かぼちゃ
슨뾰─	노─교─	가슈	가보쨔

단어의 뜻

きゃく(客) 손님   ちきゅう(地球) 지구   きょか(許可) 허가   かいしゃ(会社) 회사   しゅるい(種類) 종류   さいしょ(最初) 최초   おちゃ(茶) 차   ちょうさ(調査) 조사   ちゅうい(注意) 주의   にゅうこく(入国) 입국   にょうぼう(女房) 마누라   ひゃく(百) 백   ひょうか(評価) 평가   みゃく(脈) 맥   みょうみ(妙味) 묘미   りゃくず(略図) 약도   りゅうがく(留学) 유학   りょこう(旅行) 여행   ぎゃくせつ(逆説) 역설   にくぎゅう(肉牛) 육우   ぎょうむ(業務) 업무   じゃぐち(蛇口) 수도꼭지   じゅわき(受話器) 수화기   じょせい(女性) 여성   びゃくや(白夜) 백야   ごびゅう(誤謬) 오류   びょうき(病気) 병   はっぴゃく(八百) 8백   すんぴょう(寸評) 촌평   のうぎょう(農業) 농업   かしゅ(歌手) 가수   かぼちゃ 호박

4 발음 — 撥音(はつおん)

▶ 발음(撥音)인 ん(ン)은 단어의 첫머리에 올 수 없으며, 항상 다른 글자 뒤에 쓰여 우리말의 받침과 같은 구실을 한다. 따라서 ん(ン) 다음에 오는 글자의 영향에 따라 우리말의 「ㄴ・ㅁ・ㅇ」으로 소리가 난다. (이것은 발음의 편의를 위한 자연스런 변화이므로 특별히 신경쓰지 않아도 된다.)

1. 「ㅇ」으로 발음되는 경우 — ん다음에 か が행의 음이 이어질 때

ぶんか	でんき	おんがく	さんこう
붕 까	뎅 끼	옹 가꾸	상 꼬ー

2. 「ㄴ」으로 발음되는 경우 — ん다음에 さ ざ た だ な ら행의 음이 이어질 때

けんさ	せんせい	かんじ	はんたい
겐 사	센 세이	간 지	한 따이

ねんだい	こんにち	てんのう	しんらい
넨 다이	곤 니찌	덴 노ー	신 라이

3. 「ㅁ」으로 발음되는 경우 — ん다음에 ま ば ぱ행의 음이 이어질 때

あんま	けんぶつ	かんぱい	しんぴ
암 마	겜 부쯔	감 빠이	심 삐

4. 「ㄴ」과 「ㅇ」의 중간음인 경우 — ん다음에 あ は や わ행이 올 때나, 단어의 끝에 올 때

れんあい	ほんや	でんわ	にほん
렝 아이	홍 야	뎅 와	니 홍

단어의 뜻 ぶんか(文化) 문화 でんき(電気) 전기 おんがく(音楽) 음악 さんこう(参考) 참고 けんさ(検査) 검사 せんせい(先生) 선생 かんじ(漢字) 한자 はんたい(反対) 반대 ねんだい(年代) 연대 こんにち(今日) 오늘 てんのう(天皇) 천황 しんらい(信頼) 신뢰 あんま(按摩) 안마 けんぶつ(見物) 구경 かんぱい(乾杯) 건배 しんぴ(神秘) 신비 れんあい(恋愛) 연애 ほんや(本屋) 책방 でんわ(電話) 전화 にほん(日本) 일본

5 촉음 促音(そくおん)

▶ 촉음(促音)이란 막힌 소리의 하나로 우리말의 받침과 같은 역할을 하는 것을 말한다. 즉, つ를 작은 글자 っ로 표기하여 다른 글자 밑에서 받침으로만 쓰는 것을 말한다. 이것은 하나의 음절을 갖고 있으며, 뒤에 오는 글자의 영향에 따라 우리말 받침의 「ㄱ・ㅅ・ㄷ・ㅂ」으로 발음된다.

1.「ㄱ」받침이 되는 경우
촉음 っ 다음에 か행의 음이 이어질 때

けっか	がっき	せっけん	けっこん
겍 까	각 끼	섹 껭	겍 꽁

2.「ㅅ」받침이 되는 경우
촉음 っ 다음에 さ행의 음이 이어질 때

ざっし	さっそく	けっせき	ぐっすり
잣 시	삿 소꾸	겟 세끼	굿 스리

3.「ㄷ」받침이 되는 경우
촉음 っ 다음에 た행의 음이 이어질 때

ねったい	あさって	きって	おっと
넷 따이	아삿 떼	깃 떼	옷 또

4.「ㅂ」받침이 되는 경우
촉음 っ 다음에 ぱ행의 음이 이어질 때

しっぱい	らっぱ	ほっぺた	きっぷ
십 빠이	랍 빠	홉 뻬따	깁 뿌

단어의 뜻 けっか(結果) 결과 がっき(楽器) 악기 せっけん(石鹸) 비누 けっこん(結婚) 결혼 ざっし(雑誌) 잡지 さっそく(早速) 재빨리 けっせき(欠席) 결석 ぐっすり 푹 ねったい(熱帯) 열대 あさって 모레 きって(切手) 우표 おっと(夫) 남편 しっぱい(失敗) 실패 らっぱ 나팔 ほっぺた 뺨 きっぷ(切符) 표

6 장음 長音(ちょうおん)

▶ 장음(長音)이란 같은 모음이 중복될 때 앞의 발음을 길게 발음하는 것을 말한다. 우리말에서는 장음의 구별이 어렵지만 일본어에서는 이것을 확실히 구분하여 쓴다. 음의 장단(長短)에 따라 그 의미가 달라지는 경우가 있으므로 주의해야 한다. 또, カタカナ에서는 장음부호를 「ー」로 표기한다. 이 책의 우리말 장음 표기에서도 편의상 「ー」로 처리하였다.

1. 「あ」 장음이 되는 경우
あ단 글자 다음에 모음 あ가 이어질 때

おかあさん	おばあさん	ばあい	さあ
오까ー상	오바ー상	바ー이	사ー

2. 「い」 장음이 되는 경우
い단 글자 다음에 모음 い가 이어질 때

おじいさん	おにいさん	たのしい	きいろい
오지ー상	오니ー상	다노시ー	기ー로이

3. 「う」 장음이 되는 경우
う단 글자 다음에 모음 う가 이어질 때

くうき	こうつう	ふうとう	せんぷうき
구ー끼	고ー쓰ー	후ー또ー	셈뿌ー끼

4. 「え」 장음이 되는 경우
え단 글자 다음에 모음 え나 い가 이어질 때

おねえさん	えいご	けいざい	へいわ
오네ー상	에ー고	게ー자이	헤ー와

5. 「お」 장음이 되는 경우
お단 글자 다음에 모음 お 또는 う가 이어질 때

おおきい	こおり	おとうさん	ぼうえき
오ー끼ー	고ー리	오또ー상	보ー에끼

단어의 뜻 お母(かあ)さん 어머니 お祖母(ばあ)さん 할머니 場合(ばあい) 경우 さあ 자, 글쎄 お祖父(じい)さん 할아버지 お兄(にい)さん 형님 楽(たの)しい 즐겁다 黄色(きいろ)い 노랗다 空気(くうき) 공기 交通(こうつう) 교통 封筒(ふうとう) 봉투 扇風機(せんぷうき) 선풍기 お姉(ねえ)さん 누님 英語(えいご) 영어 経済(けいざい) 경제 平和(へいわ) 평화 大(おお)きい 크다 氷(こおり) 얼음 お父(とう)さん 아버지 貿易(ぼうえき) 무역

가타카나의 탁음과 요음

● 濁音

段＼行	ガ行	ザ行	ダ行	バ行
ア段	ガ ga	ザ za	ダ da	バ ba
イ段	ギ gi	ヂ zi	ヂ zi	ビ bi
ウ段	グ gu	ヅ zu	ヅ zu	ブ bu
エ段	ゲ ge	デ ze	デ de	ベ be
オ段	ゴ go	ド zo	ド do	ボ bo

半濁音

パ行
パ pa
ピ pi
プ pu
ペ pe
ポ po

● 拗音

キャ	シャ	チャ	ニャ	ヒャ	ミャ	リャ	ギャ	ジャ	ビャ	ピャ
kya	sya	cha	nya	hya	mya	rya	gya	ja	bya	pya
キュ	シュ	チュ	ニュ	ヒュ	ミュ	リュ	ギュ	ジュ	ビュ	ピュ
kyu	syu	chu	nyu	hyu	myu	ryu	gyu	ju	byu	pyu
キョ	ショ	チョ	ニョ	ヒョ	ミョ	リョ	ギョ	ジョ	ビョ	ピョ
kyo	syo	cho	nyo	hyo	myo	ryo	gyo	jo	byo	pyo

제 2 장

일본어 회화와 문법

▶ 여기서는 일본어 학습의 기본이 되는 어법과 어휘, 회화, 독해를 초급과정에서 중급과정까지 배우게 됩니다. 먼저 각 Unit의 본문을 히어링 테이프로 듣고 두 세 번 정도 읽어 본 다음 어법 설명을 통하여 일본어 문법을 충분히 이해한 다음에 문형 연습으로 마무리하기 바랍니다.

Unit 1 わたしは 学生です

金　こんにちは。

野村　こんにちは。

　　　あなたは 学生ですか

金　はい、わたしは 学生です。

　　　あなたは 先生ですか。

野村　いいえ、わたしは 先生では ありません。

　　　わたしは 会社員です。

　　　あなたは 中国人ですか。

金　いいえ、わたしは 中国人では ありません。

　　　わたしは 韓国人です。

　　　あなたは 日本人ですか。

野村　はい、わたしは 日本人です。

　　　わたしは 野村です。

金　わたしは 金です。

해석   저는 학생입니다

김   안녕하세요?

노무라   안녕하세요?
당신은 학생입니까?

김   네, 저는 학생입니다.
당신은 선생입니까?

노무라   아니오, 저는 선생이 아닙니다.
저는 회사원입니다.
당신은 중국인입니까?

김   아니오, 저는 중국인이 아닙니다.
저는 한국인입니다.
당신은 일본인입니까?

노무라   네, 저는 일본인입니다.
저는 노무라입니다.

김   저는 김입니다.

학습 Point

1. 조사 ~は의 용법
2. 정중한 단정 ~です의 용법
3. 의문문 ~ですか
4. 부정문 ~では ありません
5. 부정의문 ~では(じゃ) ありませんか
6. 응답표현 / はい・いいえ
7. 인칭대명사 / わたし・あなた
8. 접미어 ~さん의 용법
9. 만났을 때 인사 표현

단어

- こんにちは   안녕하세요
- あなた   당신
- ~は   ~은, 는
- 学生(がくせい)   학생
- ~ですか   ~입니까?
- はい   네
- わたし   저, 나
- 先生(せんせい)   선생(님)
- ~です   ~입니다
- いいえ   아니오
- ~では ありません   ~이(가) 아닙니다
- 会社員(かいしゃいん)   회사원
- 中国人(ちゅうごくじん)   중국인
- 韓国人(かんこくじん)   한국인
- 日本人(にほんじん)   일본인

어법해설

Point 1 조사 ~は의 용법

~は는 말하는 사람이 특별히 어느 것을 꼬집어 다른 것과 구별을 할 때 쓰이는 조사로 체언에 접속하며 우리말의 「~은(는)」으로 해석한다. 주의할 것은 본래의 발음은 「ha(하)」이지만, 조사로 쓰일 경우에는 반드시 「wa(와)」로 발음해야 한다.

> 예 わたしは 野(の)村(むら)です。
> (저는 노무라입니다.)
>
> 金(キム)さんは 韓(かん)国(こく)人(じん)です。
> (김씨는 한국인입니다.)

Point 2 정중한 단정을 나타내는 ~です의 용법

~です는 우리말의 「~입니다」에 해당하는 말로, 체언 및 그에 준하는 말에 접속하여 말하는 사람의 정중한 단정을 나타낸다.

> 예 わたしは 学(がく)生(せい)です。
> (나는 학생입니다.)
>
> 金(キム)さんは 会(かい)社(しゃ)員(いん)です。
> (김씨는 회사원입니다.)

Point 3 단정의 의문문 ~ですか

~ですか는 체언에 접속하여 정중한 단정을 나타내는 ~です(~입니다)에 의문이나 질문을 나타내는 조사 か가 접속된 형태로 우리말의 「~입니까」라는 뜻이 된다.

> 예 あなたは 学(がく)生(せい)ですか。
> (당신은 학생입니까?)
>
> あなたは 日(に)本(ほん)人(じん)ですか。
> (당신은 일본인입니까?)

※ 일본어 표기법에서 의문문의 경우 우리처럼 문장 끝에 물음표(?)를 붙이지 않고 마침표인 「。」로 표기하는 것을 원칙으로 하고 있다.

Point 4 단정의 부정문 ~では ありません

~では ありません은 우리말의 「~이(가) 아닙니다」에 해당하는 말로, 체언에 접속하여 정중한 단정을 나타내는 ~です의 부정형이다. 또한 では의 は는 조사 は처럼 「와(wa)」로 발음하며, 회화체에서는 では를 じゃ로 줄여서 ~じゃ ありません으로 말하기도 한다.

예 わたしは 学生(がくせい)では ありません。
(나는 학생이 아닙니다.)

木村(きむら)さんは 会社員(かいしゃいん)では ありません。
(기무라 씨는 회사원이 아닙니다.)

金(キム)さんは 外交官(がいこうかん)じゃ ありません。
(김씨는 외교관이 아닙니다.)

Point 5 단정의 부정 의문문 ~では(じゃ) ありませんか

~では(じゃ) ありませんか는 의문이나 질문을 나타내는 종조사 か가 접속된 형태로 우리말의 「~이(가) 아닙니까?」의 뜻이다.

예 木村(きむら)さんは 先生(せんせい)では ありませんか。
(기무라 씨는 선생님이 아닙니까?)

あなたは 学生(がくせい)じゃ ありませんか。
(당신은 학생이 아닙니까?)

Point 6 응답 표현 / はい・いいえ

はい는 긍정의 응답 표현으로 우리말의 「예」에 해당하며, 반대로 부정 응답 표현은 いいえ(아니오)가 있다.

예 あなたは 日本人(にほんじん)ですか。
(당신은 일본인입니까?)

はい、日本人です。
(예, 일본인입니다.)

いいえ、日本人では ありません。
(아니오, 일본인이 아닙니다.)

Point 7 인칭대명사 / わたし・あなた

わたし는 가장 일반적으로 쓰이는 1인칭대명사이다. 우리말의 「나」보다 쓰이는 범위가 넓어서 손윗사람 앞에서도 쓴다. 또, 격식을 차려 말할 때는 わたくし(私)라고도 하는데, 이는 딱딱한 느낌을 주므로 보통 때는 わたし를 쓰면 된다.

あなた는 친한 사이나 손아랫사람에게 쓰는 2인칭대명사이다. 하지만 이 책에서처럼 학습자의 어법 이해를 위해 わたし의 대립어로 あなた를 친근이나 상하에 관계없이 쓰기도 한다. 우리말의 「당신」과 마찬가지로 부부 사이에서는 「여보」라는 뜻이 된다.

예) あなたは 木村(きむら)さんですか。
    (당신은 기무라 씨입니까?)

    はい、わたしは 木村です。
    (네, 저는 기무라입니다.)

Point 8 접미어 ~さん의 용법

さん은 존경의 접미어로 상대방을 부를 때 보통 손윗사람이나 손아랫사람이나 관계없이 성(姓)에 붙여 부른다. 우리말의 「~씨, 님, 양」에 해당하며 쓰이는 범위가 우리말의 「~씨」보다 훨씬 넓다. 참고로 친근한 사이가 아니면 이름 뒤에 さん을 붙여 부르지 않는다. 또한 일본어에서는 직함 뒤에는 さん을 붙여 부르지 않는다.

Point 9 만났을 때의 인사 표현

일본어에서도 영어와 마찬가지로 사람을 만났을 때 아침, 낮, 저녁 인사가 있다.

예) おはよう ございます。
    (안녕하세요?) 아침 인사

    こんにちは。
    (안녕하세요?) 낮 인사

    こんばんは。
    (안녕하세요?) 밤 인사

※ 친근한 사이일 경우에는 아침에 만났을 때 おはよう만으로 인사하며, こんばんは, こんにちは 의 は는 「wa」로 발음한다.

문형연습

1 ～は ～です　　～은 ～입니다

① わたしは 学生です。
　（저는 학생입니다.）

② わたしは 先生です。
　（저는 선생입니다.）

③ はい、わたしは 韓国人です。
　（네, 저는 한국인입니다.）

④ はい、わたしは 会社員です。
　（네, 저는 회사원입니다.）

2 ～は ～ですか　　～은 ～입니까?

① あなたは 学生ですか。
　（당신은 학생입니까?）

② あなたは 先生ですか。
　（당신은 선생입니까?）

③ あなたは 日本人ですか。
　（당신은 일본인입니까?）

④ あなたは 韓国人ですか。
　（당신은 한국인입니까?）

3 ～は ～では(じゃ) ありません　　～은 ～이(가) 아닙니다

① わたしは 学生では ありません。
　（저는 학생이 아닙니다.）

② わたしは 先生では ありません。
　（저는 선생이 아닙니다.）

③ わたしは 日本人じゃ ありません。
　（저는 일본인이 아닙니다.）

④ わたしは 韓国人じゃ ありません。
　（저는 한국인이 아닙니다.）

Unit 2 はじめまして、わたしは 金です

金 はじめまして、わたしは 金です。

どうぞ よろしく。

山田 はじめまして、山田です。どうぞ よろしく。

あの 人は だれですか。

金 あ、あの 人は 李さんです。

山田 そうですか。李さんも 韓国人ですか。

金 はい、わたしたちは 韓国人です。

山田 あなたたちは 留学生ですか。

金 いいえ、わたしは 会社員で、李さんは 外交官です。

山田 日本の 会社ですか。

金 はい、そうです。山田さんも 会社員ですか。

山田 いいえ、わたしは 日本語の 教師です。

金 あ、そうですか。これから どうぞ よろしく お願いします。

山田 いいえ、こちらこそ どうぞ よろしく。

| 해석 | 처음 뵙겠습니다, 저는 김입니다

김　　처음 뵙겠습니다, 저는 김입니다.
　　　잘 부탁드립니다.
야마다　처음 뵙겠습니다, 야마다입니다. 잘 부탁드립니다.
　　　저 사람은 누구입니까?
김　　아, 저 사람은 이씨입니다.
야마다　그렇습니까? 이씨도 한국인입니까?
김　　네, 저희들은 한국인입니다.
야마다　당신들은 유학생입니까?
김　　아니오, 저는 회사원이고, 이씨는 외교관입니다.
야마다　일본 회사입니까?
김　　네, 그렇습니다. 야마다 씨도 회사원입니까?
야마다　아니오, 저는 일본어 교사입니다.
김　　아, 그렇습니까? 앞으로 잘 부탁드리겠습니다.
야마다　아니오, 저야말로 잘 부탁드리겠습니다.

학습 Point

1. 연체사 この その あの どの의 용법
2. 인칭대명사
3. 단정의 중지형 ～で의 용법
4. 조사 ～の의 용법
5. 조사 ～も의 용법
6. 초대면 인사 / はじめまして
7. 초대면 인사 / どうぞ よろしく
8. 복수 표현 ～たち

단 어

- はじめまして　처음 뵙겠습니다
- どうぞ　부디, 어서
- よろしく　잘
- あの　저
- 人(ひと)　사람
- 誰(だれ)　누구
- ～たち　～들
- 留学生(りゅうがくせい)　유학생
- 会社員(かいしゃいん)　회사원
- ～で　～이고, ～이며
- 外交官(がいこうかん)　외교관
- 会社(かいしゃ)　회사
- 教師(きょうし)　교사
- これから　이제부터, 앞으로
- こちらこそ　저야말로

Point 1 연체사(連体詞)

연체사(連体詞)란 체언을 꾸미는 지시사로 우리말의 「이, 그, 저, 어느」에 해당하는 일본어는 こ, そ, あ, ど에 の가 이어진 형태를 취한다.

근칭	중칭	원칭	부정칭
この (이)	その (그)	あの (저)	どの (어느)

예 どの 学校の 先生ですか。
(어느 학교 선생님입니까?)

この 学校の 先生です。
(이 학교 선생입니다.)

Point 2 인칭대명사

일본어 인칭대명사는 우리와 마찬가지로 상대에 따라 그 용법이 다양하다. 또 상대의 원근에 따라 연체사를 「人(ひと)/사람」, 「方(かた)/분」을 접속하여 표현한다.

1인칭	2인칭	3인칭	부정칭
わたし (나·저)	あなた (당신)	この ひと/かた (이 사람/분)	どの ひと/かた (어느 사람/분)
ぼく (나)	きみ (자네·너)	その ひと/かた (그 사람/분)	だれ (누구)
おれ (나)	おまえ (너)	あの ひと/かた (저 사람/분)	どなた (어느 분)

※ かた(方)는 「ひと(人) 사람」의 정중한 말로 우리말의 「~분」에 해당한다. 또한 ぼく, おれ, きみ, おまえ 등은 친근한 사이나 손아랫사람에게 쓰이는 말로 남성어이다. 그밖에 3인칭대명사로는 かれ(그, 그이)와 かのじょ(그녀)가 있다.

예 この 人は だれですか。
(이 사람은 누구입니까?)

あの 方が 木村先生ですか。
(저 분이 기무라 선생님입니까?)

Point 3 단정의 중지형 ～で의 용법

～で는 우리말의 「～이고, 이며」에 해당하며, 정중한 단정을 나타내는 です의 중지형으로 성질이 다른 앞뒤의 문장을 나열해 주는 역할을 하기도 하고, 앞의 문장이 뒤의 문장의 원인이나 설명이 될 때가 있다.

예 この 人は 木村さんで、あの 人は 野村さんです。
(이 사람은 기무라 씨이고, 저 사람은 노무라 씨입니다.)

この 方は 先生で、作家です。
(이 분은 선생님이고, 작가입니다.)

木村さんは 日本人で、外交官です。
(기무라 씨는 일본인으로 외교관입니다.)

Point 4 조사 ～の의 용법

～の는 「명사＋の＋명사」의 형태로 뒤의 명사가 어떤 것인가를 나타낼 때 쓰이는 조사로 우리말 조사 「～의」에 해당한다. 일본어 조사 の는 소유나 소속을 나타내는 용법과, 앞의 명사가 뒤의 명사의 성질이나 상태를 나타내는 용법 등이 있다. 또한, 우리말의 경우는 명사와 명사 사이의 조사 「～의」가 생략되는 경우가 많지만, 일본어에서는 보통 생략되지 않는다.

예 木村さんは この 学校の 先生です。
(기무라 씨는 이 학교의 선생님입니다.)

金さんは この 会社の 社員です。
(김씨는 이 회사의 사원입니다.)

Point 5 조사 ～も의 용법

～も는 우리말의 「～도」에 해당하는 조사로, 같은 종류 중에서 하나를, 또는 같은 것을 몇 가지 열거할 때 쓰인다. 두 가지 이상을 열거할 때는 「～も ～も ～です」의 형태로 취한다.

예 この 人も あの 人も 韓国人です。
(이 사람도 저 사람도 한국인입니다.)

木村さんも 野村さんも この 会社の 社員です。
(기무라 씨도 노무라 씨도 이 회사의 사원입니다.)

Point 6 초대면 인사 / はじめまして

はじめましては 처음 만났을 때 쓰는 인사 표현으로, 본래 はじめて おめにかかります(처음 뵙겠습니다)이나, 이것을 줄여서 관용적인 초대면 인사 표현으로 쓰고 있다.

예) はじめまして、わたしは 木村(きむら)です。
    (처음 뵙겠습니다. 저는 기무라입니다.)

Point 7 초대면 인사 / どうぞ よろしく

どうぞ는 우리말의 「어서, 부디, 아무쪼록」로 해석되며, 영어의 「plese」에 해당하는 표현이다. 상대방에게 어떤 행위를 요구하거나 부탁할 때, 또는 권유할 때 쓴다.

よろしく는 「잘」이란 뜻의 부사어이지만, 초대면에서 인사를 할 때는 뒤에 おねがいします(부탁드립니다)를 생략한 채로 간편하게 많이 쓴다.

예) はじめまして、どうぞ よろしく お願(ねが)いします。
    (처음 뵙겠습니다. 부디 잘 부탁드립니다.)

Point 8 복수 표현 ~たち

~たち는 사람을 나타내는 명사 뒤에 붙어 「~들」이라는 뜻으로 복수를 나타내며, 정중하게 표현할 때는 「~がた」를 쓰기도 한다. 일본어는 우리말과 마찬가지로 단수·복수의 구별은 없으나, 복수를 나타내기 위해 동물 이름에도 붙여 쓰기도 한다.

예) わたしたちは この 学校(がっこう)の 学生(がくせい)です。
    (우리들은 이 학교의 학생입니다.)

    あなたがたは 日本(にほん)の 方(かた)ですか。
    (여러분들은 일본 분입니까?)

문형연습

1. 連体詞 (この その あの どの)

① この 人は 日本人ですか。
(이 사람은 일본입니다.)

② いいえ、その 人は 学生では ありません。
(아니오, 그 사람은 학생이 아닙니다.)

③ あの 人は アメリカ人ですか。
(저 사람은 미국인입니다.)

④ 木村さんは どの 人ですか。
(기무라 씨는 어느 사람입니까?)

2. ～も ～です　～도 ～입니다

① 金さんも 留学生です。
(김씨도 유학생입니다.)

② 山田さんも 木村さんも 会社員です。
(야마다 씨도 기무라 씨도 회사원입니다.)

③ この 人も あの 人も フランス人です。
(이 사람도 저 사람도 프랑스인입니다.)

④ 金さんも 学生ですか。
(김씨도 학생입니까?)

3. ～で、～です　～이고(이며), ～입니다

① 金さんは 学生で、李さんは 会社員です。
(김씨는 학생이고, 이씨는 회사원입니다.)

② わたしは 韓国人で、あなたは 日本人です。
(저는 한국인이고 당신은 일본인입니다.)

③ この 人は 野村さんで、あの 人は 木村さんです。
(이 사람은 노무라 씨이고, 저 사람은 기무라 씨입니다.)

④ あの 人は 外交官で、ドイツ人です。
(저 사람은 외교관으로 독일인입니다.)

Unit 2. はじめまして、わたしは 金です

Unit 3 これは 何の 本ですか

木村 これは あなたの 本ですか。

金 はい、それは わたしの 本です。

木村 これは 何の 本ですか。

金 それは 日本語の 本です。

木村 それでは、これも 日本語の 本ですか。

金 いいえ、ちがいます。それは 英語の 本です。

木村 それは 何ですか。

金 これは ノートです。

木村 この かばんは あなたのですか。

金 いいえ、それは わたしのでは ありません。

木村 だれのですか。

金 李さんのです。

木村 では、金さんの かばんは どれですか。

金 これです。

| 해석 | **이것은 무슨 책입니까?**

기무라   이것은 당신 책입니까?
김   네, 그것은 제 책입니다.
기무라   이것은 무슨 책입니까?
김   그것은 일본어 책입니다.
기무라   그럼, 이것도 일본어 책입니까?
김   아니오, 다릅니다. 그것은 영어 책입니다.
기무라   그것은 무엇입니까?
김   이것은 노트입니다.
기무라   이 가방은 당신 것입니까?
김   아니오, 그것은 제 것이 아닙니다.
기무라   누구 것입니까?
김   이씨 것입니다.
기무라   그럼, 김씨 가방은 어느 것입니까?
김   이것입니다.

학습 Point

1. 사물을 가리키는 지시대명사
2. 조사 ~の의 여러 가지 용법
3. 조사 ~の의 준체 용법
4. 의문사 何의 용법
5. 접속사 それでは의 용법
6. いいえ、ちがいます
7. 일본어 표기법

단 어

· これ   이것
· 本(ほん)   책
· それ   그것
· 何(なん)の   무슨
· 日本語(にほんご)   일본어
· それでは   그럼
· ちがいます   다릅니다, 아닙니다
· 英語(えいご)   영어
· 何(なん・なに)   무슨
· ノート   노트
· かばん   가방
· ~の   ~의 것

어법해설

Point 1 사물을 가리키는 지시대명사

일본어에서 구체적으로 보이는 곳에 있는 사물을 지적할 때 쓰이는 지시대명사로는 다음과 같다.

근칭	중칭	원칭	부정칭
これ (이것)	それ (그것)	あれ (저것)	どれ (어느 것)

※ これ는 말하는 사람에게서 가까운 것을 나타내며, 대답은 それ로 한다.
※ それ는 상대방에 가까운 것을 가리킬 때는 これ로 대답하고, 거리상으로 말하는 사람으로부터 약간 떨어진 것을 가리킬 때는 それ로 대답한다.
※ あれ는 말하는 사람과 듣는 사람의 양쪽으로부터 멀리 떨어진 사물을 가리킬 때 쓰이며 대답은 あれ로 한다.
※ どれ는 확실하지 않은 것을 지적할 때 쓰인다.

예 これは 木村さんの かばんです。
　　(이것은 기무라 씨 가방입니다.)

　　あれは だれの 時計ですか。
　　(저것은 누구 시계입니까?)

Point 2 조사 ～の의 여러 가지 용법

～の는 명사와 명사 사이에 붙어 그 관계를 나타내기도 하지만, 소유・소속・상태・성질・동격을 나타내기도 한다.

예 これは わたしの 本です。
　　(이것은 내 책입니다.) / 소유

　　わたしは この 会社の 社員です。
　　(나는 이 회사의 사원입니다.) / 소속

　　これは 皮の かばんです。
　　(이것은 가죽 가방입니다.) / 성질

　　あの 人は 医者の 木村さんです。
　　(저 사람은 의사인 기무라 씨입니다.) / 동격

Point 3 　조사 ～の의 준체 용법

～の는 앞서 배운 명사와 명사 사이에서 관계를 나타낼 뿐만 아니라, 체언 및 그에 준하는 말에 접속하여 「～의 것(～の もの)」의 뜻으로 소유를 나타내는 준체 용법으로도 쓰인다.

예 この 鉛筆(えんぴつ)は 木村(きむら)さんのです。
(이 연필은 기무라 씨 것입니다.)

この 傘(かさ)は だれのですか。
(이 우산은 누구 것입니까?)

この 車(くるま)は あなたのですか。
(이 차는 당신 것입니까?)

Point 4 　의문사 何의 용법

何는 의문사로 なに와 なん으로 발음되는데, 뒤에 오는 음이 「t, d, n」일 경우에는 なん으로 읽는다. 우리말의 「무엇」 또는 「몇」으로 해석된다.

예 これは 何(なん)ですか。
(이것은 무엇입니까?)

これは 何(なん)の 本(ほん)ですか。
(이것은 무슨 책입니까?)

Point 5 　접속사 それでは의 용법

それでは의 우리말의 「그렇다면, 그럼」의 뜻을 가진 접속사이다. 주의할 점은 は는 「하」로 발음하지 않고 「와」로 발음한다. 화제를 바꿀 때 쓰이며, 줄여서 では라고 하기도 하며, 회화체에서는 じゃ로도 쓰인다.

예 それでは、これも 英語(えいご)の 本(ほん)ですか。
(그럼, 이것도 영어 책입니까?)

では、これは 何(なん)の 本(ほん)ですか。
(그럼, 이것은 무슨 책입니까?)

じゃ、これも 木村(きむら)さんの かばんですか。
(그럼, 이것도 기무라 씨 가방입니까?)

Point 6 いいえ、ちがいます

ちがいます는 「A와 B가 다르다」 또는 「A는 B가 아니다」라는 뜻으로 쓰일 경우와 「옳다」「맞다」의 반대의 뜻 즉, 「그렇지 않다」의 뜻으로도 쓰인다. 본문에서는 후자의 경우에 속한다.

예 これも 木村さんの 時計ですか。
　　(이것도 기무라 씨 시계입니까?)

　いいえ、ちがいます。
　　(아니오, 그렇지 않습니다.)

Point 7 일본어 표기법

* 句点 (くてん)

마침표를 일본어에서는 句点(くてん)이라고 하며 하나의 문(文)이 완전히 끝났을 때 우리는 「．」으로 표기하지만 일본어에서는 「。」로 표기한다.

* 読点 (とうてん)

読点이란 문(文)을 중지하거나 이어짐이 분명하지 않으면 전혀 다른 의미가 되므로 쉼표로 구분하는 것을 말한다. 일본어 표기에서는 두 가지의 쉼표로 표기하고 있다. 가로쓰기의 경우는 우리와 마찬가지로 「，」를 쓰지만, 세로쓰기의 경우는 「、」으로 표기한다. 그러나 일본어 표기는 주로 세로쓰기이므로 가로쓰기 세로쓰기를 가리지 않고 모두 「、」으로 표기하는 경우가 많다. 따라서 이 책에서도 「、」으로 표기하였음을 밝혀둔다.

* 띄어쓰기

일본어 표기법에서는 원칙적으로 띄어쓰기를 하지 않는다. 그러나 어린이를 대상으로 하는 책이나 외국인을 위한 일본어 학습서 등에서는 학습자의 어법 이해를 위해 의도적으로 띄어쓰기를 한다.

* 후리가나

일명 「루비」라고도 하며, 한자의 위 또는 옆에 작은 글자로 그 발음을 표기한 것을 ふりがな라고 한다. ふりがな는 어려운 한자나 어린이를 대상으로 하는 책, 또는 외국인을 위한 학습서 등에 붙이는 경우가 있지만, 일반 표기에서는 붙이지 않으므로 한자 읽는 법을 잘 숙지해야 한다.

문형연습

1 これ・それ・あれ・どれ

① これは 本です。
  (이것은 책입니다.)

② それは 時計では ありません。
  (그것은 시계가 아닙니다.)

③ あれは 病院では ありません。
  (저것은 병원이 아닙니다.)

④ あなたの 鉛筆は どれですか。
  (당신 연필은 어느 것입니까?)

2 ～の ～です   ～의 ～입니다

① これは だれの 万年筆ですか。
  (이것은 누구 만년필입니까?)

② それは 木村さんの ボールペンです。
  (그것은 기무라 씨 볼펜입니다.)

③ あれは だれの 車ですか。
  (저것은 누구 차입니까?)

④ わたしは この 会社の 社員です。
  (저는 이 회사의 사원입니다.)

3 ～のです(では ありません)   ～의 것입니다(～것이 아닙니다)

① この 時計は わたしのです。
  (이 시계는 제 것입니다.)

② この 鉛筆は わたしのでは ありません。
  (이 연필은 제 것이 아닙니다.)

③ あの 車は だれのですか。
  (저 차는 누구 것입니까?)

④ この カメラは 木村さんのでは ありませんか。
  (이 카메라는 기무라 씨 것이 아닙니까?)

Unit 3. これは 何の 本ですか

4 ここに 何が ありますか

先生　ここに 何が ありますか。

金　つくえと いすが あります。

先生　いすの 上に 何が ありますか。

金　かばんと 傘が あります。

先生　じゃ、つくえの 上には なにが ありますか。

金　本や ノートや 鉛筆などが あります。

先生　つくえの 下には 何が ありますか。

金　つくえの 下には 何も ありません。

木村　今、事務室の 中に だれが いますか。

金　田中さんが います。

木村　李さんも いますか。

金　いいえ、いません。李さんは 資料室に います。

木村　そうですか。

| 해석 | **여기에 무엇이 있습니까?**

선생님　여기에 무엇이 있습니까?
　　김　책상과 의자가 있습니다.
선생님　의자 위에 무엇이 있습니까?
　　김　가방과 우산이 있습니다.
선생님　그럼, 책상 위에는 무엇이 있습니까?
　　김　책이랑 노트랑 연필 따위가 있습니다.
선생님　책상 아래에는 무엇이 있습니까?
　　김　책상 아래에는 아무 것도 없습니다.

기무라　지금, 사무실 안에 누가 있습니까?
　　김　다나카 씨가 있습니다.
기무라　이씨도 있습니까?
　　김　아니오, 없습니다. 이씨는 자료실에 있습니다.
기무라　그렇습니까?

학습 Point

1. 존재 표현 あります의 용법
2. 존재 표현 います의 용법
3. 조사 ~に의 용법
4. 조사 ~が의 용법
5. 장소를 나타내는 지시대명사
6. 조사 ~には의 용법
7. そうです의 용법
8. 조사 ~と의 용법
9. 조사 ~や의 용법

단어

- あります　있습니다
- 椅子(いす)　의자
- 上(うえ)　위
- 傘(かさ)　우산
- 机(つくえ)　책상
- 下(した)　아래, 밑
- 鉛筆(えんぴつ)　연필
- 何(なに)も　아무 것도
- 今(いま)　지금
- 事務室(じむしつ)　사무실
- います　있습니다
- 中(なか)　안, 속
- 資料室(しりょうしつ)　자료실

Unit 4. ここに 何が ありますか

Point 1 존재 표현 あります의 용법

あります는 우리말의 「있습니다」에 해당하는 말로 사물이나 식물 등의 동작성이 없는 무생물의 존재를 나타낼 때 쓰인다. あります의 보통체는 ある(있다)이고, 부정형은 ありません(없습니다)이다.

예 あなたの 傘は あそこに あります。
(당신 우산은 저기에 있습니다.)

木村さんの 車は どこに ありますか。
(기무라 씨 차는 어디에 있습니까?)

Point 2 존재 표현 います의 용법

います는 あります와 마찬가지로 존재를 나타내는 점에서는 동일하지만, 동작성이 있는 사람이나 동물 등, 생물의 존재를 나타낼 때 쓰인다. 이처럼 우리말에는 존재를 나타내는 말이 하나밖에 없지만 일본어에는 두 가지 표현이 있으므로 유의해야 한다. 보통체는 いる(있다)이고, 부정형은 いません(없습니다)이다.

예 部屋の 中に 子供が います。
(방 안에 어린이가 있습니다.)

庭に 犬が いますか。
(뜰에 개가 있습니까?)

Point 3 조사 ~に의 용법

~に는 여러 가지 용법이 있는데 여기서는 사물이 존재하는 장소를 나타내는 용법으로 우리말의 「~에」에 해당한다. 따라서 사물의 존재를 나타내는 조사 に 뒤에는 あります와 같은 존재를 나타내는 말이 온다.

예 かばんの 中に 鉛筆が あります。
(가방 안에 연필이 있습니다.)

教室の 中に 学生たちが います。
(교실 안에 학생들이 있습니다.)

Point 4　조사 ~が의 용법

~が는 우리말의 「~이(가)」에 해당하는 조사로 주격을 나타낼 때 쓰인다. 또한 が는 인물이나 사물의 존재하는 사실을 나타낼 때는 「어디에 무엇이 있다」라는 형태를 취한다.

예 つくえの 上に ノートが あります。
(책상 위에 노트가 있습니다.)

あそこに 木村さんが います。
(저기에 기무라 씨가 있습니다.)

Point 5　장소를 나타내는 지시대명사

장소를 나타내는 지시대명사도 사물을 가리키는 지시대명사와 마찬가지로 こ そ あ ど의 체계를 이루고 있다. 그러나 원칭의 경우는 あこ라고 하지 않고 あそこ라고 하므로 유의해야 한다.

근 칭	중 칭	원 칭	부정칭
ここ (여기)	そこ (거기)	あそこ (저기)	どこ (어디)

예 ここは わたしの 学校です。
(여기는 우리 학교입니다.)

デパートは どこに ありますか。
(백화점은 어디에 있습니까?)

Point 6　조사 ~には의 용법

~には는 사물이 존재하는 장소를 나타내는 조사 に에 「~은, 는」의 뜻을 가진 조사 は가 이어진 형태로 「~에는」의 뜻이다.

예 つくえの 上には 本が たくさん あります。
(책상 위에는 책이 많이 있습니다.)

部屋の 中には だれが いますか。
(방 안에는 누가 있습니까?)

Point 7 そうです의 용법

そうです는 우리말의 「그렇습니다」에 해당하며, 긍정할 때 쓰이는 표현이다. 반대로 そうでは(じゃ) ありません은 「그렇지 않습니다」의 뜻으로 구체적으로 지적해서 부정할 때 쓰이는 표현이다.

예 これは 金さんのですか。
　　(이것은 당신 것입니까?)

　　はい、そうです。
　　(네, 그렇습니다.)

　　いいえ、そうでは(じゃ) ありません。
　　(아니오, 그렇지 않습니다.)

Point 8 조사 ~も의 용법

~も는 우리말의 「~도」에 해당하는 조사로, 같은 종류 중에서 하나를, 또는 같은 것을 몇 가지 열거할 때 쓰인다. 두 가지 이상을 열거할 때는 「~も ~も ~です」의 형태로 쓴다.

예 つくえの 上には ノートも 本も あります。
　　(책상 위에는 노트도 책도 있습니다.)

　　部屋の 中には テレビも 扇風機も 電話も あります。
　　(방 안에는 텔레비전도 선풍기도 전화도 있습니다.)

Point 9 조사 ~や의 용법

~や는 체언에 접속하여 열거한 것 이외에 더 많은 것을 나타낼 때 쓰이는 조사로, 우리말의 「~랑, ~이나, ~와(과)」에 해당한다. 따라서 뒤에 など(등, 따위)와 같은 말이 이어진다.

예 テーブルの 上には スイカや バナナ などが あります。
　　(테이블 위에는 수박이랑 바나나 등이 있습니다.)

　　かばんの 中には 本や ノートや 鉛筆 などが あります。
　　(가방 안에는 책이랑 노트랑 연필 따위가 있습니다.)

문형연습

1 ~に ~が あります   ~에 ~이(가) 있습니다

① つくえの 上に 本が あります。
(책상 위에 책이 있습니다.)

② テーブルの 上に 果物が あります。
(테이블 위에 과일이 있습니다.)

③ あそこに 何が ありますか。
(저기에 무엇이 있습니까?)

④ 冷蔵庫の 中には 野菜 などが たくさん あります。
(냉장고 안에는 야채 따위가 많이 있습니다.)

2 ~に ~が います   ~에 ~이(가) 있습니다

① 部屋の 中に 子供が います。
(방 안에 어린이가 있습니다.)

② 庭に 犬が います。
(뜰에 개가 있습니다.)

③ 運動場には 学生たちが おおぜい います。
(운동장에는 학생들이 많이 있습니다.)

④ あの 銀行の 前に だれが いますか。
(저 은행 앞에 누가 있습니까?)

3 ~や ~や などが (~と ~と ~が) あります   ~랑(와) ~랑(와) 등이 있습니다

① つくえの 上には ノートや 本や 鉛筆 などが あります。
(책상 위에는 노트랑 책이랑 연필 등이 있습니다.)

② 部屋の 中には ベッドや テレビや 電話 などが あります。
(방 안에는 침대랑 텔레비전이랑 전화 따위가 있습니다.)

③ テーブルの 上に スイカと バナナが あります。
(테이블 위에 수박과 바나나가 있습니다.)

④ 冷蔵庫の 中には 野菜と 果物と キムチが あります。
(냉장고 안에는 야채와 과일과 김치가 있습니다.)

Unit 4. ここに 何が ありますか

5 ポケットの 中に 何か ありますか

金　すみません。バス停は どこですか。

吉田　バス停ですか。あの ビルの 前に あります。

金　じゃ、電車の 駅は どちらですか。

吉田　あの ビルの 後ろです。

金　そうですか。ありがとう ございます。

三浦　ポケットの 中に 何か ありますか。

金　はい、あります。

三浦　何が ありますか。

金　財布と ハンカチが あります。

三浦　となりの 部屋に だれか いますか。

金　はい、います。

三浦　子供たちが いますか。

金　いいえ、子供たちは いません。大人が います。

| 해석 | 호주머니 안에 무언가 있습니까?

김　　　미안합니다. 버스 정류장은 어디입니까?
요시다　버스 정류장 말입니까? 저 빌딩 앞에 있습니다.
김　　　그럼, 전철역은 어느 쪽입니까?
요시다　저 빌딩 뒤에 있습니다.
김　　　그렇습니까? 고맙습니다.

미우라　호주머니 안에 무언가 있습니까?
김　　　네, 있습니다.
미우라　무엇이 있습니까?
김　　　지갑과 손수건이 있습니다.
미우라　옆방에 누군가 있습니까?
김　　　네, 있습니다.
미우라　아이들이 있습니까?
김　　　아니오, 아이들은 없습니다. 어른이 있습니다.

학습 Point

1. 존재 부정 ありません의 용법
2. 존재 부정 いません의 용법
3. 의문사 何も의 용법
4. 何か・何が의 용법
5. だれか・だれが의 용법
6. ~です의 동사대용 용법
7. 방향을 나타내는 지시대명사
8. 감사 표현 / ありがとう ございます

단어

- すみません　미안합니다, 여보세요
- バス停(てい)　버스 정류장
- どこ　어디
- ビル　빌딩
- 前(まえ)　앞
- 電車(でんしゃ)の 駅(えき)　전철 역
- どちら　어느 쪽
- 後(うし)ろ　뒤
- ポケット　포켓, 호주머니
- 財布(さいふ)　지갑
- ハンカチ　손수건
- 鄰(となり)　옆, 이웃
- 部屋(へや)　방
- 子供(こども)　어린이
- 大人(おとな)　어른

Unit 5. ポケットの 中に 何か ありますか

Point 1 존재 부정 ありません의 용법

ありません은 사물의 존재를 나타내는 あります(있습니다)의 부정형으로 우리말의 「없습니다」에 해당하며, 보통체인 ある(있다)의 부정형은 ない(없다)이다.

예 つくえの うえに 本は ありません。
(책상 위에 책은 없습니다.)

かばんの 中には 何も ありませんか。
(가방 속에는 아무 것도 없습니까?)

Point 2 존재 부정 いません의 용법

동작성이 있는 생물의 존재를 나타내는 います(있습니다)의 부정형은 いません(없습니다)이고, 보통체인 いる(있다)의 부정형은 いない(없다)이다.

예 事務室に 木村さんは いません。
(사무실에 기무라 씨는 없습니다.)

部屋の 中に だれも いませんか。
(방 안에 아무도 없습니까?)

Point 3 의문사 何も의 용법

なにも는 의문을 나타내는 なに(무엇)에 조사 も가 접속된 형태로 「아무 것도, 무엇도」로 해석된다. 이처럼 의문을 나타내는 말 뒤에 조사 も가 접속하면 「전부」라는 뜻으로 뒤에 부정어가 오면 「아무 것도 ~없다」라는 뜻을 나타낸다.

예 つくえの 下には 何も ありません。
(책상 아래에는 아무 것도 없습니다.)

かばんの 中には 何も ありません。
(가방 속에는 아무 것도 없습니다.)

教室の 中には だれも いません。
(교실 안에는 아무도 없습니다.)

Point 4   何が・何かの 용법

なにがは 의문사에 조사 がが 접속된 형태로 있는 것이 무엇인지를 물을 때 쓰인다. 그러나 なにかは 의문사에 불확실함을 나타내는 조사 かが 이어진 형태로 무언가가 있는지의 여부를 물을 때 쓰인다. 따라서 なにか로 물으면 반드시 はい, いいえ로 대답한다.

예 冷蔵庫の 中には 何が ありますか。
   (냉장고 안에는 무엇이 있습니까?)

   → 野菜と 果物が あります。
     (야채와 과일이 있습니다.)

   冷蔵庫の 中には 何か ありますか。
   (냉장고 안에는 무언가 있습니까?)

   → はい、あります。野菜や 果物 などが あります。
     (네, 있습니다. 야채와 과일 등이 있습니다.)

Point 5   だれが・だれかの 용법

だれがは 의문사에 조사 がが 접속된 형태로 있는 사람이 누구인지를 물을 때 쓰인다. 그러나 だれかは 의문사에 불확실함을 나타내는 조사 かが 이어진 형태로 누군가 있는지의 여부를 물을 때 쓰인다. 따라서 だれか로 물으면 반드시 はい, いいえ로 대답한다.

예 部屋の 中に だれが いますか。
   (방 안에 누가 있습니까?)

   → 木村さんと 山田さんが います。
     (기무라 씨와 야마다 씨가 있습니다.)

   部屋の 中に だれか いますか。
   (방 안에 누군가 있습니까?)

   → いいえ、部屋の 中には だれも いません。
     (아니오, 방 안에는 아무도 없습니다.)

Unit 5. ポケットの 中に 何か ありますか

Point 6 ~です의 동사대용 용법

정중하게 단정을 나타내는 です는 あります나 います와 같은 동사의 대용으로도 쓰인다. 예를 들면 「会社は どこに ありますか(회사는 어디에 있습니까?)」라는 표현을 동사를 쓰지 않고 줄여서 「会社は どこですか(회사는 어디입니까?)」라고 한다.

예 すみません。バス停は どこですか。
　　(미안합니다. 버스 정류장은 어디에 있습니까?)

　　バス停は 銀行の 前です。
　　(버스 정류장은 은행 앞에 있습니다.)

Point 7 방향을 나타내는 지시대명사

방향을 나타내는 지시대명사는 こ そ あ ど에 ちら를 접속하여 표현한다. 또한 회화체에서는 こ そ あ ど에 っち를 접속하여 표현하기도 한다.

근 칭	중 칭	원 칭	부정칭
こちら・こっち (이쪽)	そちら・そっち (그쪽)	あちら・あっち (저쪽)	どちら・どっち (어느 쪽)

예 こちらは 木村さんで、こちらは 田中さんです。
　　(이쪽(이 분)은 기무라 씨이고, 이쪽(이 분)은 다나카 씨입니다.)

　　あの すみません。銀行は どちらですか。
　　(저 미안합니다. 은행은 어느 쪽입니까?)

Point 8 감사 표현 / ありがとう ございます

ありがとう ございます는 고마움을 나타낼 때 쓰이는 인사 표현으로 우리말의 「고맙습니다, 감사합니다」에 해당한다. 가볍게 고마움을 나타낼 때는 ございます를 생략하여 ありがとう만으로 사용한다.

예 どうも ありがとう ございます。
　　(대단히 고맙습니다.)

　　どうも ありがとう。
　　(대단히 고마워요.)

문형연습

1 〜です (동사 대용)

① あの、すみません。病院は どちらですか。
(저, 여보세요. 병원은 어느 쪽에 있습니까?)

② デパートは 電車の 駅の 前です。
(백화점은 전철 역 앞에 있습니다.)

③ 果物は 冷蔵庫の 中です。
(과일은 냉장고 안에 있습니다.)

④ タクシー乗り場は あの 銀行の 前です。
(택시 승강장은 저 은행 앞에 있습니다.)

2 何か ありますか 무언가 있습니까?

① かばんの 中に 何か ありますか。
(가방 안에 무언가 있습니까?)

② この 箱の 中に 何か ありますか。
(이 상자 안에 무언가 있습니까?)

③ 冷蔵庫の 上に 何か ありますか。
(냉장고 위에 무언가 있습니까?)

④ テーブルの 下にも 何か ありますか。
(테이블 아래에도 무언가 있습니까?)

3 だれか いますか 누군가 있습니까?

① 部屋の 中に だれか いますか。
(방안에 누군가 있습니까?)

② 教室の 中にも だれか いますか。
(교실 안에도 누군가 있습니까?)

③ あの 車の 中に だれか いますか。
(저 차 안에 누군가 있습니까?)

④ となりの 部屋に だれか いますか。
(옆방에 누군가 있습니까?)

Unit 5. ポケットの 中に 何か ありますか

Unit 6 大きい 箱と 小さい 箱が あります

先生　この 雑誌は 金さんのですか。

金　はい、私のです。

先生　あの 漫画も 金さんのですか。

金　はい、そうです。

先生　面白いですか。

金　はい、とても 面白いです。

先生　そこに 何が ありますか。

金　ここには 大きい 箱と 小さい 箱が あります。

先生　箱の 中に 何か ありますか。

金　はい、あります。チョークが あります。

先生　箱の 中には どんな 色の チョークが ありますか。

金　大きい 箱の 中には 白い チョークが あります。

　　それから 小さい 箱の 中には 赤い チョークが あります。

| 해석 | 큰 상자와 작은 상자가 있습니다

선생님   이 잡지는 김씨 것입니까?
김   네, 제 것입니다.
선생님   저 만화도 김씨 것입니까?
김   네, 그렇습니다.
선생님   재미있습니까?
김   네, 매우 재미있습니다.

선생님   거기에 무엇이 있습니까?
김   여기에는 큰 상자와 작은 상자가 있습니다.
선생님   상자 속에 무언가 있습니까?
김   네, 있습니다. 분필이 있습니다.
선생님   상자 속에는 어떤 색의 분필이 있습니까?
김   큰 상자 속에는 하얀 분필이 있습니다.
        그리고, 작은 상자 속에는 빨간 분필이 있습니다.

학습 Point

1. 일본어 형용사의 기본형
2. 형용사의 정중형 ~いです
3. 형용사의 연체형
4. 부사 とても의 용법
5. 접속사 それから의 용법
6. 연체사
7. 위치를 나타내는 명사

단어

- 雑誌(ざっし) 잡지
- 漫画(まんが) 만화
- 面白(おもしろ)い 재미있다
- とても 매우, 무척
- 大(おお)きい 크다
- 箱(はこ) 상자
- 小(ちい)さい 작다
- チョーク 분필
- どんな 어떤
- 色(いろ) 색, 색깔
- 白(しろ)い 하얗다
- それから 그리고 나서, 그리고
- 赤(あか)い 빨갛다

Unit 6. 大きい 箱と 小さい 箱が あります

어법해설

Point 1　일본어 형용사의 기본형

일본어 형용사는 활용이 있는 자립어로, 사물의 성질과 상태를 나타낸다. 또한 일본어의 형용사는 우리말의 형용사와는 달리 의미로 분류하지 않고, 어미의 형태로 분류한다. 즉, 일본어 형용사는 모든 어미의 형태가 ~い로 끝나는 것이 특징이다. ~い로 끝나는 형태를 문법에서는 기본형이라고 한다. 이 기본형 상태로 문(文)을 끝맺기도 한다.

기본형	어간	어미	의미
赤い	赤	い	빨갛다
青い	青	い	파랗다
面白い	面白	い	재미있다
易しい	易し	い	쉽다

예　この　りんごは　とても　赤い。
　　（이 사과는 매우 빨갛다.）

　　この　漫画は　とても　面白い。
　　（이 만화는 매우 재미있다.）

Point 2　형용사의 정중형 ~いです

일본어 형용사를 정중하게 표현할 때는 형용사의 기본형에 정중한 단정을 나타내는 です를 접속하면 된다.

기본형	의미	정중형	의미
赤い	빨갛다	赤いです	빨갛습니다
青い	파랗다	青いです	파랗습니다
面白い	재미있다	面白いです	재미있습니다
易しい	쉽다	易しいです	쉽습니다

예 この りんごは とても 赤いです。
(이 사과는 매우 빨갛습니다.)

日本語は とても 易しいです。
(일본어는 매우 쉽습니다.)

この 漫画は 面白いですか。
(이 만화는 재미있습니까?)

Point 3 형용사의 연체형

우리말의 형용사는 체언을 수식할 때 「빨갛다＋사과」가 「빨간 사과」처럼 어미의 형태가 변하지만, 일본어 형용사는 뒤의 체언을 수식할 때는 기본형을 취한다. 이것을 연체형(連体形)이라고 한다.

기본형	의 미	연체형	의 미
赤い	빨갛다	赤い りんご	빨간 사과
青い	파랗다	青い 空	파란 하늘
面白い	재미있다	面白い 漫画	재미있는 만화
易しい	쉽다	易しい 日本語	쉬운 일본어

예 あそこに 赤い バラの 花が あります。
(저기에 빨간 장미꽃이 있습니다.)

あの 小さい 箱の 中には 何が ありますか。
(저 작은 상자 속에는 무엇이 있습니까?)

Point 4 부사 とても의 용법

とても는 「매우, 굉장히」라는 뜻을 가진 부사어로, 뒤에 부정어가 오면 「도저히, 아무래도」의 뜻이 된다.

예 この バラの 花は とても 美しいです。
(이 장미꽃은 매우 아름답습니다.)

あの りんごは とても おいしいです。
(저 사과는 매우 맛있습니다.)

Point 5 접속사 それから의 용법

それから는 우리말의 「그리고 나서, 그 다음에, 그리고 이어서」의 뜻을 나타내는 접속사로 다음 사항을 이어서 말할 때 쓴다.

예 ここには 猫が います。それから あそこには 犬が います。
(여기에는 고양이가 있습니다. 그리고 저기에는 개가 있습니다.)

この りんごは 赤いです。それから おいしいです。
(이 사과는 빨갛습니다. 그리고 맛있습니다.)

Point 6 연체사

こ そ あ ど에 んな를 접속한 연체사(連体詞)는 명사 앞에서 그 명사의 성질이나 상태에 관한 서술을 묻는다.

근 칭	중 칭	원 칭	부정칭
こんな (이러한/이런)	そんな (그러한/그런)	あんな (저러한/저런)	どんな (어떠한/어떤)

예 こんな 赤い 色の 鉛筆は ありませんか。
(이런 빨간 색의 연필은 없습니까?)

箱の 中には どんな ものが ありますか。
(상자 안에는 어떤 것이 있습니까?)

Point 7 위치를 나타내는 명사

어떤 것이 다른 것의 어디에 있다는 위치 관계를 나타내는 명사에는 다음과 같은 것들이 있다.

위치 명사	의 미	위치 명사	의 미
上(うえ)	위	下(した)	아래
外(そと)	밖	中(なか)	안, 속
前(まえ)	앞	後(うし)ろ	뒤
横(よこ)	옆, 가로	鄰(となり)	옆, 이웃
向(む)こう	건너편	近(ちか)く	근처

문형연습

1 형용사의 기본형 ～い　～하다

① この リンゴは とても おいしい。
(이 사과는 매우 맛있다.)

② あの 車は とても 小さい。
(저 차는 매우 작다.)

③ この スーパーの 品物は とても 高い。
(이 슈퍼의 물건은 매우 비싸다.)

④ 金さんは 背が ずいぶん 高い。
(김씨는 키가 무척 크다.)

2 형용사의 연체형　～한

① テーブルの 上に 赤い バラの 花が あります。
(테이블 위에 빨간 장미꽃이 있습니다.)

② つくえの 上に 白い 紙が あります。
(책상 위에 하얀 종이가 있습니다.)

③ 庭には 白い 犬と 黒い 猫が います。
(뜰에는 흰 개와 검은 고양이가 있습니다.)

④ 本棚の 上には 小さい 箱が あります。
(책장 위에는 작은 상자가 있습니다.)

3 형용사의 정중형 ～いです　～합니다

① この レストランの 料理は とても おいしいです。
(이 레스토랑의 요리는 매우 맛있습니다.)

② 木村さんの 車は ずいぶん 古いです。
(기무라 씨 차는 무척 낡았습니다.)

③ 日本語は とても 易しいです。
(일본어는 매우 쉽습니다.)

④ 英語と 日本語と どちらが 難しいですか。
(영어와 일본어 중에 어느 쪽이 어렵습니까?)

Unit 7 きれいな ホテルですね

金　ここは 何の 公園ですか。

野村　ここは 上野公園です。

金　この 公園は 有名ですか。

野村　ええ、とても 有名です。

金　そうですか。公園の 中は 静かですか。

野村　ええ、かなり 静かです。

金　この 立派な 建物は 何ですか。

野村　これは ホテルです。

金　きれいな ホテルですね。

野村　そうですね。

金　あの 大きい ビルは 何ですか。

野村　あれは デパートです。

金　なかなか 立派な ビルですね。

| 해석 | 깨끗한 호텔이군요

김　　　여기는 무슨 공원입니까?
노무라　여기는 우에노 공원입니다.
김　　　이 공원은 유명합니까?
노무라　예, 매우 유명합니다.
김　　　그렇습니까? 공원 안은 조용합니까?
노무라　예, 꽤 조용합니다.

김　　　이 멋진 건물은 무엇입니까?
노무라　이것은 호텔입니다.
김　　　깨끗한 호텔이군요.
노무라　그렇군요.
김　　　저 큰 빌딩은 무엇입니까?
노무라　저것은 백화점입니다.
김　　　상당히 멋진 빌딩이군요.

학습 Point

1. 형용동사(形容動詞)란?
2. 형용동사의 기본형 ~だ
3. 형용동사의 정중형 ~です
4. 형용동사의 연체형 ~な
5. 종조사 ~ね의 용법
6. 부사 かなり・なかなか의 용법

단어

· 公園(こうえん)　공원
· 有名(ゆうめい)だ　유명하다
· 静(しず)かだ　조용하다
· かなり　꽤, 상당히
· 立派(りっぱ)だ　훌륭하다, 멋지다
· 建物(たてもの)　건물
· ホテル　호텔
· 綺麗(きれい)だ　깨끗하다, 예쁘다
· デパート　백화점
· なかなか　상당히, 제법, 좀처럼

어법해설

Point 1 형용동사(形容動詞)란?

일본어 형용사는 우리말과 달리 두 가지 형태가 있다. 앞서 배운 어미가 い로 끝나는 형용사와, 어미가 だ로 끝나는 형용사가 있는데 이것을 문법에서는 형용동사라고 한다. 형태만 다를 뿐 상태나 성질을 표현하는 점에서는 동일하다.

그러나 형용동사는 어간이 명사적인 성질이 강한 것이 많다. 우리말의 「명사＋하다」의 형식으로 명사가 동작성이 있는 것(공부하다, 운동하다 등)은 동사이지만, 상태를 나타내는 경우(편리하다, 유명하다 등)는 형용사가 된다. 따라서 우리말의 「명사＋하다」로 되는 형용사의 경우는 대부분 일본어의 형용동사에 해당한다.

예 有名だ(유명하다)·형용동사   勉強する(공부하다)·동사

　　便利だ(편리하다)·형용동사   運動する(운동하다)·동사

Point 2 형용동사의 기본형 ～だ

형용동사의 기본형은 형용사의 기본형과 마찬가지로, 그 자체가 술어가 되며, 상태나 성질을 나타내는 점에서 형용사와 같지만, 어미가 だ로 끝나는 점에서는 다르다.

기본형	어 간	어 미	의 미
静かだ	静か	だ	조용하다
綺麗だ	綺麗	だ	깨끗하다
有名だ	有名	だ	유명하다
便利だ	便利	だ	편리하다

예 あの 歌手は とても 有名だ。
　　(저 가수는 매우 유명하다.)

　　ここは 交通が たいへん 便利だ。
　　(여기는 교통이 무척 편리하다.)

Point 3 형용동사의 정중형 ～です

정중하게 단정을 나타내는 です가 체언에 접속할 때는 「～입니다」의 뜻이 되지만, 형용동사의 어간에 접속하면 「～ㅂ니다」의 뜻으로 상태의 정중한 표현이 된다.

기본형	의 미	정중형	의 미
静かだ	조용하다	静かです	조용합니다
綺麗だ	깨끗하다	綺麗です	깨끗합니다
有名だ	유명하다	有名です	유명합니다
便利だ	편리하다	便利です	편리합니다

예 木村さんの 部屋は いつも 綺麗です。
(기무라 씨 방은 항상 깨끗합니다.)

この 公園は なかなか 静かです。
(이 공원은 상당히 조용합니다.)

あの サッカーの 選手は 有名ですか。
(저 축구 선수는 유명합니까?)

Point 4 형용동사의 연체형 ～な

형용사의 경우는 뒤의 체언을 수식할 때 기본형을 취하지만, 형용동사의 경우는 어미 ～だ가 ～な로 바뀌어 체언을 수식한다. 이것을 연체형이라고 하며, 본문의 立派な 建物는 「멋진 건물」의 뜻이 된다.

기본형	의 미	연체형	의 미
静かだ	조용하다	静かな	조용한
綺麗だ	깨끗하다	綺麗な	깨끗한
有名だ	유명하다	有名な	유명한
便利だ	편리하다	便利な	편리한

예 あの 人は 有名な オペラ歌手です。
(저 사람은 유명한 오페라 가수입니다.)

なかなか 綺麗な 公園ですね。
(상당히 깨끗한 공원이군요.)

ここは なかなか 静かな 住宅街ですね。
(여기는 상당히 조용한 주택가이군요.)

Point 5 종조사 ～ね의 용법

～ね는 문말에 접속하여 상대의 동의를 구하는 기분을 나타내기도 하고, 어조를 고르거나 강조함을 나타내기도 한다.

예 今日は いい 天気ですね。
(오늘은 날씨가 좋군요.)

そうですね。
(그렇군요. / 글쎄요?)

Point 6 부사 かなり・なかなか의 용법

かなり는 우리말의 「상당히, 꽤, 제법」에 해당하는 부사어이고, なかなか는 かなり와 비슷한 뜻을 가진 부사어로 우리말의 「상당히, 꽤」에 해당하며, 뒤에 부정어가 오면 「좀처럼, 간단히, 쉽사리는」의 뜻으로 쓰인다.

예 数学の 試験は かなり 難しいです。
(수학 시험은 상당히 어렵습니다.)

彼女は なかなか 料理が 上手です。
(그녀는 꽤 요리를 잘합니다.)

この 番組は なかなか 面白いですね。
(이 프로그램은 상당히 재미있군요.)

문형연습

1 형용동사의 기본형 ～だ ～하다

① あの 大学は 韓国で いちばん 有名だ。
(저 대학은 한국에서 가장 유명하다.)

② あの ホテルは なかなか きれいだ。
(저 호텔은 상당히 깨끗하다.)

③ あの 子供は とても 元気だ。
(저 아이는 매우 건강하다.)

④ ここは 電車の 駅が ある。それで 交通が 便利だ。
(여기는 전철역이 있다. 그래서 교통이 편리하다.)

2 형용동사의 연체형 ～な ～한

① あの 人は 有名な 歌手です。
(저 사람은 유명한 가수입니다.)

② わたしの うちには 真っ白な 猫が います。
(우리 집에는 새하얀 고양이가 있습니다.)

③ 金さんは 立派な 青年です。
(김씨는 훌륭한 청년입니다.)

④ 今、いちばん 必要な ものは 何ですか。
(지금 가장 필요한 것은 무엇입니까?)

3 형용동사의 정중형 ～です ～합니다

① あの 選手は 日本で いちばん 有名です。
(저 선수는 일본에서 가장 유명합니다.)

② この 住宅街は とても 静かです。
(이 주택가는 매우 조용합니다.)

③ この 商店街は いつも 賑やかです。
(이 상가는 항상 붐빕니다.)

④ あなたの 部屋は なかなか きれいですね。
(당신 방은 상당히 깨끗하군요.)

Unit 7. きれいな ホテルですね

8 研究室は いくつ ありますか

金　ここは 図書館ですか。

山田　ええ、この 大学で いちばん 大きい 建物です。

金　カード箱が たくさん ありますね。

山田　ええ。この 図書館には 古い 本も たくさん あります。

金　閲覧室は この 部屋だけですか。

山田　いいえ、閲覧室は 二つ あります。

　　　この 部屋の となりに 小さい 部屋が 一つ あります。

金　となりの 部屋にも 席が たくさん ありますか。

山田　いいえ、となりの 部屋には 席は 少ししか ありません。

　　　ここは 私の 研究室です。

金　静かな 部屋ですね。

　　　この 建物には 研究室は いくつ ありますか。

山田　一つ、二つ、三つ、四つ、… 全部で 十 あります。

　　　大きい 部屋が 二つと 小さい 部屋が 八つ あります。

| 해석 | **연구실은 몇 개 있습니까?**

김　　　여기는 도서관입니까?
야마다　예, 이 대학에서 가장 큰 건물입니다.
김　　　카드 함이 많이 있군요.
야마다　예. 이 도서관에는 오래된 책도 많이 있습니다.
김　　　열람실은 이 방뿐입니까?
야마다　아니오, 열람실은 두 개 있습니다.
　　　　이 방 옆에 작은 방이 하나 있습니다.
김　　　옆 방에도 자리가 많이 있습니까?
야마다　아니오, 옆 방에는 자리는 조금밖에 없습니다.
　　　　여기는 제 연구실입니다.
김　　　조용한 방이군요.
　　　　이 건물에는 연구실은 몇 개 있습니까?
야마다　하나, 둘, 셋, 넷, … 전부해서 열 개 있습니다.
　　　　큰 방이 두 개와 작은 방이 여덟 개 있습니다.

학습 Point

1. 고유수사(和数詞)
2. 의문사 いくつ의 용법
3. ~で いちばん
4. 조사 ~だけ의 용법
5. 조사 ~しか의 용법
6. 부사 たくさん의 용법
7. 조사 ~にも의 용법
8. 全部で의 용법

단어

- 図書館(としょかん)　도서관
- 大学(だいがく)　대학
- ~で　~에서
- いちばん　가장, 제일
- 大(おお)きい　크다
- カード箱(ばこ)　카드상자
- たくさん　많이
- 古(ふる)い　낡다, 오래되다
- 閲覧室(えつらんしつ)　열람실
- ~だけ　~만, ~뿐
- 席(せき)　자리, 좌석
- 少(すこ)し　조금
- ~しか　~밖에
- 研究室(けんきゅうしつ)　연구실
- 全部(ぜんぶ)　전부

Unit 8. 研究室は いくつ ありますか

어법해설

Point 1 고유수사(和数詞)

일본어의 수사(数詞)에는 우리말 수사와 마찬가지로 한자어로 읽는 방법과 하나, 둘, 셋, 넷 … 처럼 고유어로 읽는 방법이 있다. 그러나 우리말의 고유수사로는 하나에서 아흔 아홉까지 셀 수 있으나 일본어에서는 하나에서 열까지밖에 없다. 또한 고유수사에는 뒤에 조수사를 붙여 쓸 수 없고, 한 개, 두 개 등처럼 수효를 셀 때 쓰기도 한다.

一つ	二つ	三つ	四つ	五つ
ひとつ (하나)	ふたつ (둘)	みっつ (셋)	よっつ (넷)	いつつ (다섯)
六つ	七つ	八つ	九つ	十
むっつ (여섯)	ななつ (일곱)	やっつ (여덟)	ここのつ (아홉)	とお (열)

예 テーブルの 上に りんごが 三つ あります。
(테이블 위에 사과가 세 개 있습니다.)

部屋の 中に 机が 一つ、椅子が 二つ あります。
(방 안에 책상이 하나, 의자가 두 개 있습니다.)

Point 2 의문사 いくつ의 용법

いくつ는 하나하나 셀 수 있는 수(数)나 나이를 물을 때 쓰이는 의문사로 우리말의 「몇 개」「몇 살」로 해석된다. 흔히 나이를 물을 때는 접두어 お를 붙여 おいくつ 형태로 쓰인다.

예 冷蔵庫の 中に りんごは いくつ ありますか。
(냉장고 안에 사과는 몇 개 있습니까?)

失礼ですが、木村さんは 今 おいくつですか。
(실례지만, 기무라 씨는 지금 몇 살입니까?)

Point 3   ～で いちばん

～で는 장소를 나타낼 때 쓰이는 조사로 우리말의 「～에서」에 해당한다. いちばん은 본래 「一番(1번)」이라는 뜻이지만 부사어로 쓰일 때는 「가장, 제일」의 뜻이 되며, 이 때는 한자로 표기하지 않는다. 따라서 ～で いちばん은 「～에서 제일, 가장」의 뜻으로 주어진 것에서 최고임을 나타낼 때 많이 쓰이는 표현이다.

예 あの 歌手は 韓国で いちばん 有名です。
(저 가수는 한국에서 가장 유명합니다.)

この 中で いちばん おいしい ものは どれですか。
(이 중에서 가장 맛있는 것은 어느 것입니까?)

ここは ソウルで いちばん 静かな 住宅街です。
(여기는 서울에서 가장 조용한 주택가입니다.)

Point 4   조사 ～だけ의 용법

～だけ는 한정이나 한도를 나타낼 때 쓰이는 조사로 우리말의 「～만, ～뿐」으로 해석된다. 또, 그 정도까지라는 뜻을 나타낼 때는 「～만큼」으로 해석한다.

예 りんごは 全部で これだけですか。
(사과는 전부해서 이것뿐입니까?)

気持ちだけで 十分です。
(마음만으로 충분합니다.)

Point 5   조사 ～しか의 용법

～しか는 뒤에 ありません 등과 같은 부정어를 수반하여 「～밖에, 뿐」의 뜻으로 오직 그것뿐임을 나타낼 때 쓰이는 조사이다.

예 冷蔵庫の 中には 野菜しか ありません。
(냉장고 안에는 야채밖에 없습니다.)

部屋の 中には 子供しか いません。
(방 안에는 어린이밖에 없습니다.)

Point 6 부사 たくさん의 용법

たくさん(沢山)은 「많이」라는 뜻을 가진 부사어로 물건이나 사람이 많다는 뜻을 나타낼 때 쓰이며, 줄여서 「닥상」이라고도 발음한다.

예) テーブルの 上には りんごが たくさん あります。
(테이블 위에는 사과가 많이 있습니다.)

部屋の 中には 子供が たくさん います。
(방 안에 어린이가 많이 있습니다.)

Point 7 조사 ~にも의 용법

~にも는 장소를 나타내는 조사 に에 강조를 나타낼 때 쓰이는 조사 も가 합쳐진 형태로 「~에도」의 뜻이다.

예) 車は ここにも あそこにも あります。
(차는 여기에도 저기에도 있습니다.)

犬は どこにも いません。
(개는 어디에도 없습니다.)

Point 8 全部で의 용법

全部(ぜんぶ)는 「전부, 모두」라는 뜻을 명사로 한도를 나타내는 조사 で와 함께 쓰이면 「전부해서, 모두해서」라는 뜻이 된다. 비슷한 표현으로 みんなで가 있다.

예) りんごは 全部で いくつ ありますか。
(사과는 전부해서 몇 개 있습니까?)

みかんは みんなで これしか ありません。
(귤은 모두해서 이것밖에 없습니다.)

문형연습

1 ～で いちばん　～에서 가장(제일)

① この ビルは 日本で いちばん 高いです。
(이 빌딩은 일본에서 가장 높습니다.)

② あの 公園は ソウルで いちばん 広いです。
(저 공원은 서울에서 가장 넓습니다.)

③ あの 歌手は 韓国で いちばん 人気が あります。
(저 가수는 한국에서 제일 인기가 있습니다.)

④ ここで いちばん 成績が いい 人は だれですか。
(여기에서 가장 성적이 좋은 사람은 누구입니까?)

2 ～だけです　～뿐입니다

① 部屋の 中には 子供だけですか。
(방 안에는 어린이뿐입니까?)

② リンゴは 一つだけですか。
(사과는 하나뿐입니까?)

③ 花びんには バラの 花だけですか。
(꽃병에는 장미꽃뿐입니까?)

④ テーブルの 上に スイカは これだけですか。
(테이블 위에 수박은 이것뿐입니까?)

3 ～しか ありません(いません)　～밖에 없습니다

① テーブルの 上には 卵は 一つしか ありません。
(테이블 위에는 달걀은 하나밖에 없습니다.)

② 水は 少ししか ありません。
(물은 조금밖에 없습니다.)

③ 部屋の 中には 子供しか いません。
(방 안에는 어린이밖에 없습니다.)

④ 庭には 犬しか いません。
(뜰에는 개밖에 없습니다.)

Unit 8. 研究室は いくつ ありますか

9 封筒は 何枚 ありますか

先生 金さん、あなたの ところに 封筒は 何枚 ありますか。

金 一、二、三、四、五、六、七、八、九、十、十枚 あります。

先生 切手も 十枚 ありますか。

金 いいえ、切手は 四枚しか ありません。

先生 鉛筆は 何本 ありますか。

金 鉛筆は 長いのが 一本と 短いのが 三本 あります。

それから 厚い ノートも 三冊 あります。

木村 あなたの クラスには 学生が 大勢 いますか。

金 いいえ、全部で 九人です。

木村 みんな 男の 学生ですか。

金 いいえ、女の 学生も います。

木村 女の 学生は 何人 いますか。

金 二人 います。一人は アメリカ人で、もう 一人は フランス人です。

해석 봉투는 몇 장 있습니까?

선생님 김씨, 당신이 있는 곳에 봉투는 몇 장 있습니까?
김 일, 이, 삼, 사, 오, 륙, 칠, 팔, 구, 십, 열 장 있습니다.
선생님 우표도 열 장 있습니까?
김 아니오, 우표는 네 장밖에 없습니다.
선생님 연필은 몇 자루 있습니까?
김 연필은 긴 것이 한 자루와, 짧은 것이 세 자루 있습니다.
그리고 두꺼운 노트도 있습니다.

기무라 당신 반에는 학생이 많이 있습니까?
김 아니오, 전부해서 아홉 명입니다.
기무라 모두 남학생입니까?
김 아니오, 여학생도 있습니다.
기무라 여학생은 몇 명 있습니까?
김 두 명 있습니다. 한 명은 미국인이고, 다른 한 사람은 프랑스인입니다.

학습 Point

1. 한자어 수사(漢数詞)
2. 부사 おおぜい의 용법
3. 여러 가지 조수사(助数詞)
4. 「何+조수사」의 용법
4. 「형용사(~い)・형용동사(な)+のが」의 용법

단어

- 所(ところ) 곳, 장소
- 封筒(ふうとう) 봉투
- 何枚(なんまい) 몇 장
- 切手(きって) 우표
- 何本(なんぼん) 몇 자루
- 長(なが)い 길다
- 短(みじか)い 짧다
- 厚(あつ)い 두껍다
- クラス 클래스, 반
- 大勢(おおぜい) 많이
- 男(おとこ) 남자
- 女(おんな) 여자
- 何人(なんにん) 몇 명
- アメリカ人(じん) 미국인
- フランス人(じん) 프랑스인

Unit 9. 封筒は 何枚 ありますか

어법해설

Point 1 한자어 수사(漢数詞)

일본어 한자어 수사는 우리말의 한자어 수사와 마찬가지로 중국에서 전해 내려온 한자음(漢字音)으로 읽는 것을 말한다. 고유어 수사가 열(10)까지밖에 없으므로 십(十) 이상은 한자어 수사를 써야 한다.

一	二	三	四	五
いち (1・일)	に (2・이)	さん (3・삼)	し/よん (4・사)	ご (5・오)
六	七	八	九	十
ろく (6・육)	しち/なな (7・칠)	はち (8・팔)	きゅう/く (9・구)	じゅう (10・십)

※ 四(し, よん) 七(しち, なな) 九(きゅう, く)는 두 가지 형태의 발음을 가지고 있다. 四(し)는 死(し)와 발음이 동일하고, 九(く)는 苦(く)와 발음이 동일하여 금기어로 일반적으로 회피하고 있다. 七(しち)도 なな 쪽을 많이 쓰고 있으며, 경우에 따라서는 두 가지 다 쓰일 때도 있고, 한 가지만 쓰일 때도 있으므로 모두 암기해 두어야 한다.

예 かごの 中に 卵は 三個しか ありません。
(바구니 안에 달걀은 3개밖에 없습니다.)

駐車場には 車が 二台 あります。
(주차장에 차가 2대 있습니다.)

Point 2 부사 おおぜい의 용법

たくさん(沢山)은 물건이나 사람이 많다는 뜻으로 쓰이는 부사어이고, おおぜい(大勢)는 사람이 많다는 뜻으로 쓰이는 부사어이다. 따라서 물건이 많다고 할 때는 おおぜい를 쓰면 안 된다.

예 運動場には 学生たちが おおぜい います。
(운동장에는 학생들이 많이 있습니다.)

部屋の 中には 子供たちが おおぜい います。
(방 안에는 아이들이 많이 있습니다.)

Point 3   여러 가지 조수사(助数詞)

조수사란 우리말의 「~장, ~다발, ~자루」 등처럼 수(数)를 세는 단위를 말한다. 일본어 조수사는 고유어 수사에는 접속하지 않으며, 반드시 한자어 수사에 접속되어 쓰인다.

	~枚 (장)	~冊 (권)	~個 (개)	~階 (층)	~台 (대)
一	いちまい	いっさつ	いっこ	いっかい	いちだい
二	にまい	にさつ	にこ	にかい	にだい
三	さんまい	さんさつ	さんこ	さんがい	さんだい
四	よんまい	よんさつ	よんこ	よんかい	よんだい
五	ごまい	ごさつ	ごこ	ごかい	ごだい
六	ろくまい	ろくさつ	ろっこ	ろっかい	ろくだい
七	ななまい	ななさつ	ななこ	ななかい	ななだい
八	はちまい	はっさつ	はっこ	はっかい	はちだい
九	きゅうまい	きゅうさつ	きゅうこ	きゅうかい	きゅうだい
十	じゅうまい	じゅっさつ	じゅっこ	じゅっかい	じゅうだい
何	なんまい	なんさつ	なんこ	なんがい	なんだい

	~本 (자루)	~匹 (마리)	~杯 (잔)	~人 (사람)	~円 (엔)
一	いっぽん	いっぴき	いっぱい	ひとり	いちえん
二	にほん	にひき	にはい	ふたり	にえん
三	さんぼん	さんびき	さんばい	さんにん	さんえん
四	よんほん	よんひき	よんはい	よにん	よんえん
五	ごほん	ごひき	ごはい	ごにん	ごえん
六	ろっぽん	ろっぴき	ろっぱい	ろくにん	ろくえん
七	ななほん	ななひき	ななはい	しちにん	しちえん
八	はっぽん	はっぴき	はっぱい	はちにん	はちえん
九	きゅうほん	きゅうひき	きゅうはい	きゅうにん	きゅうえん
十	じゅっぽん	じゅっぴき	じゅっぱい	じゅうにん	じゅうえん
何	なんぼん	なんびき	なんばい	なんにん	いくら

※ 十의 조수사 じっ은 じゅっ로도 쓰이지만, 현대어에서는 じっ이 더 많이 쓰이고 있다. 本은 가늘고 긴 것을 셀 때 쓰이고, 匹는 비교적 작은 동물을 셀 때 쓰인다. 단, 날짐승은 羽(わ/は)로 쓰고, 소처럼 큰 동물은 頭(とう)로 쓴다.

예 つくえの 上に ノートが 三冊 あります。
   (책상 위에 노트가 3권 있습니다.)

   三階は 婦人服の 売場です。
   (3층은 여성복 매장입니다.)

   部屋の 中に 子供が 二人 います。
   (방 안에 아이가 두 명 있습니다.)

Point 4 「何＋조수사」의 용법

何(なん)은 의문을 나타내는 말로「무엇」이라는 뜻으로 쓰이기도 하지만, 조수사에 접속하여「몇」이라는 뜻으로 그 숫자를 물을 때도 쓰인다.

예 会議室に 男の人は 何人 いますか。
   (회의실에 남자는 몇 명 있습니까?)

   白い 紙は 全部で 何枚 ありますか。
   (하얀 종이는 전부 몇 장 있습니까?)

   筆箱の 中に ボールペンは 何本 ありますか。
   (필통 속에 볼펜은 몇 자루 있습니까?)

Point 5 형용사(~い)・형용동사(な)＋のが의 용법

~の는 앞서 언급하였지만, 여기서는 용언(활용을 하는 말)에 접속하여 쓰이는 방법이다. 이 때의 の는「~의」뜻인 조사가 아니라 형식명사로「~의 것」이라는 뜻이 된다. 따라서 형용사나 형용동사에 접속할 때는 연체형에 접속한다.

예 大きいのが 一つ、小さいのが 二つ あります。
   (큰 것이 하나, 작은 것이 둘 있습니다.)

   ここで いちばん 綺麗なのが これです。
   (여기서 가장 깨끗한 것이 이것입니다.)

문형연습

1 ～個 ～枚 ～本 ～冊   ～개 ～장 ～자루 ～권

① かごの 中_{なか}に 卵_{たまご}は 全部_{ぜんぶ}で 何個_{なんこ} ありますか。
 (바구니 안에 달걀은 전부해서 몇 개 있습니까?)

② ワイシャツは 一枚_{いちまい}しか ありません。
 (와이셔츠는 한 장밖에 없습니다.)

③ 鉛筆_{えんぴつ}は 全部_{ぜんぶ}で 何本_{なんぼん} ありますか。
 (연필은 전부해서 몇 자루 있습니까?)

④ 木村_{きむら}さんの 本棚_{ほんだな}には 小説_{しょうせつ}は 一冊_{いっさつ}も ありません。
 (기무라 씨 책장에는 소설은 한 권도 없습니다.)

2 ～階 ～台 ～匹 ～人   ～층 ～대 ～마리 ～사람

① 婦人服_{ふじんふく}の 売場_{うりば}は 何階_{なんがい}に ありますか。
 (여성복 매장은 몇 층에 있습니까?)

② 金_{キム}さんの 駐車場_{ちゅうしゃじょう}には 車_{くるま}が 三台_{さんだい}も あります。
 (김씨 주차장에는 차가 세 대나 있습니다.)

③ 庭_{にわ}に 猫_{ねこ}が 一匹_{いっぴき}、子犬_{こいぬ}が 二匹_{にひき} います。
 (뜰에는 고양이가 한 마리, 강아지가 두 마리 있습니다.)

④ 部屋_{へや}の 中_{なか}には 男_{おとこ}の 子_こが 一人_{ひとり}、女_{おんな}の 子_こが 二人_{ふたり} います。
 (방안에는 남자아이가 한 명, 여자아이가 두 명 있습니다.)

3 형용사(형용동사) ～い(な)の   ～한 것

① バラの 花_{はな}は 赤_{あか}いのが いいです。
 (장미꽃은 빨간 것이 좋습니다.)

② 鳥_{とり}は 大_{おお}きいのも 小_{ちい}さいのも あります。
 (새는 큰 것도 작은 것도 있습니다.)

③ チョークは 白_{しろ}いのも 黒_{くろ}いのも あります。
 (분필은 하얀 것도 검정 것도 있습니다.)

④ 犬_{いぬ}は 真_まっ白_{しろ}なのが 可愛_{かわい}いです。
 (개는 새하얀 것이 귀엽습니다.)

Unit 10 桜の 花は 赤く ありません

1-B

客　どれが おいしいですか。

魚屋　あの 赤い 魚が おいしいです。

客　あの 魚は 一匹で いくらですか。

魚屋　五百円です。

客　高いですね。もう 少し 安くて おいしいのは ありませんか。

魚屋　これが 安くて おいしいです。

客　では、それを 三匹 ください。

金　あの 赤い きれいな 花は 桜ですか。

大木　いいえ、桜では ありません。桜の 花は 赤く ありません。

金　何色ですか。

大木　薄い 桃色です。

金　花は 大きいですか。

大木　いいえ、大きく ないです。小さいです。

| 해석 | **벚꽃은 빨갛지 않습니다**

  손님   어느 것이 맛있습니까?
생선장수 저 빨간 생선이 맛있습니다.
  손님   저 생선은 한 마리에 얼마입니까?
생선장수 5백엔입니다.
  손님   비싸군요. 좀더 싸고 맛있는 것은 없습니까?
생선장수 이것이 싸고 맛있습니다.
  손님   그럼, 그것을 세 마리 주세요.

  김   저 빨간 예쁜 꽃은 벚꽃입니까?
오오키 아니오, 벚꽃이 아닙니다. 벚꽃은 빨갛지 않습니다.
  김   무슨 색입니까?
오오키 엷은 분홍색입니다.
  김   꽃은 큽니까?
오오키 아니오, 크지 않습니다. 작습니다.

학습 Point

1. 형용사 ~くて의 용법
2. 형용사의 부정형 ~く ない의 용법
3. 형용사 ~く ありません의 용법
4. ~を ください의 용법
5. 의문사 いくら의 용법

단 어

- どれ 어느 것
- おいしい 맛있다
- 魚(さかな) 물고기, 생선
- ~匹(ひき) ~마리(작은 동물)
- いくら 얼마
- ~円(えん) ~엔(일본 화폐단위)
- 高(たか)い (값이) 비싸다, 높다
- もう 少(すこ)し 좀더
- 安(やす)い (값이) 싸다
- ください 주세요
- 花(はな) 꽃
- 桜(さくら) 벚
- 薄(うす)い 엷다
- 桃色(ももいろ) 분홍색, 복숭아 색

Point 1 형용사 ～くて의 용법

접속조사 て가 형용사에 접속할 때는 어미 い가 く로 바뀐다. 이 때 て는 앞, 뒤의 것을 나열해서 나타내는 경우와, 앞의 것이 뒤의 것의 원인이나 이유, 설명을 나타내는 용법이 있다.

기본형	의 미	～て	의 미
赤い	빨갛다	赤くて	빨갛고
青い	파랗다	青くて	파랗고
面白い	재미있다	面白くて	재미있고
易しい	쉽다	易しくて	쉽고

예 この りんごは 赤くて おいしいです。
  (이 사과는 빨갛고 맛있습니다.)

  この 小説は 易しくて 面白いです。
  (이 소설은 쉽고 재미있습니다.)

  この 部屋は 明るくて いいですね。
  (이 방은 밝아서 좋군요.)

Point 2 형용사의 부정형 ～く ない의 용법

형용사의 부정형은 어미 い를 く로 바꾸고 부정의 뜻을 나타내는 ない를 접속하여 표현한다. ない는 본래 「없다」라는 뜻의 형용사이지만, 이처럼 활용어에 접속하여 쓰일 때는 「～않다」라는 뜻으로 부정의 뜻이 된다.

기본형	의 미	부정형	의 미
赤い	빨갛다	赤く ない	빨갛지 않다
青い	파랗다	青く ない	파랗지 않다
面白い	재미있다	面白く ない	재미있지 않다
易しい	쉽다	易しく ない	쉽지 않다

형용사의 부정형인 ~く ない는 단독으로 문을 끝맺기도 하고, 체언을 수식하기도 하며, です를 접속하면 정중한 표현이 된다.

예 今年の 夏は あまり 暑く ない。
(올 여름은 별로 덥지 않다.)

難しく ない 外国語は ありません。
(어렵지 않는 외국어는 없습니다.)

この 映画は 全然 面白く ないです。
(이 영화는 전혀 재미있지 않습니다.)

あの レストランの 料理は おいしく ないですか。
(저 레스토랑 요리는 맛있지 않습니까?)

Point 3 형용사 ~く ありません의 용법

형용사를 정중하게 부정할 때는 어미 ~い를 ~く로 바꾸고 ありません을 접속하면 된다. 이 때 ありません은 존재의 부정을 나타내는「없습니다」의 뜻이 아니라, 상태의 부정을 나타낸다. 또한 ~く ありません은 ~く ないです와 같은 뜻이 된다.

예 この 漫画は あまり 面白く ありません。
(이 만화는 별로 재미있지 않습니다.)

日本語は あまり 難しくは ありません。
(일본어는 별로 어렵지는 않습니다.)

今、ソウルは 寒く ありませんか。
(지금 서울은 춥지 않습니까?)

Point 4 ~を ください의 용법

~を는 우리말의「~을, 를」에 해당하는 조사로, あ행의 お와 발음이 같지만 を는 조사로만 쓰인다. ください는 상대에게 요구나 의뢰를 할 때 쓰이는 말로 우리말의 「~주세요」에 해당한다.

예 すみません。ビールを 一本 ください。
(여보세요, 맥주를 한 병 주세요.)

この 赤い バラの 花を ください。
(이 빨간 장미꽃을 주세요.)

Point 5 의문사 いくら의 용법

いくら는 값을 물을 때 쓰이는 의문사로 우리말의 「얼마」에 해당한다. 円(えん)은 일본 화폐단위이다. 참고로 숫자읽기를 보면 다음과 같다.

표기	읽기	표기	읽기
一	いち	三十	さんじゅう
二	に	四十	よんじゅう
三	さん	五十	ごじゅう
四	し(よん)	六十	ろくじゅう
五	ご	七十	ななじゅう
六	ろく	八十	はちじゅう
七	しち(なな)	九十	きゅうじゅう
八	はち	百	ひゃく
九	きゅう(く)	二百	にひゃく
十	じゅう	三百	さんびゃく
十一	じゅういち	四百	よんひゃく
十二	じゅうに	五百	ごひゃく
十三	じゅうさん	六百	ろっぴゃく
十四	じゅうよん	七百	ななひゃく
十五	じゅうご	八百	はっぴゃく
十六	じゅうろく	九百	きゅうひゃく
十七	じゅうしち(なな)	千	せん
十八	じゅうはち	一万	いちまん
十九	じゅうきゅう	一億	いちおく
二十	にじゅう	一兆	いっちょう

※ ( )의 음은 두 가지로 쓰이며, 百 단위에서는 발음이 탁음, 반탁음이 되므로 유의해서 암기해야 한다. 또, 三千은 さんぜん으로 탁음이 된다.

예   この アパートの 家賃は 五万三千円です。
　　　(이 아파트 집세는 5만 3천엔입니다.)

　　　この 古本は 一冊で 三百円です。
　　　(이 헌책은 한 권에 3백엔입니다.)

문형연습

1 형용사 ~くて   ~하고, ~하며, ~해서

① この アパートは 広くて きれいです。
　(이 아파트는 넓고 깨끗합니다.)

② この リンゴは 赤くて とても おいしいです。
　(이 사과는 빨갛고 매우 맛있습니다.)

③ この 料理は 安くて 栄養も あります。
　(이 요리는 싸고 영양도 있습니다.)

④ この 靴は 値段も 高くて 品質も よく ありません。
　(이 구두는 가격도 비싸고 품질도 좋지 않습니다.)

2 형용사 ~く ない   ~지 않다

① この 服は あまり 高く ない。
　(이 옷은 별로 비싸지 않다.)

② 赤く ない リンゴは あまり おいしく ない。
　(빨갛지 않는 사과는 별로 맛이 없다.)

③ この ビルは あまり 新しく ないです。
　(이 빌딩은 별로 새 것이 아닙니다.)

④ この 部屋は あまり 広く ないですね。
　(이 방은 별로 넓지 않군요.)

3 형용사 ~く ありません   ~지 않습니다

① 金さんの マンションは あまり 広く ありません。
　(김씨 맨션은 별로 넓지 않습니다.)

② この 時計は あまり 新しく ありません。
　(이 시계는 별로 새 것이 아닙니다.)

③ この 料理は あまり おいしく ありません。
　(이 요리는 별로 맛있지 않습니다.)

④ この アパートの 家賃は あまり 高く ありません。
　(이 아파트 집세는 별로 비싸지 않습니다.)

Unit 10. 桜の 花は 赤く ありません

11 たいへん 静かで きれいです

金　これは 私の 大学の 写真です。

吉村　この 建物が 寮ですか。

金　はい、私たちの 寮です。

吉村　寮は どうですか。

金　たいへん 静かで きれいです。

吉村　食堂も きれいですか。

金　はい、きれいで かなり 大きいです。

金　あなたの 家は 田中さんの 家の 近くですか。

吉村　いいえ、近くでは ありません。

金　静かな ところですか。

吉村　いいえ、あまり 静かでは ありません。
家の そばに 広い 通りが あります。通りの 両側には 商店が たくさん あります。ですから 交通は とても 便利です。

해석 : 무척 조용하고 깨끗합니다

김 　 이것은 우리 대학 사진입니다.
요시무라 　 이 건물이 기숙사입니까?
김 　 네, 우리들 기숙사입니다.
요시무라 　 기숙사는 어떻습니까?
김 　 무척 조용하고 깨끗합니다.
요시무라 　 식당도 깨끗합니까?
김 　 예, 깨끗하고 상당히 큽니다.

김 　 당신 집은 다나카 씨 집 근처입니까?
요시무라 　 아니오, 근처가 아닙니다.
김 　 조용한 곳입니까?
요시무라 　 아니오, 별로 조용하지 않습니다.
집 옆에 넓은 도로가 있습니다. 도로 양쪽에는 상점이 많이 있습니다. 그래서 교통은 매우 편리합니다.

학습 Point

1. 형용동사 ~で의 용법
2. 형용동사의 부정형 ~では ない
3. 형용동사 ~では ありません
4. どうですか
5. 접속사 ですから의 용법
6. 부사 大変의 용법

단어

- 写真(しゃしん) 사진
- 寮(りょう) 기숙사
- 大変(たいへん) 무척, 대단히
- 食堂(しょくどう) 식당
- 家(いえ) 집
- 近(ちか)く 근처
- 所(ところ) 곳, 장소
- 側(そば) 옆, 곁
- 広(ひろ)い 넓다
- 通(とお)り 거리
- 両側(りょうがわ) 양쪽
- 商店(しょうてん) 상점
- ですから 그래서, 그러므로
- 交通(こうつう) 교통
- 便利(べんり)だ 편리하다

Unit 11. たいへん 静かで きれいです

Point 1 형용동사 ~で의 용법

형용동사 어미 だ를 で로 바꾸면 문을 중지하는 역할을 한다. 또한 접속조사 て와 마찬가지로 앞, 뒤의 것을 나열해서 나타내는 경우와, 앞의 것이 뒤의 것의 원인이나 이유, 설명을 나타내는 용법이 있다.

기본형	의 미	중지형	의 미
静かだ	조용하다	静かで	조용하고
綺麗だ	깨끗하다	綺麗で	깨끗하고
有名だ	유명하다	有名で	유명하고
便利だ	편리하다	便利で	편리하고

예 この 部屋は 静かで なかなか 綺麗ですね。
(이 방은 조용하고 상당히 깨끗하군요.)

ここは 交通が 便利で 人が 多いです。
(여기는 교통이 편리해서 사람이 많습니다.)

Point 2 형용동사의 부정형 ~で ない

형용동사의 부정형은 어미 だ를 で로 바꾸고 부정의 뜻을 나타내는 ない를 접속하여 표현한다. ない는 본래 「없다」라는 뜻의 형용사이지만, 이처럼 활용어에 접속하여 쓰일 때는 「~않다」라는 뜻으로 부정의 뜻이 된다. 형용동사의 부정형은 주로 조사 は를 접속하여 ~では ない로 많이 쓰이며, 회화체에서는 줄여서 ~じゃ ない라고 한다.

기본형	의 미	부정형	의 미
静かだ	조용하다	静かで(は) ない	조용하지 않다
綺麗だ	깨끗하다	綺麗で(は) ない	깨끗하지 않다
有名だ	유명하다	有名で(は) ない	유명하지 않다
便利だ	편리하다	便利で(は) ない	편리하지 않다

또, 형용사의 부정형인 ～で(は) ない는 단독으로 문을 끝맺기도 하고, 체언을 수식하기도 하며, です를 접속하면 정중한 표현이 된다.

예 この 公園は あまり きれいで ない。
(이 공원은 별로 깨끗하지 않다.)

この 商店街は あまり 賑やかでは(じゃ) ない。
(이 상가는 별로 붐비지 않는다.)

あの 歌手は あまり 有名では(じゃ) ない 人です。
(저 가수는 별로 유명하지 않는 사람입니다.)

この 住宅街は あまり 静かでは(じゃ) ないです。
(이 주택가는 별로 조용하지 않습니다.)

Point 3 형용동사 ～では(じゃ) ありません

형용동사를 정중하게 부정할 때는 ～です의 부정형인 ～では ありません을 형용동사의 어간에 접속하면 된다. 이 경우도 회화체에서는 ～じゃ ありません으로 줄여서 말할 수 있다.

기본형	의 미	～では ありません	의 미
静かだ	조용하다	静かでは ありません	조용하지 않습니다
綺麗だ	깨끗하다	綺麗では ありません	깨끗하지 않습니다
有名だ	유명하다	有名では ありません	유명하지 않습니다
便利だ	편리하다	便利では ありません	편리하지 않습니다

예 木村さんの アパートは あまり 静かでは ありません。
(기무라 씨 아파트는 별로 조용하지 않습니다.)

あの 小説家は あまり 有名じゃ ありません。
(저 소설가는 별로 유명하지 않습니다.)

ここは 交通が 便利では ありませんか。
(여기는 교통이 편리하지 않습니까?)

田中さんの 部屋は 狭くて あまり きれいじゃ ありません。
(다나카 씨 방은 좁고 별로 깨끗하지 않습니다.)

Point 4 どうですか의 용법

どう는「어떻게」라는 뜻을 가진 부사어로, どうですか의 형태로 쓰일 때는「어떻습니까?」의 뜻으로 상대방의 마음이나 상태를 묻는 표현이 된다.

예 この 赤(あか)い りんごは どうですか。
(이 빨간 사과는 어떻습니까?)

奥(おく)さんの 体(からだ)の 具合(ぐあ)いは どうですか。
(부인의 건강은 좀 어떻습니까?)

Point 5 접속사 ですから의 용법

ですから는 それですから의 줄인 말로 だから의 정중한 표현이다. 접속사로 쓰일 때는「그러므로, 그러니까, 그래서」의 뜻으로 앞의 문장의 이유나 설명을 나타낼 때 쓰인다.

예 あの 人(ひと)は 真面目(まじめ)です。ですから、人気(にんき)が あります。
(저 사람은 성실합니다. 그래서 인기가 있습니다.)

この スーパーは 安(やす)いです。ですから、人(ひと)が 多(おお)いです。
(이 슈퍼는 쌉니다. 그래서 사람이 많습니다.)

Point 6 부사 大変의 용법

大変(たいへん)은 형용동사로 쓰일 때는「대단하다, 굉장하다, 큰일이다」의 뜻으로 그 정도가 심한 모양을 나타낸다. 본문에서처럼 부사로 쓰일 경우에는「상당히, 몹시, 아주」의 뜻이 된다.

예 大変(たいへん)な 人出(ひとで)だ。
(굉장한 인파다.)

家(いえ)の 掃除(そうじ)が 大変(たいへん)だ。
(집 청소가 큰일이다.)

大変(たいへん) 残念(ざんねん)です。
(매우 유감입니다.)

1 형용동사 ～で ～하고, 해서, 하며

① この かばんは 便利で 簡単です。
  (이 가방은 편하고 간단합니다.)

② 金さんの 部屋は 静かで きれいです。
  (김씨 방은 조용하고 깨끗합니다.)

③ あの 人は 真面目で 能力も あります。
  (저 사람은 성실하고 능력도 있습니다.)

④ この 野菜は 新鮮で 値段も 安いです。
  (이 야채는 신선하고 가격도 쌉니다.)

2 형용동사 ～では(じゃ) ない ～하지 않다

① あの 選手は あまり 有名では ない。
  (저 선수는 별로 유명하지 않다.)

② あまり きれいじゃ ない 部屋ですね。
  (별로 깨끗하지 않는 방이군요.)

③ この 問題は あまり 簡単では ないです。
  (이 문제는 별로 간단하지 않습니다.)

④ この 魚は あまり 新鮮じゃ ないです。
  (이 생선은 별로 신선하지 않습니다.)

3 형용동사 ～では(じゃ) ありません ～하지 않습니다

① この バラの 花は あまり きれいでは ありません。
  (이 장미꽃은 별로 예쁘지 않습니다.)

② この 字引は あまり 便利じゃ ありません。
  (이 사전은 별로 편리하지 않습니다.)

③ この 住宅街は あまり 静かでは ありません。
  (이 주택가는 별로 조용하지 않습니다.)

④ これは 私には あまり 必要じゃ ありません。
  (이것은 나에게는 별로 필요하지 않습니다.)

Unit 12 お誕生日は いつでしたか

金: あしたは 三月 四日ですね。

吉野: はい、そうです。

金: 春休みは あしたからですね。

吉野: いいえ、春休みは あさってからです。

金: 新学期の 授業は 四月 一日からですか。

吉野: いいえ、四月 十日からです。

金: それでは、春休みは 三月 五日から 四月 九日までですか。

吉野: はい、そうです。

金: 先生の お誕生日は いつでしたか。

吉野: 先月 七日でした。

金: その 日は 土曜日でしたか。

吉野: いいえ、土曜日では ありませんでした。日曜日でした。

金: あ、そうでしたか。

| 해석 | 생일은 언제였습니까?

김　　　　내일은 3월 4일이군요.
요시노　네, 그렇습니다.
김　　　　봄방학은 내일부터이죠?
요시노　아니오, 봄방학은 모레부터입니다.
김　　　　신학기 수업은 4월 1일부터입니까?
요시노　아니오, 4월 10일부터입니다.
김　　　　그럼 봄방학은 3월 5일부터 4월 9일까지입니까?
요시노　네, 그렇습니다.

김　　　　선생님 생일은 언제였습니까?
요시노　지난달 7일이었습니다.
김　　　　그 날은 토요일이었습니까?
요시노　아니오, 토요일이 아니었습니다. 일요일이었습니다.
김　　　　아, 그랬습니까?

학습 Point

1. 정중한 단정의 과거형 ~でした
2. 정중한 단정의 부정형
    ~では ありませんでした
3. ~から ~まで의 용법
4. 月의 표현
5. 曜日의 표현
6. 日의 표현

단 어

- 明日(あした)　내일
- 春休(はるやす)み　봄방학
- あさって　모레
- ~から　~부터
- ~まで　~까지
- お誕生日(たんじょうび)　생일, 생신
- いつ　언제
- ~でした　~였습니다
- 先月(せんげつ)　지난 달
- 日(ひ)　날, 해
- ~では ありませんでした
    ~이(가) 아니었습니다
- 土曜日(どようび)　토요일
- 日曜日(にちようび)　일요일

Point 1　정중한 단정의 과거형 ~でした

~でした는 체언에 접속하여 우리말의「~이었습니다」로 해석된다. 정중한 단정을 나타내는 ~です에 과거·완료를 나타내는 ~た가 접속된 형태이다.

예　金さんは 学生時代には サッカー選手でした。
　　(김씨는 학생시절에는 축구 선수였습니다.)

　　きのうは 何曜日でしたか。
　　(어제는 무슨 요일이었습니까?)

Point 2　정중한 단정의 부정형 ~では(じゃ) ありませんでした

~では(じゃ) ありませんでした는「~이(가) 아니었습니다」의 뜻으로 です의 부정형인 ~では(じゃ) ありません에 ~です의 과거형인 ~でした가 접속된 것이다.

예　昔、ここは 大学病院では ありませんでした。
　　(옛날에 여기는 대학병원이 아니었습니다.)

　　木村さんは この 会社の 社員じゃ ありませんでしたか。
　　(기무라 씨는 이 회사의 사원이 아니었습니까?)

Point 3　~から ~まで의 용법

~から는 여러 가지 용법으로 쓰이지만 여기서는 우리말의「~에서, 부터」에 해당하는 조사로, 시간이나 거리 따위의 시작을 나타낸다. 반대로 ~まで는 から와 대응하여 시간이나 거리 따위의 끝, 즉 한계점을 나타낼 때 쓰이는 조사로 우리말의「~까지」에 해당한다.

예　宿題は 三ページから 五ページまでです。
　　(숙제는 3쪽부터 5쪽까지입니다.)

　　夏休みは 六月から 八月までです。
　　(여름방학은 6월부터 8월까지입니다.)

Point 4 月(がつ)의 표현

一月	いちがつ	1월	七月	しちがつ	7월
二月	にがつ	2월	八月	はちがつ	8월
三月	さんがつ	3월	九月	くがつ	9월
四月	しがつ	4월	十月	じゅうがつ	10월
五月	ごがつ	5월	十一月	じゅういちがつ	11월
六月	ろくがつ	6월	十二月	じゅうにがつ	12월

※ 달을 물을 때는 何月(なんがつ)라고 한다.

예 日本の 冬休みは 何月からですか。
(일본의 겨울방학은 몇 월부터입니까?)

木村さんの お誕生日は 四月でした。
(기무라 씨의 생일은 4월이었습니다.)

Point 5 曜日(ようび)의 표현

日曜日	月曜日	火曜日	水曜日
にちようび (일요일)	げつようび (월요일)	かようび (화요일)	すいようび (수요일)
木曜日	金曜日	土曜日	何曜日
もくようび (목요일)	きんようび (금요일)	どようび (토요일)	なんようび (무슨 요일)

※ 요일을 말할 때 흔히 회화체에서는 ~日(び)를 생략하여 쓰기도 한다.

예 田中さんの 結婚式は 何曜日ですか。
(다나카 씨 결혼식은 무슨 요일입니까?)

木村さんの お誕生日は 今週の 金曜日です。
(기무라 씨의 생일은 이번 주 금요일입니다.)

火曜日から 木曜日まで 休みです。
(화요일부터 목요일까지 쉽니다.)

Point 6　日(にち)의 표현

一日	ついたち	十七日	じゅうしちにち
二日	ふつか	十八日	じゅうはちにち
三日	みっか	十九日	じゅうくにち
四日	よっか	二十日	はつか
五日	いつか	二十一日	にじゅういちにち
六日	むいか	二十二日	にじゅうににち
七日	なのか	二十三日	にじゅうさんにち
八日	ようか	二十四日	にじゅうよっか
九日	ここのか	二十五日	にじゅうごにち
十日	とおか	二十六日	にじゅうろくにち
十一日	じゅういちにち	二十七日	にじゅうしちにち
十二日	じゅうににち	二十八日	にじゅうはちにち
十三日	じゅうさんにち	二十九日	にじゅうくにち
十四日	じゅうよっか	三十日	さんじゅうにち
十五日	じゅうごにち	三十一日	さんじゅういちにち
十六日	じゅうろくにち	何日	なんにち

※ 날짜를 물을 때는 何日라고 하며, 1일부터 10일까지는 고유어로 읽는다. 또, 14일, 20일, 24일은 읽는 방법이 다르므로 주의해야 한다.

예　今日は 何月 何日ですか。
　　(오늘은 몇 월 며칠입니까?)

　　お祭りは 三日から 九日までです。
　　(축제는 3일부터 9일까지입니다.)

　　今月の 十四日は 木村さんの 結婚式です。
　　(이번 달 14일은 기무라 씨 결혼식입니다.)

문형연습

1 ～でした　～이었습니다

① 木村さんは 前は 有名な 歌手でした。
(기무라 씨는 전에는 유명한 가수였습니다.)

② この 建物は 前は 大学病院でした。
(이 건물은 전에는 대학병원이었습니다.)

③ 金さんの 誕生日は 先週の 金曜日でした。
(김씨 생일은 지난주 금요일이었습니다.)

④ 吉村さんの 結婚式は いつでしたか。
(요시무라 씨 결혼식은 언제였습니까?)

2 ～では(じゃ) ありませんでした　～이(가) 아니었습니다

① 彼は 去年までは 代表選手では ありませんでした。
(그는 작년까지는 대표선수가 아니었습니다.)

② 彼女は 学生時代 真面目な 学生では ありませんでした。
(그녀는 학생시절 착실한 학생이 아니었습니다.)

③ ここは 昔 アパートじゃ ありませんでした。
(여기는 옛날에 아파트가 아니었습니다.)

④ きのう、ソウルは いい 天気じゃ ありませんでしたか。
(어제 서울은 날씨가 좋지 않았습니까?)

3 ～から ～まで　～부터 ～까지

① 夏休みは 六月から 九月までです。
(여름방학은 6월부터 9월까지입니다.)

② 宿題は 三ページから 五ページまでです。
(숙제는 3페이지부터 5페이지까지입니다.)

③ 月曜日から 木曜日まで 休暇です。
(월요일부터 목요일까지 휴가입니다.)

④ 中間テストは 今日から あさってまでです。
(중간고사는 오늘부터 모레까지입니다.)

Unit 13 ソウルは 寒かったですか

金 　東京は 暖かいですね。

佐藤　そうですか。ソウルは 寒かったですか。

金 　おとといは あまり 寒く なかったですが、
　　 きのうは とても 寒かったです。

佐藤　東京は きのうも おとといも 寒くは なかったですが、
　　 あまり いい 天気では ありませんでした。

金 　そうでしたか。しかし、今日は いい 天気ですね。

佐藤　きのうの 工場見学は どうでしたか。

金 　とても 面白かったです。

佐藤　工場の 人は 親切でしたか。

金 　ええ、とても 親切でした。

佐藤　テストは 簡単でしたか。

金 　いいえ、あまり 簡単では ありませんでした。

해석 서울은 추웠습니까?

김 도쿄는 따뜻하군요.
사토 그렇습니까? 서울은 추웠습니까?
김 그제는 별로 춥지 않았습니다만, 어제는 매우 추었습니다.
사토 도쿄는 어제도 그제도 춥지는 않았습니다만,
 별로 좋은 날씨는 아니었습니다.
김 그랬습니까? 그러나, 오늘은 날씨가 좋군요.

사토 어제 공장견학은 어땠습니까?
김 매우 재미있었습니다.
사토 공장 사람은 친절했습니까?
김 예, 매우 친절했습니까?
사토 테스트는 간단했습니까?
김 아니오, 그다지 간단하지 않았습니다.

학습 Point

1. 형용사의 과거형 ~かった
2. 형용사 ~かった(です)
3. 형용사 ~く なかった(です)
4. 형용사 ~く ありませんでした
5. 형용동사 ~でした
6. 형용동사 ~では(じゃ) あませんでした
7. 접속사 しかし의 용법

단어

- 暖(あたた)かい 따뜻하다
- 寒(さむ)い 춥다
- 一昨日(おととい) 그저께
- いい 좋다
- 天気(てんき) 날씨
- しかし 그러나
- 今日(きょう) 오늘
- 工場(こうじょう) 공장
- 見学(けんがく) 견학
- 面白(おもしろ)い 재미있다
- 親切(しんせつ)だ 친절하다
- テスト 테스트
- 簡単(かんたん)だ 간단하다

Unit 13. ソウルは 寒かったですか

Point 1　형용사의 과거형 ~かった

형용사의 과거형은 어미 い가 かっ으로 바뀌어 과거·완료를 나타내는 た가 접속되어 ~かった의 형태를 취한다. 과거형은 문을 끝맺기도 하고 뒤의 체언을 수식하기도 한다.

기본형	의 미	과거형	의 미
暑い	덥다	暑かった	더웠다
寒い	춥다	寒かった	추웠다
面白い	재미있다	面白かった	재미있었다
易しい	쉽다	易しかった	쉬웠다

예 きょうの 日本語の 試験は 大変 難しかった。
(오늘 일본어 시험은 무척 어려웠다.)

きのうの 映画は 本当に 面白かった。
(어제 영화는 정말로 재미있었다.)

数学の 問題は 易しかった 時も あります。
(수학 문제는 쉬웠을 때도 있습니다.)

Point 2　형용사 ~かったです

형용사의 과거형 ~かった의 형태에 です를 접속하면 정중한 표현이 된다. 흔히 형용사의 기본형에 です의 과거형인 でした를 접속하여 ~いでした로 하기 쉬우나 이것은 일본어다운 표현이 아니다. 따라서 형용사의 과거형을 정중하게 표현할 때는 반드시 ~かったです의 형태를 취해야 한다.

예 きのうの 映画は 本当に 面白かったです。
(어제 영화는 정말로 재미있었습니다.)

きょうの 日本語の 試験は 大変 難しかったです。
(오늘 일본어 시험은 무척 어려웠습니다.)

Point 3 형용사 ~く なかった(です)

형용사의 부정형인 ~く ない의 과거형은 ない는 형용사와 동일하게 활용의 하므로 ~く なかった가 된다. 마찬가지로 です를 접속하면 「~지 않았습니다」의 뜻으로 정중한 표현이 된다. 따라서 ~く なかった는 문을 끝내기도 하고, 뒤의 체언을 수식하기도 한다.

기본형	부정형	~く なかった	의 미
暑い	暑く ない	暑く なかった	덥지 않았다
寒い	寒く ない	寒く なかった	춥지 않았다
面白い	面白く ない	面白く なかった	재미있지 않았다
易しい	易しく ない	易しく なかった	쉽지 않았다

예 去年の 冬は あまり 寒く なかった。
(올 겨울은 별로 춥지 않았다.)

あまり 暑く なかった 夏も あります。
(별로 덥지 않았던 여름도 있습니다.)

きのうの 映画は あまり 面白く なかったです。
(어제 영화는 별로 재미있지 않았습니다.)

Point 4 형용사 ~く ありませんでした

형용사를 정중하게 부정할 때는 어미 い를 く로 바꾸고 부정어 ない의 정중형인 ありません을 접속하여 표현한다. ~く ありません에 です의 과거형인 でした를 접속하면 「~지 않았습니다」의 뜻으로 정중한 과거 부정을 나타낸다. 즉, 이것은 ~く なかったです와 동일한 의미가 된다.

예 きのうの 映画は あまり 面白く ありませんでした。
(어제 영화는 별로 재미있지 않았습니다.)

去年の 冬は あまり 寒くは ありませんでした。
(올 겨울은 별로 춥지는 않았습니다.)

今日の 試験は あまり 難しく ありませんでしたか。
(오늘 시험은 별로 어렵지 않았습니까?)

Point 5   형용동사 ~でした

형용동사의 정중형의 과거형은 정중하게 단정을 나타내는 ~です와 마찬가지로 ~でした이다. 즉, 형용동사의 어간에 ~でした를 접속하면「~했습니다」의 뜻으로 정중한 과거 표현이 된다.

예 この 公園は 前は とても 静かでした。
(이 공원은 전에는 무척 조용했습니다.)

父は 若い ころ 本当に 素敵でした。
(아버지는 젊은 시절 정말로 멋졌습니다.)

あの 歌手は 韓国でも 有名でしたか。
(저 가수는 한국에서도 유명했습니까?)

Point 6   형용동사 ~では(じゃ) ありませんでした

형용동사의 정중한 부정형인 ~では(じゃ) ありません의 과거형도 정중한 단정을 です와 마찬가지로 과거형인 ~でした를 접속하여 ~では(じゃ) ありませんでした로 표현한다.

예 昔、この 公園は あまり 静かでは ありませんでした。
(옛날에 이 공원은 별로 조용하지 않았습니다.)

あの 歌手は 日本では あまり 有名じゃ ありませんでしたか。
(저 가수는 일본에서는 별로 유명하지 않았습니까?)

Point 7   접속사 しかし의 용법

しかし는「그러나, 그렇지만」의 뜻으로 쓰이는 접속사로 앞의 내용과 반대의 사실을 서술할 때 쓰인다.

예 ここは 静かです。しかし、交通が 不便です。
(여기는 조용합니다. 그러나 교통이 불편합니다.)

彼は 成績は いいです。しかし、性格が 悪いです。
(그는 성적은 좋습니다. 하지만 성격이 나쁩니다.)

문형연습

1 형용사 ~かった(です) ~했다(했습니다)

① きのうの 日本語の 試験は とても 易しかった。
(어제 일본어 시험은 매우 쉬웠다.)

② 相手の チームは ずいぶん 強かったです。
(상대 팀은 무척 강했습니다.)

③ あの 小説家の 作品は とても 面白かったです。
(저 소설가의 작품은 매우 재미있었습니다.)

④ 去年は 成績が 良かったが、今年は 良く ない。
(작년은 성적이 좋았지만, 올해는 좋지 않다.)

2 형용사 ~なかったです(~く ありませんでした) ~하지 않았습니다

① きのうの 映画は あまり 面白く なかったです。
(어제 영화는 별로 재미없었습니다.)

② きのうの 天気は よく なかったです。
(어제 날씨는 좋지 않았습니다.)

③ 今年の 夏は あまり 暑く ありませんでした。
(올 여름은 별로 덥지 않았습니다.)

④ 期末試験は あまり 難しくは ありませんでした。
(기말시험은 별로 어렵지는 않았습니다.)

3 형용동사 ~でした / ~では(じゃ) ありませんでした ~했습니다 / ~하지 않았습니다

① この 公園は 前は ずいぶん 静かでした。
(이 공원은 전에는 무척 조용했습니다.)

② この 川の 水は 昔は とても きれいでした。
(이 강물은 옛날에는 매우 깨끗했습니다.)

③ あの 選手は 昔は あまり 有名では ありませんでした。
(저 선수는 옛날에는 별로 유명하지 않았습니다.)

④ 金さんは 学生時代には 真面目じゃ ありませんでした。
(김씨는 학생시절에는 착실하지 않았습니다.)

14 朝 何時に 起きますか

大田　学校は 毎日 何時に 始まりますか。

金　八時半に 始まります。

大田　毎朝 何時に 学校へ 行きますか。

金　毎朝 八時ごろ 学校へ 行きます。

大田　そうですか。では、朝 何時に 起きますか。

金　毎朝 六時ごろ 起きます。

大田　早いですね。毎晩 何時に 寝ますか。

金　十一時ごろ 寝ます。

大田　学校は 何時に 終わりますか。

金　ちょうど 二時に 終わります。

大田　土曜日も 授業は 二時までですか。

金　いいえ、土曜日の 授業は 昼間までです。

大田　日曜日には 何を しますか。

金　たいてい テレビを 見ます。それから 宿題も します。

| 해석 | 아침 몇 시에 일어납니까?

오오타   학교는 매일 몇 시에 시작됩니까?
김   8시반에 시작됩니다.
오오타   매일 아침 몇 시에 학교에 갑니까?
김   매일 아침 8시 무렵에 학교에 갑니다.
오오타   그렇습니까? 그럼, 아침 몇 시에 일어납니까?
김   매일 아침 6시 무렵에 일어납니다.
오오타   빠르군요. 그럼, 매일 밤 몇 시에 잡니까?
김   11시 무렵에 잡니다.
오오타   학교는 몇 시에 끝납니까?
김   정각 2시에 끝납니다.
오오타   토요일도 수업은 2시까지입니까?
김   아니오, 토요일 수업은 낮까지입니다.
오오타   일요일에는 무엇을 합니까?
김   보통 텔레비전을 봅니다. 그리고 숙제도 합니다.

학습 Point

1. 일본어 동사
2. 일본어 동사의 종류
3. 동사의 정중형 ~ます
4. 시간 표현
5. 조사 ~に의 용법

단 어

- 毎日(まいにち) 매일
- 何時(なんじ) 몇 시
- 始(はじ)まる 시작되다
- 毎朝(まいあさ) 매일 아침
- 行(い)く 가다
- 起(お)きる 일어나다
- ~頃(ごろ) ~ 무렵, 경
- 早(はや)い 이르다, 빠르다
- 毎晩(まいばん) 매일 밤
- 寝(ね)る 자다
- 終(お)わる 끝나다
- 授業(じゅぎょう) 수업
- 昼間(ひるま) 낮
- 大抵(たいてい) 대개, 보통
- 見(み)る 보다

Point 1 일본어 동사

일본어 동사는 단독으로 술어가 되고, 사물의 동작이나 상태, 작용, 존재를 나타내며, 어미가 다른 말에 접속할 때 활용을 한다. 그 특징을 보면 다음과 같다.
① 일본어 동사는 우리말과 달리 의미로 분류하지 않고, 어미의 형태로 분류한다.
② 모든 동사의 어미는 う段으로 끝나며 9가지(う く ぐ す つ ぬ ぶ む る)가 있다.
③ 모든 동사가 규칙적으로 정격활용을 하고, 불규칙적으로 활용하는 변격동사는 2가지(くる, する)뿐이다.

Point 2 일본어 동사의 종류

① 5단활용동사 (五段活用動詞)
줄여서 「5단동사」라고도 하며, 어미가 う く ぐ す つ ぬ ぶ む る로 모두 9가지가 있다.

会う(만나다)	書く(쓰다)	泳ぐ(헤엄치다)
話す(이야기하다)	待つ(기다리다)	死ぬ(죽다)
遊ぶ(놀다)	読む(읽다)	ある(있다)

② 상1단활용동사 (上一段活用動詞)
줄여서 상1단동사라고도 하며, 어미가 5단동사와는 달리 る 하나뿐이며, 어미 바로 앞의 음절이 い단에 속한 것을 말한다.

| 見る(보다) | 起きる(일어나다) | 似る(닮다) |
| いる(있다) | 落ちる(떨어지다) | 生きる(살다) |

③ 하1단활용동사 (下一段活用動詞)
상1단동사와 마찬가지로 어미가 る 하나뿐이며, 어미 바로 앞 음절이 え단에 속한 것을 말한다.

| 出る(나오다) | 開ける(열다) | 閉める(닫다) |
| 寝る(자다) | 食べる(먹다) | 分ける(나누다) |

④ 변격활용동사 (変格活用動詞)
변격동사는 来る(오다), する(하다) 두 개뿐이다.

Point 3 동사의 정중형 ～ます

～ます는 동사에 접속하여 우리말의 「～ㅂ니다, 겠습니다」의 뜻으로 정중한 표현을 만든다. 이것을 정중형이라고 한다. 5단동사에서는 어미 う단이 い단으로 바뀌어 ます가 접속되고, 상1단・하1단에는 끝 음절인 る가 탈락되어 ます가 접속된다. 또, 변격동사 くる는 きます, する는 します로 어간도 변한다.

	기본형	의 미	정중형	의 미
5단동사	行く	가다	行きます	갑니다
	泳ぐ	헤엄치다	泳ぎます	헤엄칩니다
	待つ	기다리다	待ちます	기다립니다
	乗る	타다	乗ります	탑니다
	言う	말하다	言います	말합니다
	飲む	마시다	飲みます	마십니다
	呼ぶ	부르다	呼びます	부릅니다
	死ぬ	죽다	死にます	죽습니다
	話す	이야기하다	話します	이야기합니다
상1단	見る	보다	見ます	봅니다
	起きる	일어나다	起きます	일어납니다
하1단	寝る	자다	寝ます	잡니다
	食べる	먹다	食べます	먹습니다
변격	来る	오다	来ます	옵니다
	する	하다	します	합니다

예 わたしは 毎日 日本語の 学校へ 行きます。
(나는 매일 일본어 학교에 갑니다.)

金さんは 朝 何時ごろ 起きますか。
(김씨는 아침 몇 시에 일어납니까?)

木村さん 毎朝 公園で 運動を します。
(기무라 씨는 매일 아침 공원에서 운동을 합니다.)

Point 4　시간 표현

時(じ) / 시	分(ふん) / 분	秒(びょう) / 초
一時(いちじ)	一分(いっぷん)	一秒(いちびょう)
二時(にじ)	二分(にふん)	二秒(にびょう)
三時(さんじ)	三分(さんぷん)	三秒(さんびょう)
四時(よじ)	四分(よんぷん)	四秒(よんびょう)
五時(ごじ)	五分(ごふん)	五秒(ごびょう)
六時(ろくじ)	六分(ろっぷん)	六秒(ろくびょう)
七時(しちじ)	七分(ななふん)	七秒(ななびょう)
八時(はちじ)	八分(はっぷん)	八秒(はちびょう)
九時(くじ)	九分(きゅうふん)	九秒(きゅうびょう)
十時(じゅうじ)	十分(じゅっぷん)	十秒(じゅうびょう)
十一時(じゅういちじ)	十一分(じゅういっぷん)	十一秒(じゅういちびょう)
十二時(じゅうにじ)	十二分(じゅうにふん)	十二秒(じゅうにびょう)
何時(なんじ)	何分(なんぷん)	何秒(なんびょう)

예　すみませんが、今、何時ですか。
　　(미안하지만, 지금 몇 시입니까?)

　　ちょうど、十二時です。 / 九時半です。
　　(정각 12시입니다. / 9시 반입니다.)

Point 5　조사 ～に의 용법

조사 ～に는 앞서 배운 존재하는 장소를 나타내는 용법과, 여기서처럼 때를 나타내는 용법이 있다. ～に가 시간이나 때를 나타내는 말 뒤에 쓰이면「～에」의 뜻이 된다.

예　木村さんは 何時に 会社へ 行きますか。
　　(기무라 씨는 몇 시에 회사에 갑니까?)

　　毎朝 六時に テレビの ニュースを 見ます。
　　(매일 아침 6시에 텔레비전 뉴스를 봅니다.)

문형연습

1 5단동사 ～い・き・ぎ・します ～ㅂ니다, 겠습니다

① あしたは 友人の 木村さんに 会います。
(내일은 친구인 기무라 씨를 만납니다.)

② 金さんは 車の 中で 音楽を 聞きますか。
(김씨는 차 안에서 음악을 듣습니까?)

③ 休みの日は たいてい 海で 泳ぎます。
(휴일에는 대개 바다에서 헤엄칩니다.)

④ あなたには 本当の ことを 話します。
(당신에게는 사실을 말하겠습니다.)

2 5단동사 ～ち・に・み・びます ～ㅂ니다, ～겠습니다

① あしたの 九時ごろ 駅前で 待ちます。
(내일 9시 무렵 역전에서 기다리겠습니다.)

② 人は かならず 死にます。
(사람은 반드시 죽습니다.)

③ あなたは 毎朝 牛乳を 飲みますか。
(당신은 매일 아침 우유를 마십니까?)

④ うちの 子は この 公園で 遊びます。
(우리 아이는 이 공원에서 놉니다.)

3 상1단・하1단동사, 변격동사 ～ます ～ㅂ니다, ～겠습니다

① わたしは 朝早く 起きます。
(나는 아침 일찍 일어납니다.)

② 吉村さんは 夜遅く 寝ますか。
(요시무라 씨는 밤늦게 잡니까?)

③ 木村さんは この 公園で 散歩を します。
(기무라 씨는 이 공원에서 산책을 합니다.)

④ 今日は ソウルから 金さんが 来ます。
(오늘은 서울에서 김씨가 옵니다.)

Unit 15 だれと テニスを しましたか

鈴木 　金さんは 朝 新聞を 読みますか。

金 　いいえ、朝は 新聞を 読みません。
　　　昼休みに 学校で 読みます。

鈴木 　学校では 何を 習いますか。

金 　日本語を 習います。

鈴木 　ほかの 科目も 習いますか。

金 　ほかの 科目は 習いません。一日中 日本語だけを 習います。

鈴木 　私は 今日 テニスを しました。

金 　だれと テニスを しましたか。

鈴木 　山田さんと しました。とても 面白かったです。

金 　吉村さんとは しませんでしたか。

鈴木 　はい、しませんでした。

金 　いつか、私と テニスを しませんか。

鈴木 　はい、いつでも いいです。

| 해석 | 누구하고 테니스를 했습니까?

스즈키   김씨는 아침에 신문을 읽습니까?
김   아니오, 아침에는 신문을 읽지 않습니다.
    낮에 학교에서 읽습니다.
스즈키   학교에서는 무엇을 합니까?
김   일본어를 배웁니다.
스즈키   다른 과목도 배웁니까?
김   다른 과목은 배우지 않습니다. 하루 종일 일본어만을 배웁니다.

스즈키   나는 오늘 테니스를 했습니다.
김   누구와 테니스를 했습니까?
스즈키   야마다 씨와 했습니다. 매우 재미있었습니다.
김   요시무라 씨와는 하지 않았습니까?
스즈키   네, 하지 않았습니다.
김   언제, 나와 함께 테니스를 하지 않겠습니까?
스즈키   네, 언제든지 좋습니다.

학습 Point

1. 동사 ~ます의 용법
2. 동사 ~ません의 용법
3. 동사 ~ました의 용법
4. 동사 ~ませんでした의 용법
5. 예외적인 5단동사
6. 조사 ~で의 용법

단어

- 朝(あさ) 아침
- 新聞(しんぶん) 신문
- 読(よ)む 읽다
- 昼休(ひるやすみ) 점심시간
- 習(なら)う 배우다, 익히다
- 他(ほか)の 다른
- 科目(かもく) 과목
- 一日中(いちにちじゅう) 하루종일
- テニス 테니스
- する 하다
- ~と ~와, ~과
- いつか 언젠가
- いつでも 언제든지

어법해설

Point 1 동사 ~ます의 용법

일본어 동사에 접속하여 정중한 뜻을 나타내는 ~ます는 동사의 성질에 따라 다음과 같은 뜻을 나타낸다.

1. 현재의 상태를 나타낸다.

　예 つくえの 上に 本が あります。
　　　(책상 위에 책이 있습니다.)

　　　駅の 前に 人が おおぜい います。
　　　(역 앞에 사람이 많이 있습니다.)

2. 습관적으로 계속되는 행동을 나타낸다.

　예 わたしは よく テレビを 見ます。
　　　(나는 자주 텔레비전을 봅니다.)

　　　毎日 ラジオの ニュースを 聞きます。
　　　(매일 라디오 뉴스를 듣습니다.)

4. 앞으로의 일, 즉 의지를 나타낸다.

　예 あしたは わたしが 向こうへ 行きます。
　　　(내일은 제가 그쪽으로 가겠습니다.)

　　　五時までに 会社へ 来ます。
　　　(5시까지 회사에 오겠습니다.)

Point 2 동사 ~ません의 용법

~ます의 부정형은 ~ません으로 동사에 접속하여 「~지 않습니다」 또는 「~지 않겠습니다」의 뜻으로 정중한 부정을 나타낸다.

　예 わたしは コーヒーは 飲みません。
　　　(저는 커피는 마시지 않습니다.)

わたしは あなたの ところへは 絶対に 行きません。
(나는 당신한테는 절대로 가지 않겠습니다.)

あなたは 日曜日には 何も しませんか。
(당신은 일요일에는 아무 것도 하지 않습니까?)

Point 3 동사 ~ました의 용법

~ました는 동사에 접속하여 정중한 뜻을 나타내는 ます의 과거형으로 우리말의 「~했습니다」 또는 「~했었습니다」에 해당한다.

예 ゆうべ 友達と お酒を 飲みました。
(어젯밤 친구와 술을 마셨습니다.)

きのう デパートで 新型の テレビを 買いました。
(어제 백화점에서 신형 텔레비전을 샀습니다.)

木村さん、きのう どこへ 行きましたか。
(기무라 씨, 어제 어디에 갔습니까?)

Point 4 동사 ~ませんでした의 용법

동사에 접속하여 정중한 뜻을 나타내는 ます의 부정형은 ません이다. 이 ません을 과거형으로 바꾸려면 앞서 배운 정중한 단정을 나타내는 です의 과거형인 でした를 접속하면 된다.

예 ゆうべは、お酒を 一杯も 飲みませんでした。
(어젯밤에는 술을 한 잔도 마시지 않았습니다.)

今日は、誰にも 会いませんでした。
(오늘은 아무도 만나지 않았습니다.)

木村さんは 今年 田舎へ 行きませんでしたか。
(기무라 씨는 올해 시골에 가지 않았습니까?)

~ます	する	의 미
~ます	します	합니다
~ません	しません	하지 않습니다
~ました	しました	했습니다
~ませでした	しませんでした	하지 않았습니다

Point 5 예외적인 5단동사

어미가 る로 끝나는 동사 중에 어미 바로 앞 음절이 い단으로 끝나면 상1단동사이고, え단으로 끝나면 하1단동사이다. 그러나 어미 る로 끝나는 동사 중에는 형태상 상1단·하1단동사이더라도 예외적으로 5단동사처럼 활용을 하는 것이 있다. 그 예를 들면 다음과 같다.

기본형	의 미	기본형	의 미
入る	들어가다	走る	달리다
切る	자르다	握る	쥐다
知る	알다	散る	흩어지다
要る	필요하다	参る	가다, 오다
入る	들다	限る	한정하다
帰る	돌아가다	蹴る	차다
湿る	습기차다	減る	줄다
照る	비치다	喋る	지껄이다

예 帰る → 帰ます(×)　帰ります(○)
　　知る → 知ます(×)　知ります(○)
　　走る → 走ます(×)　走ります(○)
　　入る → 入ます(×)　入ります(○)

Point 6 조사 ～で의 용법

～で는 여러 가지 용법으로 쓰이는 조사이지만, 본문에서처럼 동작이나 작용이 행이지는 장소를 나타내는 용법으로 쓰일 때는 우리말의 「～에서」에 해당한다.

예 今日は レストランで 食事を しました。
(오늘은 레스토랑에서 식사를 했습니다.)

わたしは この 学校で 日本語を 習いました。
(나는 이 학교에서 일본어를 배웠습니다.)

1 동사 ～ません ～지 않습니다

① 野村さんは あまり 本を 読みません。
(노무라 씨는 그다지 책을 읽지 않습니다.)

② きのう、わたしと 一緒に 映画を 見ませんか。
(내일, 나와 함께 영화를 보지 않겠습니까?)

③ わたしは コーヒーに 砂糖を 入れません。
(저는 커피에 설탕을 넣지 않습니다.)

④ 木村さんは なかなか 運動を しません。
(기무라 씨는 좀처럼 운동을 하지 않습니다.)

2 동사 ～ました ～했습니다

① 先週、友達と 山に 登りました。
(지난주 친구와 산에 올랐습니다.)

② きのう、デパートで 背広を 一着 買いました。
(어제 백화점에서 양복을 한 벌 샀습니다.)

③ 喫茶店で 彼女を 一時間も 待ちました。
(다방에서 그녀를 1시간이나 기다렸습니다.)

④ あの 記事は もう 読みましたか。
(그 기사는 벌써 읽었습니까?)

3 동사 ～ませんでした ～지 않았습니다

① 今日は 何も 食べませんでした。
(오늘은 아무 것도 먹지 않았습니다.)

② 今年の 夏休みには どこへも 行きませんでした。
(올 여름휴가에는 아무데도 가지 않았습니다.)

③ ゆうべは 三時間しか 寝ませんでした。
(어젯밤은 3시간밖에 자지 않았습니다.)

④ 今日は 運動を しませんでしたか。
(오늘은 운동을 하지 않았습니까?)

16 どこから 来る バスですか

金　バス停は どこですか。

警官　バス停は 駅の 前にも、あの 銀行の 前にも ありますが、
　　　どこへ 行く バス停ですか。

金　銀座へ 行く バス停です。

警官　銀座へ 行く バス停は 駅の 前です。

金　ああ、そうですか。どこから 来る バスですか。

警官　上野から 来ます。

金　あそこに いるのは みんな バスに 乗る 人ですか。

警官　ええ、そうです。あなたが 乗るのは 十番の バスです。

金　はい、わかりました。どうも ありがとう。

先生　金さんは 毎朝 早く 起きますか。

金　一時間目に 授業の ある 日は 早く 起きますが、一時間目に
　　授業の ない 日は 八時ごろ 起きます。

| 해석 | 어디에서 오는 버스입니까?

김　　버스 정류장은 어디에 있습니까?
경관　버스 정류장은 역 앞에도, 저 은행 앞에도 있습니다만,
　　　어디로 가는 버스 말입니까?
김　　긴자로 가는 버스 정류장입니다.
경관　긴자로 가는 버스 정류장은 역 앞에 있습니다.
김　　아, 그렇습니까? 어디에서 오는 버스입니까?
경관　우에노에서 옵니다.
김　　저기에 있는 사람은 모두 버스를 탈 사람입니까?
경관　예, 그렇습니다. 당신이 탈 것은 10번 버스입니다.
김　　네, 알겠습니다. 고맙습니다.

선생님　김씨는 매일 아침 일찍 일어납니까?
김　　　1교시에 수업이 있는 날은 일찍 일어납니다만, 1교시에 수업이 없는 날은
　　　　8시 무렵에 일어납니다.

학습 Point

1. 동사의 연체형
2. 조사 ～へ의 용법
3. 조사 ～に의 여러 가지 용법
4. 조사 ～が의 용법
5. ～に 乗る
6. 조사 ～の의 주격 용법
7. 형용사 ない의 용법

단 어

- 前(まえ)　앞
- 銀行(ぎんこう)　은행
- どこ　어디
- 来(く)る　오다
- みんな　모두
- バス　버스
- ～に 乗(の)る　～을(를) 타다
- 分(わ)かる　알다, 알 수 있다
- 早(はや)く　일찍, 빨리
- ～時間目(じかんめ)　～시간째, 교시
- 授業(じゅぎょう)　수업
- ある　있다
- ない　없다

Point 1　동사의 연체형

일본어 동사의 기본형은 앞서 배운 대로 문(文)의 종결부에도 오고, 기본형 상태로 뒤의 체언(体言)을 수식하기도 한다. 이것을 문법에서는 동사가 오는 위치에 따라서 종지형(終止形), 연체형(連体形)이라고 한다. 우리말에서는 뒤의 체언을 수식할 때는 어미가 변하지만 일본어에서는 기본형 상태를 취한다.

기본형	의미	종지형	연체형	의미
行く	가다	行く。	行く 時	갈 때
会う	만나다	会う。	会う 時	만날 때
見る	보다	見る。	見る 時	볼 때
寝る	자다	寝る。	寝る 時	잘 때
来る	오다	来る。	来る 時	올 때

예 部屋の 中に いる 子供は 何人ですか。
(방 안에 있는 어린이는 몇 명입니까?)

今日、ここへ 来る 人は 誰ですか。
(오늘 여기에 올 사람은 누구입니까?)

あなたは 寝る 前に 電灯を 消しますか。
(당신은 자기 전에 전등을 끕니까?)

Point 2　조사 ～へ의 용법

～へ는 우리말의 「～에, 으로, 에게」에 해당하는 조사로, 동작의 방향이나 향한 장소나 상대를 나타낼 때 쓰인다. 또한 본래 발음은 he(헤)이지만 조사로 쓰일 때는 반드시 e(에)로 발음해야 한다.

예 木村さんは どこへ 行きましたか。
(기무라 씨는 어디에 갔습니까?)

ゆうべ、田舎の 母への 手紙を 書きました。
(어젯밤, 시골 어머니께 편지를 썼습니다.)

Point 3 조사 ~に의 여러 가지 용법

~に는 ① 존재하는 장소를 나타내는 용법과, ② 동작·작용이 이루어지는 때를 나타내는 용법, 그리고 ③ 동작·작용의 목표나 귀착점을 나타내는 용법이 있다. 또한 ④ 동작·작용의 상대를 나타내는 용법으로 쓰이기도 한다. 그 예를 들어 정리하면 다음과 같다.

예 ① あなたの 時(と)計(けい)は どこに ありますか。
(당신의 시계는 어디에 있습니까?)

② ここから 何(なん)時(じ)に 出(しゅっ)発(ぱつ)しますか。
(여기에서 몇 시에 출발합니까?)

③ 木(き)村(むら)さんは 毎(まい)月(つき) 二(に)回(かい) 山(やま)に 登(のぼ)ります。
(기무라 씨는 매달 두 번 산에 오릅니다.)

④ 先(せん)生(せい)に 難(むずか)しい 質(しつ)問(もん)を しました。
(선생님께 어려운 질문을 했습니다.)

Point 4 조사 ~が의 용법

~が가 주격조사로 쓰일 때는 「~이(가)」의 뜻이지만, 용언 뒤에서 접속조사로 쓰일 때는 「~지만, 는데」의 뜻으로 앞뒤의 사항을 연결시키거나, 의사를 완곡하게 나타낼 때 쓰인다.

예 これは 値(ね)段(だん)は 安いですが、品(ひん)質(しつ)は よく ありません。
(이것은 가격은 쌉니다만, 품질은 좋지 않습니다.)

一(いっ)所(しょう)懸(けん)命(めい) 練(れん)習(しゅう)しましたが、できませんでした。
(열심히 연습했습니다만, 잘 못했습니다.)

今(きょう)日(きょう)は いい 天(てん)気(き)ですが、風(かぜ)が 冷(つめ)たいです。
(오늘은 날씨가 좋습니다만, 바람이 차갑습니다.)

Point 5 ~に 乗る

택시나 버스 등 승용물에 탈 때는 우리는 「~을(를) 타다」라고 표현하지만, 일본어에서는 이에 해당하는 조사 를를 쓰지 않고 반드시 に를 써서 「~に 乗(の)る/~을(를) 타다」로 표현한다.

Point 6   조사 ～の의 주격 용법

～の는 명사와 명사 사이에 쓰이어 관계나 소속, 소유 등을 나타내기도 하고, 준체언으로 쓰일 때는「～의 것」의 뜻이 된다. 그러나 본문에서처럼 주어와 술어를 갖춘 하나의 구(句)가 다른 명사를 수식할 때는 句內의 주격이나 대상을 나타내는 조사 が가 흔히 の로 바뀐다. 물론 두 가지 다 쓸 수 있지만 の를 쓰는 것이 더 일본어다운 표현이다.

예 値段の 高い ものは 困ります。
　　　(가격이 비싼 것은 곤란합니다.)

　　　歌の 上手な 人は 木村さんです。
　　　(노래를 잘하는 사람은 기무라 씨입니다.)

　　　私は 花の 咲く 春が いちばん 好きです。
　　　(나는 꽃이 피는 봄을 가장 좋아합니다.)

Point 7   형용사 ない의 용법

ない는 본래 ある(있다)의 대립어로「없다」라는 뜻을 가진 형용사이다. 그러나 활용어, 즉 형용사, 형용동사, 동사, 조동사 등에 접속하여 쓰일 때는「～아니다」라는 뜻으로 부정을 나타낸다. 활용은 형용사 ない와 동일하다.

예 この 箱の 中には 何も ない。
　　　(이 상자 속에는 아무 것도 없다.)

　　　この りんごは あまり 赤く ない。
　　　(이 사과는 별로 빨갛지 않다.)

　　　この 周りは あまり 静かでは ない。
　　　(이 주위는 별로 조용하지 않다.)

1 　동사의 연체형　～한, ～하는

① よく 笑う 子供が かわいいです。
(잘 웃는 아이가 귀엽습니다.)

② ときどき 約束を 忘れる ことも あります。
(가끔 약속을 잊는 경우도 있습니다.)

③ あした ここに 来る 人は だれですか。
(내일 여기에 올 사람은 누구입니까?)

④ ここから 出発する 前に 電話を します。
(여기에서 출발하기 전에 전화를 하겠습니다.)

2 　～の ない+体言　～이(가) 없는

① 授業の ない 日は 何を しますか。
(수업이 없는 날은 무엇을 합니까?)

② この 頃は テレビの ない 家庭は ありません。
(요즘은 텔레비전이 없는 가정은 없습니다.)

③ 時間の ない 時は タクシーに 乗ります。
(시간이 없을 때는 택시를 탑니다.)

④ ここには コンピューターの ない 人は いません。
(여기에는 컴퓨터가 없는 사람은 없습니다.)

3 　～が　～하지만, ～니다만

① 電車は 乗りますが、タクシーは なかなか 乗りません。
(전철은 탑니다만, 택시는 좀처럼 타지 않습니다.)

② 朝は 早く 起きますが、夜は 遅く 寝ます。
(아침에는 일찍 일어나지만, 밤에는 늦게 잡니다.)

③ この 花は きれいですが、あの 花は きれいでは ありません。
(이 꽃은 예쁘지만, 저 꽃은 예쁘지 않습니다.)

④ 日本語は 易しいですが、英語は 難しいです。
(일본어는 쉽지만, 영어는 어렵습니다.)

Unit 17 朝 起きて 何を しますか

吉田　金さんは 朝 起きて 何を しますか。

金　公園へ 行って 散歩を します。

吉田　公園から 帰って 何を しますか。

金　まず、顔を 洗って、新聞を 読みます。

　　それから テレビの ニュースを 見て、朝ご飯を 食べます。

吉田　では、何時ごろ 会社へ 行きますか。

金　八時に うちを 出ます。

吉田　何に 乗って 会社へ 行きますか。

金　電車に 乗って 行きます。駅までは たいてい 自転車に 乗って 行きますが、ときどき 歩いて 行く 日も あります。

吉田　きのうは どうして 会社へ 行きませんでしたか。

金　ひどい 風邪を 引いて 休みました。

吉田　そうでしたか。今は 大丈夫ですか。

金　はい、きのう 薬を 飲んで 治りました。

| 해석 | 아침에 일어나서 무엇을 합니까?

요시다 김씨는 아침에 일어나서 무엇을 합니까?
김 공원에 가서 산책을 합니다.
요시다 공원에서 돌아와서 무엇을 합니까?
김 먼저 얼굴을 씻고, 신문을 읽습니다.
그리고 텔레비전 뉴스를 보고 아침밥을 먹습니다.
요시다 그럼, 몇 시 무렵에 회사에 갑니까?
김 8시에 집을 나옵니다.
요시다 무엇을 타고 회사에 갑니까?
김 전철을 타고 갑니다. 역까지는 보통 자전거를 타고 갑니다만,
가끔 걸어서 가는 날도 있습니다.
요시다 어제는 왜 회사에 가지 않았습니까?
김 심한 감기에 걸려서 쉬었습니다.
요시다 그랬습니까? 지금은 괜찮습니까?
김 네, 어제 약을 먹고 나았습니다.

학습 Point

1. 상1단·하1단동사 ~て
2. 5단동사 ~いて(で) / イ音便
3. 5단동사 ~って / 促音便
4. 5단동사 ~んで / 撥音便
5. 예외적인 5단동사 ~て
6. 변격동사 ~て

단 어

- 散歩(さんぽ) 산책
- 帰(かえ)る 돌아가다, 돌아오다
- 顔(かお) 얼굴
- 洗(あら)う 씻다
- 朝(あさ)ご飯(はん) 아침밥
- 食(た)べる 먹다
- 出(で)る 나오다
- 自転車(じてんしゃ) 자전거
- 時々(ときどき) 가끔, 때때로
- 歩(ある)く 걷다
- ひどい 심하다
- 風邪(かぜ)を 引(ひ)く 감기에 걸리다
- 大丈夫(だいじょうぶ)だ 괜찮다
- 薬(くすり) 약
- 治(なお)る 낫다

어법해설

Point 1 상1단・하1단 ~て

상1단・하1단동사와 변격동사의 경우 접속조사 て가 이어질 때는 앞서 배운 ます가 접속할 때와 마찬가지로 끝 음절인 る가 탈락된 형태에 이어진다. 이것을 일본의 학교문법에서는 연용형이라고 하지만, 이 책에서는 편의상 て형으로 한다.

기본형	의 미	~て	의 미
見る	보다	見て	보고, 보아서
起きる	일어나다	起きて	일어나고, 일어나서
寝る	자다	寝て	자고, 자서
食べる	먹다	食べて	먹고, 먹어서

예) 朝 六時に 起きて ニュースを 見て 朝ご飯を 食べます。
(아침 6시에 일어나서 뉴스를 보고 아침밥을 먹습니다.)

晩ご飯を 食べて テレビの ドラマを 見て 寝ます。
(저녁밥을 먹고 텔레비전 드라마를 보고 잡니다.)

Point 2 5단동사 ~いて(で) / イ音便

5단동사의 기본형 어미가 く ぐ인 경우에 나열・동작의 연결・원인・이유・설명을 나타내는 접속조사 て가 이어질 때는 어미 く ぐ가 い로 바뀐다. 이것을 い음편(音便)이라고 한다. 단 어미가 ぐ인 경우는 탁음이 て에 이어져 で가 되므로 주의해야 한다.

기본형	의 미	~て	의 미
書く	쓰다	書いて	쓰고, 써서
聞く	듣다	聞いて	듣고, 들어서
泳ぐ	헤엄치다	泳いで	헤엄치고, 헤엄쳐서
脱ぐ	벗다	脱いで	벗고, 벗어서

예) 会社まで 歩いて 来ました。
(회사까지 걸어서 왔습니다.)

狭い 川を 泳いで 渡りました。
(좁은 강을 헤엄쳐 건넜습니다.)

Point 3 5단동사 ~って / 促音便

5단동사의 기본형 어미가 う つ る인 경우에 나열·동작의 연결·원인·이유·설명을 나타내는 접속조사 て가 이어질 때는 어미 う つ る가 촉음 っ으로 바뀐다. 이것을 촉음편(促音便), 또는 つまる音便이라고도 한다.

기본형	의 미	~て	의 미
買う	사다	買って	사고, 사서
待つ	기다리다	待って	기다리고, 기다려서
乗る	타다	乗って	타고, 타서

예) 吉村さんは 駅の 前で 待って いました。
(요시무라 씨는 역 앞에서 기다리고 있었습니다.)

電車に 乗って 会社へ 行きます。
(전철을 타고 회사에 갑니다.)

先生に 会って 相談する つもりです。
(선생님을 만나서 상담할 생각입니다.)

Point 4 5단동사 ~んで / 撥音便

5단동사의 기본형 어미가 ぬ む ぶ인 경우에 나열·동작의 연결·원인·이유·설명을 나타내는 접속조사 て가 이어질 때는 어미 ぬ む ぶ가 하네루 음인 ん으로 바뀐다. 이것을 撥音便, 또는 하네루 음편(はねる 音便)이라고 한다. 하네루 음편의 경우는 ん의 영향으로 접속조사 て가 で로 탁음화된다.

기본형	의 미	~て	의 미
飲む	마시다	飲んで	마시고, 마셔서
呼ぶ	부르다	呼んで	부르고, 불러서
死ぬ	죽다	死んで	죽고, 죽어서

예) 毎日 新聞を 読んで ニュースを 聞きます。
(매일 신문을 읽고 뉴스를 듣습니다.)

友達が 大きな 声で 名前を 呼んで います。
(친구가 큰 소리로 이름을 부르고 있습니다.)

親しい 友人が 死んで 泣きました。
(친한 친구가 죽어서 울었습니다.)

Point 5 예외적인 5단동사 ～て

5단동사 중에 어미가 す로 끝나는 것은 ます가 접속될 때와 마찬가지로 음편을 하지 않는다. 또, 行く(가다)만은 い音便을 하지 않고 つまる音便을 한다.

기본형	의 미	～て	의 미
話す	이야기하다	話して	이야기하고, 이야기해서
消す	끄다	消して	끄고, 꺼서
行く	가다	行って	가고, 가서

예 彼女が 面白い ことを 話して くれました。
(그녀는 재미있는 일을 이야기해 주었습니다.)

公園へ 行って 彼女に 会いました。
(공원에 가서 그녀를 만났습니다.)

Point 6 변격동사 ～て

변격동사인 くる(오다)와 する(하다)에 나열·동작의 연결·원인·이유·설명을 나타내는 접속조사 て가 이어질 때도 ます가 접속될 때와 마찬가지로 어간이 き し로 변하고 어미 る가 탈락된다.

예 ゆうべ、友達が 来て 勉強できませんでした。
(어젯밤, 친구가 와서 공부할 수 없었습니다.)

木村さんは うちで 何を して いますか。
(기무라 씨는 집에서 무엇을 하고 있습니까?)

1 5단동사 ～いて・～って　～하고, ～해서, ～하며

① 手紙を 書いて、音楽を 聞いて 寝ました。
(편지를 쓰고, 음악을 듣고 잤습니다.)

② 毎朝 電車に 乗って 会社へ 行きます。
(매일 아침 전철을 타고 회사에 갑니다.)

③ 木村さんが 今 駅前で あなたを 待って います。
(기무라 씨가 지금 역에서 당신을 기다리고 있습니다.)

④ デパートへ 行って ネクタイを 買って 来ました。
(백화점에 가서 넥타이를 사 왔습니다.)

2 5단동사 ～いで・～んで　～하고, ～해서, ～하며

① 急いで ください。あまり 時間が ありません。
(서둘러 주세요. 별로 시간이 없습니다.)

② 薬を 飲んで ぐっすり 休みました。
(약을 먹고 푹 쉬었습니다.)

③ 鳥が 遠くへ 飛んで 行きました。
(새가 멀리 날아갔습니다.)

④ 庭に 一匹の 猫が 死んで いました。
(뜰에 한 마리 고양이가 죽어 있었습니다.)

3 상1단・하1단동사, 변격동사 ～て　～하고, ～해서, ～하며

① 朝 起きて 新聞を 読みます。
(아침에 일어나서 신문을 읽습니다.)

② ゆうべは テレビの ドラマを 見て 寝ました。
(어젯밤은 텔레비전 드라마를 보고 잤습니다.)

③ 毎朝、公園へ 行って 散歩を して うちへ 帰ります。
(매일 아침 공원에 가서 산책을 하고 집에 돌아옵니다.)

④ 木村さんが 来て 詳しく 説明しました。
(기무라 씨가 와서 자세히 설명했습니다.)

18 名前と 住所を 書いて ください

先生　ここに あなたの 名前と 住所を 書いて ください。そして、
　　　裏には 駅から 家までの 簡単な 略図を 書いて ください。

金　　すみませんが、ボールペンを 貸して くださいませんか。

先生　はい、どうぞ。

金　　書き終わりました。これで よろしいですか。

先生　はい、いいです。電話は ありませんか。

金　　いいえ、あります。

先生　では、電話番号を 書いて ください。そして、それを 事務室へ
　　　持って 行って ください。

金　　はい、わかりました。

先生　リポートは 持って 来ましたか。

金　　すみません。忘れました。
　　　あしたまで 待って くださいませんか。

先生　はい、いいです。あしたは 必ず 持って 来て ください。

| 해석 | **이름과 주소를 써 주세요**

선생님　여기에 당신 이름과 주소를 써 주세요. 그리고 뒤에는 역에서 집까지의
　　　　간단한 약도를 그려 주세요.
　　김　　미안하지만, 볼펜을 빌려 주시지 않겠습니까?
선생님　네, 여기 있습니다.
　　김　　다 썼습니다. 이제 됐습니까?
선생님　네, 좋습니다. 전화는 없습니까?
　　김　　아니오, 있습니다.
선생님　그럼, 전화번호를 써 주세요. 그리고 그것을 사무실에 가지고 가세요.
　　김　　네, 알겠습니다.
선생님　리포트는 가지고 왔습니까?
　　김　　미안합니다. 잊었습니다.
　　　　　내일까지 기다려 주시지 않겠습니까?
선생님　네, 좋습니다. 내일은 꼭 가지고 오세요.

학습 Point

1. 동사 ~て의 용법
2. 동사 ~て ください
3. 동사 ~て くださいませんか
4. 동사 중지형의 여러 가지 용법
5. 동사 중지형 ~終わる
6. よろしいですか
7. はい, どうぞ

단 어

- 名前(なまえ)　이름
- 住所(じゅうしょ)　주소
- 書(か)く　쓰다, 적다
- 裏(うら)　뒤, 안, 속
- 略図(りゃくず)　약도
- ボールペン　볼펜
- 貸(か)す　빌리다
- よろしい　좋다
- 電話(でんわ)　전화
- 番号(ばんごう)　번호
- 事務室(じむしつ)　사무실
- 持(も)つ　들다, 갖다
- レポート　리포트
- 忘(わす)れる　잊다
- 必(かなら)ず　반드시, 꼭

Unit 18. 名前と 住所を 書いて ください

어법해설

Point 1 동사 ~て(で)의 용법

접속조사 て는 여러 가지 용법으로 쓰인다. 우리말에서는 앞뒤의 말을 연결할 때 「~해서」와 「~하고」의 용법이 다르지만, 일본어에서는 두 경우 모두 て를 쓴다.

① 어떤 동작에서 다른 동작으로 이어줄 때 쓴다.

예) 朝 六時に 起きて、散歩を しました。
(아침 6시에 일어나서 산책을 했습니다.)

② 앞의 동작이 뒤의 동작의 원인, 이유, 설명이 된다.

예) かぜを 引いて、学校を 休みました。
(감기에 걸려 학교를 쉬었습니다.)

③ 앞, 뒤의 사항을 나열해 줄 때 쓴다.

예) 顔を 洗って、ご飯を 食べて 会社へ 行きました。
(세수를 하고, 밥을 먹고 회사에 갔습니다.)

Point 2 동사 ~て(で) ください

동사의 て형에 ください를 접속하면 「~해 주세요」라는 뜻으로 동작이나 작용의 명령·요구를 나타낸다. ~て ください는 직접적인 명령의 느낌을 주므로 정중하게 부탁할 때는 약간 거북스런 느낌을 주기도 한다.

기본형	의 미	~て ください	의 미
書く	가다	書いて ください	써 주세요
会う	만나다	会って ください	만나 주세요
読む	읽다	読んで ください	읽어 주세요
寝る	자다	寝て ください	자 주세요
来る	오다	来て ください	와 주세요

예 もっと ゆっくり 話して ください。
(더 천천히 이야기해 주세요.)

この 紙に 住所と 名前を 書いて ください。
(이 종이에 주소와 이름을 써 주세요.)

一ページから 三ページまで 読んで ください。
(1쪽부터 3쪽까지 읽어 주세요.)

Point 3　동사 ~て(で) くださいませんか

동사의 て형에 くださいませんか를 접속하면 「~해 주시지 않겠습니까?」의 뜻으로 상대에 대한 의뢰나 요구의 정중한 표현이 된다. 즉, ください는 직접적인데 비해 부정형인 くださいません를 쓰면 완곡한 느낌을 준다.

예 木村さんが 銀行へ 行って 来て くださいませんか。
(기무라 씨가 은행에 다녀 와 주시지 않겠습니까?)

玄関では 靴を 脱いで くださいませんか。
(현관에서는 구두를 벗어 주시지 않겠습니까?)

すみませんが、もう 一度 説明して くださいませんか。
(미안하지만, 다시 한번 설명해 주시지 않겠습니까?)

Point 4　동사 중지형의 여러 가지 용법

동사의 중지형(中止形)은 앞서 배운 ~ます가 접속될 때의 형태를 말한다. 중지형은 文을 중지하기도 하고, 명사가 되기도 한다. 또 중지형에는 다른 여러 가지 말이 접속되어 복합어가 되기도 한다.

예 僕は 花が 咲き、鳥の 鳴く 春が 好きだ。
(나는 꽃이 피고, 새가 우는 봄을 좋아한다.)

休みの日は 音楽も 聞き、テレビも 見る。
(휴일에는 음악도 듣고, 텔레비전도 본다.)

すみません。切符売り場は どこに ありますか。
(여보세요. 매표소는 어디에 있습니까?)

Point 5 동사 중지형 ~終わる

동사의 중지형, 즉 ます가 접속되는 형태에 終わる(끝나다)가 접속되면 계속적인 동작이나 행위가 다 끝난 상태를 나타내는 복합동사가 된다. 즉, ~終(お)わる는 「다 ~끝나다」라는 뜻이 된다.

예 木村さん、レポートは 書き終わりましたか。
(기무라 씨, 리포트는 다 썼습니까?)

この スポーツ新聞、読み終わりましたか。
(이 스포츠 신문, 다 읽었습니까?)

Point 6 よろしいですか

よろしいですか는 「좋습니까, 괜찮습니까?」의 뜻으로 상대방의 동의를 구할 때 쓰이는 표현으로, 같은 표현인 いいですか보다 정중한 표현이다.

예 コーヒーと 紅茶と どちらが よろしいですか。
(커피와 홍차, 어느 것이 좋겠습니까?)

あした、ご都合は よろしいですか。
(내일, 사정은 괜찮으십니까?)

Point 7 はい、どうぞ

はい、どうぞ는 어떤 일을 해도 좋으냐는 허락이나 승낙을 요청했을 때 동의할 때 쓰인다. 그리고 어떤 요청에 따라 상대방에게 무언가를 건네 주는 경우에도 쓰이며, 우리말의 「예, 그렇게 하세요」 또는 「자, 여기 있습니다」 등에 해당한다.

예 すみませんが、本を 貸して くださいませんか。
(미안하지만, 책을 빌려 주시지 않겠습니까?)

はい、どうぞ。
(네, 좋습니다 / 여기 있습니다.)

문형연습

1 동사 ～て(で) ください   ～해 주세요

① ちょっと 待って ください。
(잠깐 기다려 주세요.)

② 自分の 意見を はっきり 言って ください。
(자신의 의견을 분명히 말하세요.)

③ 答案は 鉛筆で 書いて ください。
(답안은 연필로 써 주세요.)

④ もっと 大きな 声で 読んで ください。
(더욱 큰소리로 읽어 주세요.)

2 동사 ～て(で) くださいませんか   ～해 주시지 않겠습니까?

① わたしに 書類を 見せて くださいませんか。
(저에게 서류를 보여 주시지 않겠습니까?)

② すみませんが、道を 教えて くださいませんか。
(미안하지만, 길을 가르쳐 주시지 않겠습니까?)

③ もう 一度 説明して くださいませんか。
(다시 한 번 설명해 주시지 않겠습니까?)

④ すみませんが、本を 貸して くださいませんか。
(미안하지만, 책을 빌려 주시지 않겠습니까?)

3 동사의 중지형   ～하고 ～하며

① 春は 鳥が 鳴き、花の 咲く 季節です。
(봄은 새가 울고 꽃이 피는 계절입니다.)

② 昼は 本を 読み、夜は 手紙を 書く。
(낮에는 책을 읽고, 밤에는 편지를 쓴다.)

③ 彼女は いい 家庭を 作り、幸せに 暮らして いる。
(그녀는 좋은 가정을 만들어 행복하게 살고 있습니다.)

④ 木村さん、小説は 読み終わりましたか。
(기무라 씨, 소설은 다 읽었습니까?)

Unit 19 何を して いますか

吉野　李さんは どこに いますか。

金　今、体育館に います。

吉野　体育館で 何を して いますか。

金　木村さんと ピンポンを して います。

吉野　あ、そうですか。外は 寒いでしょうね。
　　　まだ 雨が 降って いますか。

金　いいえ、もう 止みました。

吉野　あしたは 晴れるでしょうね。

金　ええ、あしたは 晴れるでしょう。

吉野　あそこで 勉強して いる 人は だれですか。

金　あの 人は アメリカ人です。

吉野　名前も 知って いますか。

金　いいえ、名前は 知りません。

해석   무엇을 하고 있습니까?

요시노   이씨는 어디에 있습니까?
김   지금, 체육관에 있습니다.
요시노   체육관에서 무엇을 하고 있습니까?
김   기무라 씨와 탁구를 치고 있습니다.
요시노   아, 그렇습니까? 밖은 춥겠지요?
　　　　아직 비가 내리고 있습니까?
김   아니오, 벌써 그쳤습니다.
요시노   내일은 맑을까요?
김   예, 내일은 맑을 겁니다.
요시노   저기서 공부하고 있는 사람은 누구입니까?
김   저 사람은 미국인입니다.
요시노   이름도 알고 있습니까?
김   아니오, 이름은 모릅니다.

학습 Point

1. 동사 ~て いる / 進行
2. 동사 ~て いる / 状態
3. 상태만을 나타내는 동사
4. ~でしょう의 용법
5. まだ ~て いる의 용법
6. 부사 もう의 용법

단어

- どこ   어디
- 今(いま)   지금
- 体育館(たいいくかん)   체육관
- ピンポン   핑퐁, 탁구
- 外(そと)   밖
- 寒(さむ)い   춥다
- まだ   아직
- 雨(あめ)   비
- 降(ふ)る   내리다
- もう   이미, 벌써, 이제
- 止(や)む   그치다
- 明日(あした)   내일
- 晴(は)れる   맑다, 개이다
- 勉強(べんきょう)する   공부하다
- 知(し)る   알다

Point 1 동사 ~て いる / 進行

같은 동작이 계속되는 것을 나타내는 동사「예) 歩(ある)く 걷다, 泣(な)く 울다, 食(た)べる 먹다, 書(か)く 쓰다, 走(はし)る 달리다, 読(よ)む 읽다 등」의 て형에 보조동사 いる가 접속하면「~고 있다」의 뜻으로 동작의 진행을 나타낸다. 보조동사 いる는 본래의 존재한다는 의미를 상실하여 단순히 동작의 진행을 나타낸다.

기본형	의 미	~て いる	의 미
書く	가다	書いて いる	쓰고 있다
会う	만나다	会って いる	만나고 있다
読む	읽다	読んで いる	읽고 있다
寝る	자다	寝て いる	자고 있다
来る	오다	来て いる	오고 있다

예 あそこに 子供が 歩いて いる。
(저기에 어린이가 걷고 있다.)

あそこで 泣いて いる 子供を 知って いますか。
(저기서 울고 있는 아이를 알고 있습니까?)

吉村さんは 食堂で ご飯を 食べて います。
(요시무라 씨는 식당에서 밥을 먹고 있습니다.)

山下さんは 今 新聞を 読んで います。
(야마시타 씨는 지금 신문을 읽고 있습니다.)

Point 2 동사 ~て いる / 状態

동작의 결과가 새로운 상태로 바뀌는 동사의 て형에 보조동사 いる가 접속하면 우리말의「~어 있다」의 뜻으로 동작의 결과로 생긴 상태를 나타낸다.

예 床に かびんが 割れて いる。
(바닥에 꽃병이 깨져 있다.)

先生は きょう 赤い ネクタイを しめて います。
(선생님은 오늘 빨간 넥타이를 매고 있습니다.)

彼は いつも 帽子を かぶって います。
(그는 늘 모자를 쓰고 있습니다.)

Point 3 상태만을 나타내는 동사

동작의 결과로 생긴 상태 이외에 단순히 상태만을 나타내는 동사를 보면 다음과 같다. 이들 동사는 기본형 상태로 쓰이는 일은 없고 반드시 ～て いる의 형태로만 쓰인다.

(優れる / 뛰어나다) (似る / 닮다) (聳える / 솟다) 등

예 あの 人の 感覚は 優れて いる。
(저 사람의 감각은 뛰어나다.)

この 子は 父に よく 似て います。
(이 아이는 아버지를 많이 닮았습니다.)

Point 4 ～でしょう의 용법

～でしょう는 정중한 단정을 나타내는 です의 추측형으로, 체언 및 용언에 접속하여 추측의 뜻을 나타내기도 하고, 상대방에게 확인하거나 자기가 말한 것에 대해 상대방의 동의를 구할 때도 쓴다.

품 사	～です	～でしょう	의 미
명 사	学生です	学生でしょう	학생이겠지요
동 사	来るです	来るでしょう	오겠지요
형용사	寒いです	寒いでしょう	춥겠지요
형용동사	静かです	静かでしょう	조용하겠지요

예 あしたも たぶん 暑いでしょう。
(내일도 아마 덥겠지요/더울 것입니다.)

この 本は あなたのでしょう。
(이 책은 당신 것이지요?)

Point 5 まだ ~て いる의 용법

まだ는 같은 상태가 현재까지도 계속되고 있을 때 쓰이는 부사어로, 우리말의 「아직, 아직도」에 해당한다. 또, 부정문을 뒤에 쓸 때는 우리말에서는 「아직 ~지 않았습니다」와 같이 과거형을 쓰지만, 일본어에서는 과거의 상태가 현재도 그대로 계속되고 있다고 보기 때문에 ~て いません을 쓴다.

예 雪が まだ 降って います。
(눈이 아직 내리고 있습니다.)

その 映画は まだ 見て いません。
(그 영화는 아직 보지 않았습니다.)

木村さんは まだ 結婚して いません。
(기무라 씨는 아직 결혼하지 않았습니다.)

Point 6 부사 もう의 용법

もう는 부사로서 「이제, 벌써」라는 뜻으로 쓰이며, 「더, 다시」의 뜻으로 쓰이는 경우도 있다. 이 경우는 뒤에 오는 단어가 한정되지만 우리말 어순과 달라지는 점에 주의하자.

예 もう 掃除は 終わりました。
(벌써 청소는 끝났습니다.)

もう 少し 待って ください。
(좀더 기다려 주세요.)

もう 一度 ゆっくり 説明して ください。
(다시 한번 천천히 설명해 주세요.)

문형연습

1　동사 ～ている(進行)　～고 있다

① わたしは 今 新聞を 読んで います。
　(저는 지금 신문을 읽고 있습니다.)

② 外で 遊んで いる 人は だれですか。
　(밖에서 놀고 있는 사람은 누구입니까?)

③ 木村さんは 今 何を して いますか。
　(기무라 씨는 지금 무엇을 하고 있습니까?)

④ 吉村さんは テレビの ドラマを 見て います。
　(요시무라 씨는 텔레비전 드라마를 보고 있습니다.)

2　동사 ～ている(状態)　～어 있다

① グラウンドに 選手たちが 並んで います。
　(운동장에 선수들이 줄지어 있습니다.)

② 時計が 止まって います。
　(시계가 멈춰 있습니다.)

③ 廊下に 花瓶が 割れて います。
　(복도에 꽃병이 깨져 있습니다.)

④ 田中さんは 今日 素敵な 洋服を 着て いますね。
　(다나카 씨는 오늘 멋진 옷을 있군요.)

3　～でしょう　～일(할) 것입니다

① この 傘は あなたのでしょう。
　(이 우산은 당신 것이겠죠?)

② あしたも たぶん 寒いでしょう。
　(내일도 아마 추울 것입니다.)

③ 金さんも もう すぐ 来るでしょう。
　(김씨도 이제 곧 올 것입니다.)

④ この 花、きれいでしょう。
　(이 꽃, 예쁘지요?)

Unit 19. 何を して いますか

Unit 20 どこかで お茶でも 飲みましょう

木村 おなかが すきますか。

金 おなかは すきませんが、喉が 乾きます。

木村 私も 喉が 乾きます。どこかで お茶でも 飲みましょう。

金 ええ、そう しましょう。冷たい ジュースが いいですね。

木村 どこか いい 喫茶店を 知って いますか。

金 いいえ、知りません。

木村 それじゃ、あそこの 喫茶店へ 入りましょう。

木村 お父さんも お母さんも お元気ですか。

金 はい、お陰さまで 父も 母も 元気です。

木村 金さんは 兄弟が ありますか。

金 ええ、兄と 姉が 一人ずつ あります。

木村 お兄さんは 何を して いますか。

金 兄は 父の 会社で 働いて います。

| 해석 | **어디에서 차라도 마십시다**

기무라 배가 고픕니까?
김 배는 고프지 않습니다만, 목이 마릅니다.
기무라 저도 목이 마릅니다. 어디에서 차라도 마십시다.
김 예, 그렇게 합시다. 차가운 주스가 좋겠군요.
기무라 어디 좋은 다방이라도 알고 있습니까?
김 아니오, 모릅니다.
기무라 그럼, 저기 다방에 들어갑시다.

기무라 아버지도 어머니도 건강하십니까?
김 네, 덕분에 아버지도 어머니도 건강합니다.
기무라 김씨는 형제가 있습니까?
김 예, 형과 누나가 한 명씩 있습니다.
기무라 형님은 무엇을 하고 있습니까?
김 형은 아버지 회사에서 일하고 있습니다.

학습 Point

1. 동사 ~ましょう의 용법
2. ~でも ~ましょう・~ませんか
3. 동사 ~ます의 활용
4. 상태 동사 ある의 용법
5. ~ずつ의 용법
6. 가족 호칭
7. 친족 명사

단 어

- お腹(なか) 배
- 空(す)く 비다, (배가) 고프다
- 喉(のど) 목
- 乾(かわ)く 마르다
- お茶(ちゃ) 차
- 冷(つめ)たい 차갑다
- ジュース 주스
- 喫茶店(きっさてん) 다방
- 入(はい)る 들어가다, 들어오다
- お父(とう)さん (타인의) 아버지
- お母(かあ)さん (타인의) 어머니
- お陰(かげ)さま 덕택, 덕분
- 元気(げんき)だ 건강하다
- 兄弟(きょうだい) 형제
- 働(はたら)く 일하다

Unit 20. どこかで お茶でも 飲みましょう

어법해설

Point 1 동사 ~ましょう의 용법

~ましょう는 ます의 권유형으로 상대방의 동의를 얻어서 자기가 행동을 일으키는 제안을 할 때 쓰인다. 따라서 어떤 때는 권유의 뜻이 되기도 하고, 어떤 때는 의지를 나타내기도 한다. 상대방의 의향을 물을 때는 의문이나 질문을 나타내는 종조사 か를 접속하여 ~ましょうか로 표현한다.

예 この 本を 一緒に 読みましょう。
　　(이 책을 함께 읽읍시다.)

　　あした、どこで 会いましょうか。
　　(내일, 어디서 만날까요?)

Point 2 ~でも ~ましょう・~ませんか

~でも는 같은 성질을 갖고 있는 것들 중에서 일부의 예를 들어서 가볍게 예시할 때 쓴다. 이 때는 「~이라도」의 뜻이 된다. ~でも 뒤에는 주로 의지나 권유를 나타내는 ~ましょう나 ~ませんか가 온다.

예 晩ご飯の あと、散歩でも しましょうか。
　　(저녁 식사 후 산책이라도 할까요?)

　　野村さん、コーヒーでも 一杯 飲みませんか。
　　(노무라 씨 커피라도 한 잔 마시지 않겠어요?)

Point 3 동사 ~ます의 활용

~ます는 다른 말에 접속하여 쓰이는 조동사로 단독으로는 쓰이지 않지만 활용을 하여 여러 가지 의미를 만든다. 여기서 동사 する(하다)를 예로 들면 다음과 같다.

~ます	する	의미
~ます	します	합니다
~ません	しません	하지 않습니다
~ました	しました	했습니다
~ませでした	しませんでした	하지 않았습니다
~ましょう	しましょう	합시다

Point 4 상태동사 ある의 용법

ある는 동작성이 없는 사물의 존재를 나타낼 때 쓰이고, いる는 동작성이 있는 생물의 존재를 나타낼 때 쓰이는 동사이다. 그러나 동작이 있는 것이라도 동작성을 무시하고 그 존재만을 문제로 삼을 때는 ある를 쓴다. 또 무생물이라도 동작성을 가지고 있다고 볼 때는 いる를 쓴다.

예 わたしには 妻と 子供が あります。
(나는 처자가 있습니다.)

あ、あそこに タクシーが いますね。
(아, 저기에 택시가 있어요.)

Point 5 ~ずつ의 용법

~ずつ는 수량을 나타내는 말에 접속하여 「~씩」을 나타낸다.

예 千円ずつ 出し合って プレゼントを 買いました。
(천 엔씩 내서 선물을 샀습니다.)

患者は 少しずつ 回復して います。
(환자는 조금씩 회복되고 있습니다.)

Point 6 가족 호칭

일본어에서는 우리말과 달리 자기 가족을 남에게 말할 때와 남의 가족을 말할 때가 다르다. 즉, 우리는 자신의 가족이든 남의 가족이든 자기보다 윗쪽인 사람을 높여서 말하지만, 일본어에서는 자기 가족을 상대방에게 말할 때는 낮추어 말하고, 상대방의 가족을 말할 때는 존경의 접두어 お(ご)나 접미어 さん을 붙여 비록 어린애라도 높여서 말한다. 또, 가족 안에서 손윗사람을 부를 때는 높여서 부르고, 손아랫사람일 경우는 이름 뒤에 さん이나 ちゃん을 붙여 부른다.

예 あなたの / お父さんは 学校の 先生ですか。
(당신의 / 아버지는 학교 선생님입니까?)

わたしの / 父は 学校の 先生では ありません。
(우리 / 아버지는 학교 선생님이 아닙니다.)

お母さん、行って まいります。
(어머니, 다녀오겠습니다.)

Point 7 친족 명사

남의 가족을 말할 때	자기 가족을 말할 때	의 미
おじいさん	祖父(そふ)	할아버지
おばあさん	祖母(そぼ)	할머니
お父(とう)さん	父(ちち)	아버지
お母(かあ)さん	母(はは)	어머니
お兄(にい)さん	兄(あに)	형님, 형
お姉(ねえ)さん	姉(あね)	누님, 누나
弟(おとうと)さん	弟(おとうと)	(남)동생
妹(いもうと)さん	妹(いもうと)	(여)동생
ご家族(かぞく)	家族(かぞく)	가족
ご両親(りょうしん)	両親(りょうしん)	부모님
ご主人(しゅじん)	主人(しゅじん)	주인, 남편
奥(おく)さん	家内(かない)	부인, 아내
ご兄弟(きょうだい)	兄弟(きょうだい)	형제
お子(こ)さん	子供(こども)	아이
お嬢(じょう)さん	娘(むすめ)	따님, 딸
息子(むすこ)さん	息子(むすこ)	아드님, 아들
おじさん	おじ	아저씨
おばさん	おば	아주머니

문형연습

1 동사 ～ましょう   ～합시다

① この 本を 一緒に 読みましょう。
(이 책을 함께 읽읍시다.)

② ちょっと 休みましょう。
(잠깐 쉽시다.)

③ 木村さんに 聞いて みましょう。
(기무라 씨에게 물어 봅시다.)

④ ここに 座りましょうか。
(여기에 앉을까요?)

2 ～でも ～ましょう(ませんか)   ～라도 ～하지 않겠어요?

① みんなで 荷物の 整理でも しましょう。
(모두 함께 짐 정리라도 합시다.)

② みんなで 記念写真でも 撮りましょう。
(모두 함께 기념사진이라도 찍읍시다.)

③ 今晩、一緒に 映画でも 見ませんか。
(오늘 밤 함께 영화라도 보지 않겠어요?)

④ 冷たい お茶でも 一杯 飲みませんか。
(차가운 차라도 한 잔 마시지 않겠어요?)

3 家族의 호칭

① ご兄弟は 何人ですか。
(형제는 몇이십니까?)

② お父さんは お元気ですか。
(아버지는 건강하십니까?)

③ 父は この 会社に 勤めて います。
(아버지는 이 회사에 근무하고 있습니다.)

④ お兄さんは 何を して いますか。
(형님은 무엇을 하고 있습니까?)

21 何が いちばん ほしいですか

吉野 あなたは どんな 趣味が ありますか。

金 私は 旅行が 好きです。

吉野 登山も 好きですか。

金 登山は 嫌いじゃ ありませんが、それほど 好きじゃ ありません。

吉野 金さんは 何が いちばん ほしいですか。

金 そうですね。私は カメラが ほしいです。
旅行を する とき 写真が 撮りたいです。

吉野 カメラを 持って いませんか。

金 一台 持って いますが、古くて あまり よく ないです。
もう 少し いい カメラが 買いたいです。
吉野さんは 持って いますか。

吉野 いいえ、持って いませんが、カメラは あまり ほしく ありません。
今 いちばん ほしいのは ノートブックです。

| 해석 | 무엇을 가장 갖고 싶습니까?

요시노　당신은 어떤 취미가 있습니까?
김　　　저는 여행을 좋아합니다.
요시노　등산도 좋아합니까?
김　　　등산은 싫어하지는 않습니다만, 그다지 좋아하지 않습니다.

요시노　김씨는 무엇을 가장 갖고 싶습니까?
김　　　글쎄요. 저는 카메라를 갖고 싶습니다.
　　　　여행을 할 때 사진을 찍고 싶습니다.
요시노　카메라를 안 갖고 있습니까?
김　　　한 대 갖고 있습니다만, 낡아서 그다지 좋지 않습니다.
　　　　좀더 좋은 카메라를 사고 싶습니다.
　　　　요시노 씨는 갖고 있습니까?
요시노　아니오, 갖고 있지 않습니다만, 카메라는 별로 갖고 싶지 않습니다.
　　　　지금 가장 갖고 싶은 것은 노트북입니다.

학습 Point

1. ~が ほしい의 용법
2. ~が ~たい의 용법
3. ~を ほしがる의 용법
4. ~を ~たがる의 용법
5. ~が 好きだ(嫌(きら)いだ

단 어

- どんな　어떤
- 趣味(しゅみ)　취미
- 旅行(りょこう)　여행
- 好(す)きだ　좋아하다
- 登山(とざん)　등산
- 嫌(きら)いだ　싫어하다
- それほど　그 정도, 그다지
- ほしい　갖고 싶다, 필요하다
- 撮(と)る　(사진을) 찍다
- ~たい　~고 싶다
- カメラ　카메라
- 買(か)う　사다
- ノートブック　노트북

어법해설

Point 1 ~が ほしい의 용법

ほしい는「갖고 싶다」는 뜻의 형용사로 말하는 사람이나 듣는 사람이 직접 뭔가를 원할 때 쓴다. 또, 갖고 싶은 대상물에 쓰이는 조사는 が이다.

예 私は いい 車が ほしい。
　　(나는 좋은 차를 갖고 싶다.)

　　あなたは 何が いちばん ほしいですか。
　　(당신은 무엇을 제일 갖고 싶습니까?)

　　私は 何も ほしく ありません。
　　(나는 아무 것도 갖고 싶지 않습니다.)

　　木村さんは いちばん ほしい 物は 何ですか。
　　(기무라 씨는 가장 갖고 싶은 것은 무엇입니까?)

Point 2 ~が(を) ~たい의 용법

~たい는 동사의 중지형, 즉 ます가 접속된 형태에 연결되며, 말하는 사람이나 상대방의 직접적인 희망을 나타낸다. 우리말의「~고 싶다」에 해당하며, 그 희망하는 대상물에는 조사 を보다 が를 쓰는 것이 일반적이다. 또한 たい는 형태상 형용사의 꼴을 취하고 있으므로 형용사와 동일하게 활용을 한다.

기본형	의 미	~たい	의 미
書く	쓰다	書きたい	쓰고 싶다
飲む	마시다	飲みたい	마시고 싶다
買う	사다	買いたい	사고 싶다
食べる	먹다	食べたい	먹고 싶다

예 いつか ゆっくり 休みたい。
　　(언젠가 푹 쉬고 싶다.)

わたしが 買いたいのは 小説の 本です。
(내가 사고 싶은 것은 소설책입니다.)

あなたは 何が いちばん 食べたいですか。
(당신은 무엇을 가장 먹고 싶습니까?)

東京へ 行って 彼女に 会いたいですね。
(도쿄에 가서 그녀를 만나고 싶군요.)

今は 何も 飲みたく ありません。
(지금은 아무 것도 마시고 싶지 않습니다.)

Point 3   ~を ほしがる의 용법

ほしがる는「갖고 싶어하다」는 뜻으로 제3자의 요구나 희망을 나타낸다. 갖고 싶어하는 대상물에 조사 を를 쓰며, 5단동사 활용을 한다.

예 彼は 新しい ノートを ほしがって いる。
(그는 새 노트를 갖고 싶어한다.)

おとうとは 何も ほしがって いません。
(동생은 아무 것도 갖고 싶어하지 않습니다.)

Point 4   ~を ~たがる의 용법

동사의 중지형, 즉 ます가 접속되는 꼴에 ~たがる를 접속하면「~고 싶어하다」의 뜻으로 제3자의 희망을 나타낸다. 희망하는 대상물에 쓰이는 조사는 を이며, 5단동사처럼 활용을 한다.

기본형	의 미	~たがる	의 미
書く	쓰다	書きたがる	쓰고 싶어하다
飲む	마시다	飲みたがる	마시고 싶어하다
買う	사다	買いたがる	사고 싶어하다
食べる	먹다	食べたがる	먹고 싶어하다

예 彼は 新型の 車を 買いたがって いる。
(그는 신형 차를 사고 싶어한다.)

おとうとは 日本へ 行きたがって います。
(동생은 일본에 가고 싶어합니다.)

母は どこへも 行きたがって いません。
(어머니는 어디에도 가고 싶어하지 않습니다.)

吉村さんは 金さんに 会いたがって います。
(요시무라 씨는 김씨를 만나고 싶어합니다.)

Point 5 ~が 好きだ(嫌いだ)

우리말에서는 「좋아하다」, 또는 「싫어하다」에 해당하는 대상물에 조사 「~을(를)」을 쓰지만, 일본어에서는 조사 를를 쓰지 않고 が를 쓴다.

예 木村さんは 何が いちばん 好きですか。
(기무라 씨는 무엇을 가장 좋아합니까?)

わたしは 音楽を 聞くのが 好きです。
(나는 음악을 듣는 것을 좋아합니다.)

あなたは 酒を 飲むのが 嫌いですか。
(당신은 술을 마시는 것을 싫어합니까?)

わたしは 魚が いちばん 嫌いです。
(나는 생선을 가장 싫어합니다.)

※ 大(だい)는 접두어로 「매우, 크게, 무척」이라는 뜻을 나타낸다. 이것을 好きだ와 嫌いだ 앞에 붙이면 「무척 좋아하다」「무척 싫어하다」의 뜻이 된다.

1 〜が ほしい 〜을(를) 갖고 싶다

① あなたは 何が いちばん ほしいですか。
(당신은 무엇을 가장 갖고 싶습니까?)

② 私は 新型の コンピューターが ほしいです。
(저는 신형 컴퓨터를 갖고 싶습니다.)

③ 今は 何も ほしく ありません。
(지금은 아무 것도 갖고 싶지 않습니다.)

④ あなたが いちばん ほしい 物は 何ですか。
(당신이 가장 갖고 싶은 것은 무엇입니까?)

2 〜が 〜たい 〜을(를) 〜고 싶다

① 今日は 早く うちへ 帰りたいです。
(오늘은 일찍 집에 가고 싶습니다.)

② いちばん 食べたい ものは 何ですか。
(가장 먹고 싶은 것은 무엇입니까?)

③ 今は 何も 飲みたく ありません。
(지금은 아무 것도 마시고 싶지 않습니다.)

④ 先生に もう 一度 会いたいです。
(선생님을 다시 한 번 만나고 싶습니다.)

3 〜を ほしがる 〜을(를) 갖고 싶어하다 / 〜を 〜たがる 〜을(를) 〜고 싶어하다

① 木村さんは 車を ほしがって います。
(기무라 씨는 차를 갖고 싶어합니다.)

② 兄は ワープロを ほしがって います。
(형은 워드프로세서를 갖고 싶어합니다.)

③ あなたの 友達は 誰に 会いたがって いますか。
(당신 친구는 누구를 만나고 싶어합니까?)

④ 妹が ほしがって いる ものは 人形です。
(여동생이 갖고 싶어하는 것은 인형입니다.)

Unit 21. 何が いちばん ほしいですか

Unit 22 映画を 見に 行きます

山田 李さんは 朝早く どこへ 出かけましたか。

金 李さんは 友達を 送りに 成田へ 行きました。

山田 あなたも 今日 どこかへ 行きますか。

金 ええ、映画を 見に 行きます。

山田 あ、そうですか。私は 木村さんの アパートへ 行きます。

金 何を しに 行きますか。

山田 本を 借りに 行きます。

山田 お父さんは どんな 仕事を して いますか。

金 父は 医者です。

山田 お父さんは あなたに「医学を 勉強しなさい。」とは 言いませんでしたか。

金 いいえ、「自分の 好きな ことを やりなさい。」と 言いました。

山田 いい お父さんですね。今度 うちへ 遊びに 来て ください。
あなたの 国の 話が 聞きたいです。

해석　영화를 보러 갑니다

야마다　이씨는 아침 일찍 어디에 나갔습니까?
김　　　이씨는 친구를 보내러 나리타에 갔습니다.
야마다　당신도 오늘 어디에 갑니까?
김　　　예, 영화를 보러 갑니다.
야마다　아, 그렇습니까? 나는 기무라 씨 아파트에 갑니다.
김　　　무엇을 하러 갑니까?
야마다　책을 빌리러 갑니다.

야마다　아버지는 어떤 일을 하고 있습니까?
김　　　아버지는 의사입니다.
야마다　아버지는 당신에게 「의학을 공부하거라.」라고는 말하지 않았습니까?
김　　　아니오, 「네가 좋아하는 일을 하거라.」라고 말했습니다.
야마다　좋은 아버지이군요. 이번에 집에 놀러 와 주세요.
　　　　당신 나라 이야기를 듣고 싶습니다.

학습 Point

1. ~に 行く의 용법
2. (お)~なさい의 용법
3. 접두어 お(ご)의 존경 용법
4. 접두어 お의 미화 용법
5. ~と 言う의 용법
6. ~とは의 용법

단어

- 朝早(あさはや)く 아침 일찍
- 出(で)かける 나가다, 외출하다
- 友達(ともだち) 친구
- 送(おく)る 보내다
- 映画(えいが) 영화
- アパート 아파트
- 借(か)りる 빌리다, 꾸다
- 仕事(しごと) 일
- 医者(いしゃ) 의사
- 医学(いがく) 의학
- 自分(じぶん) 자기, 자신, 나
- やる 하다
- 遊(あそ)ぶ 놀다
- 国(くに) 나라, 고향
- 話(はなし) 이야기

Point 1 ~に 行く의 용법

조사 ~に가 동사의 중지형이나 동작성을 지닌 명사 뒤에 접속하면「~하러」의 뜻으로 동작의 목적을 나타낸다. 목적을 나타내는 조사 ~に 다음에는 行く(가다), 来る(오다), 帰る(돌아가다) 등과 같이 이동을 나타내는 동사가 오는 것이 보통이다.

> 예 金さんは 映画を 見に 行きました。
> (김씨는 영화를 보러 갔습니다.)
>
> 山下さんは 食事に 行きました。
> (야마시타 씨는 식사하러 갔습니다.)
>
> ここへ お酒を 飲みに 来ました。
> (여기에 술을 마시러 왔습니다.)
>
> 父と 母は 公園へ 花見に 行きました。
> (아버지와 어머니는 공원에 꽃구경하러 갔습니다.)

Point 2 (お)~なさい의 용법

なさい는 동사 なさる(하시다)의 명령형으로, なさい의 정중한 표현은 ください이다. 따라서 なさい는 어린애나 친한 손아랫사람에게 쓰인다. 우리말의「~하거라」에 해당하며, 앞에 존경의 접두어 お를 붙여 쓰기도 한다. なさい의 접속은 동사에 ます가 접속할 때와 마찬가지이다.

기본형	의 미	~なさい	의 미
書く	가다	書きなさい	써라, 쓰시오
会う	만나다	会いなさい	만나라, 만나시오
読む	읽다	読みなさい	읽어라, 읽으시오
寝る	자다	寝なさい	자거라, 자시오
来る	오다	来なさい	오거라, 오시오

> 예 花子さん、ここに (お)座りなさい。
> (하나꼬야, 여기에 앉아라.)

暗いから 電気を つけなさい。
(어두우니까 전기를 켜거라.)

寒いから ドアを 閉めなさい。
(추우니까 문을 닫아라.)

きょうは 早く 帰りなさい。
(오늘은 일찍 돌아오거라.)

Point 3 접두어 お(ご)의 존경 용법

접두어 お(ご)는 상대방의 소유물이나 관계되는 명사의 첫머리에 접두되어 존경의 의미를 나타낸다. 주로 お는 고유어에 접두되고, ご는 한자어 어휘에 접두되는 것이 원칙이지만, 이 원칙은 일정하지 않다.

예 先生から お手紙が 来ました。
(선생님에게서 편지가 왔습니다.)

部長、奥さんから お電話です。
(부장님, 부인께서 전화입니다.)

わたくしが ご案内 いたします。
(제가 안내해 드리겠습니다.)

Point 4 접두어 お의 미화 용법

접두어 お는 존경의 뜻 이외에 단순히 말의 품위를 높여주기 위해 상대방과 관계없는 것도 관습적으로 お를 붙여서 표현하는 경우가 많다. 이런 것을 美化語라고 하는데, 말하는 사람의 교양을 나타내기 위해 쓰이는 것에 불과하다. 이것은 남자보다 여자가 많이 쓰는 편이며, 외래어에는 붙여 쓰지 않는다.

예 あら、お花 きれいですね。
(어머, 꽃 예쁘네요.)

きょうは、いい お天気ですね。
(오늘은 날씨가 좋네요.)

お米を 買いに スーパーへ 行きます。
(쌀을 사러 수퍼에 갑니다.)

Point 5 ~と 言う의 용법

~と 言(い)う는 직접, 또는 간접적인 인용을 받는 경우에 쓰인다. 言う는 「말하다」라는 뜻을 가진 동사로 ~と 言う의 형태가 되면 「~라고 한다」의 표현이 된다. 여기서 조사 ~と는 「~라고」의 뜻으로 그 내용을 나타낸다.

예 母は「早く 飲みなさい」と 言いました。
(엄마는 「빨리 먹어라」라고 말했습니다.)

　　木村さんは ソウルへ 行くと 言いましたか。
(기무라 씨는 서울에 간다고 말했습니까?)

Point 6 ~とは의 용법

~とは는 인용을 나타내는 조사 と와 강조를 나타내는 조사 は가 결합된 형태로 우리말의 「~라는 것은, ~란」의 뜻으로 앞의 사항을 인용할 때 쓰인다.

예 木村さんは 今日 来るとは 言いませんでした。
(기무라 씨는 오늘 온다고는 말하지 않았습니다.)

　　人間とは 何でしょうか。
(인간이란 무엇일까요?)

문형연습

1. 〜に 行く　〜하러 가다

① 本を 借りに 図書館へ 行きます。
(책을 빌리러 도서관에 갑니다.)

② 友達に 会いに 喫茶店へ 行きます。
(친구를 만나러 다방에 갑니다.)

③ 木村さんは 何を しに ここへ 来ましたか。
(기무라 씨는 무엇을 하러 여기에 왔습니까?)

④ 先生の お話を 聞きに 研究室へ 来ました。
(선생님의 말씀을 들으러 연구실에 왔습니다.)

2. 동사 〜なさい　〜하거라, 하시오

① 朝は 早く 起きなさい。
(아침에는 일찍 일어나거라.)

② ゆっくり ご飯を 食べなさい。
(천천히 밥을 먹거라.)

③ あそこへ 行って 遊びなさい。
(저기에 가서 놀거라.)

④ うちへ 行って 傘を 持って 来なさい。
(집에 가서 우산을 가지고 오너라.)

3. 〜と 言う　〜라고 (말)하다

① 木村さんは あした 朝早く 来ると 言いました。
(기무라 씨는 내일 아침 일찍 오겠다고 말했습니다.)

② これは 何と 言う 本ですか。
(이것은 뭐라고 하는 책입니까?)

③ それは「らん」と 言う 花です。
(그것은「난」이라는 꽃입니다.)

④ 金さんは あなたに 何と 言いましたか。
(김씨는 당신에게 뭐라고 말했습니까?)

23 車の 運転が できますか

金　木村さんは 車の 運転が できますか。

木村　いいえ、まだ できません。今、習って います。

金　どうですか。危なくは ないですか。

木村　大丈夫です。

金　でも、気を つけて くださいね。

中田　日本語が お上手ですね。

金　いいえ、まだ 下手です。日本語の 授業の とき 先生の 質問に まだ 上手に 答えられません。

中田　ひらがなと 漢字は どうですか。

金　ひらがなは 書けますが、漢字は まだ 読む ことも 書く ことも できません。少し 漢字を 教えて くださいませんか。

中田　そうですね。一週間に 一度ぐらい 私の 家へ 来られますか。

金　はい、行けます。ぜひ お願いします。

| 해석 | **차 운전을 할 줄 압니까?**

김　　　기무라 씨는 차 운전을 할 줄 압니까?
기무라　아니오, 아직 할 줄 모릅니다. 지금 배우고 있습니다.
김　　　어떻습니까? 위험하지는 않습니까?
기무라　괜찮습니다.
김　　　하지만, 조심하세요.

다나카　일본어를 잘하시네요.
김　　　아니오, 아직 서툽니다. 일본어 수업 때 선생님 질문에 아직 능숙하게
　　　　대답하지 못합니다.
다나카　히라가나와 한자는 어떻습니까?
김　　　히라가나는 쓸 수 있습니다만, 한자는 아직 읽을 줄도 쓸 줄도 모릅니다.
　　　　좀 한자를 가르쳐 주시지 않겠습니까?
다나카　글쎄요. 1주일에 한 번 정도 우리 집에 올 수 있습니까?
김　　　네, 갈 수 있습니다. 꼭 부탁드립니다.

학습 Point

1. 가능동사 できる의 용법
2. 동사의 기본형 ～ことが できる
3. 동사의 가능형
4. 気에 관련된 관용구

단 어

- 車(くるま)　차
- 運転(うんてん)　운전
- 出来(でき)る　할 수 있다
- 危(あぶ)ない　위험하다
- でも　하지만, 그렇지만
- 気(き)を 付(つ)ける　주의를 하다
- 上手(じょうず)だ　능숙하다, 잘하다
- 下手(へた)だ　서투르다
- 時(とき)　때
- 質問(しつもん)　질문
- 答(こた)える　대답하다
- 漢字(かんじ)　한자
- 教(おし)える　가르치다
- ～ぐらい　～정도, 쯤
- ぜひ　꼭, 반드시

Point 1 가능동사 できる의 용법

できる는 단독으로 쓰일 때는 동사 する(하다)의 가능동사로「할 수 있다」의 뜻을 나타내기도 하고, 어떤 일이「완성되다」,「생기다」의 뜻으로도 쓰인다. 또는 능력이나 인품이「뛰어나다, 출중하다」의 뜻으로도 쓰인다.

예 あなたは 車の 運転が できますか。
　　(당신은 차를 운전할 수 있습니까?)

　　すみません。急用が できました。
　　(죄송합니다. 급한 일이 생겼습니다.)

　　宿題が できるまでは 外に 遊びに 行けません。
　　(숙제를 다 할 때까지는 밖에 놀러 갈 수 없습니다.)

Point 2 동사의 기본형 ～ことが できる

～ことが できる의 형태로 동사의 기본형에 접속하면「～할 수가 있다」의 뜻으로 가능표현을 만든다. 이 때 조사 が는 は, も 등으로 바꾸어 쓸 수 있다.

기본형	의 미	～ことが できる	의 미
書く	쓰다	書く ことが できる	쓸 수가 있다
飲む	마시다	飲む ことが できる	마실 수가 있다
買う	사다	買う ことは できる	살 수는 있다
食べる	먹다	食べる ことも できる	먹을 수도 있다

예 あなたは ピアノを 弾く ことが できますか。
　　(당신은 피아노를 칠 수가 있습니까?)

　　まだ 難しい 字は 書く ことが できません。
　　(아직 어려운 글자는 쓸 수가 없습니다.)

　　今年の 夏休みは ゆっくり 休む ことは できません。
　　(올 여름방학은 푹 쉴 수는 없습니다.)

Point 3   동사의 가능형

일본어에는「할 수 있다」의 가능표현은 두 가지로, 앞서 ことが できる의 형태와 동사를 가능형으로 만들어 표현하는 경우가 있다.

5단동사의 가능형은 어미 う단을 え단으로 바꾸고 동사형 어미 る를 접속하여 하1단동사를 만들면 가능동사가 된다. 또, 상1단・하1단동사, 변격동사 くる의 경우는 정중형에 られる를 접속하면 가능동사가 된다. 단 する는 できる라는 독립된 가능동사가 있기 때문에 가능형은 없다. 가능형의 경우 그 행동의 대상이 되는 것에는 조사 が를 쓴다.

기본형	의 미	가능형	의 미
行く	가다	行ける	갈 수 있다
急ぐ	서두르다	急げる	서두를 수 있다
待つ	기다리다	待てる	기다릴 수 있다
乗る	타다	乗れる	탈 수 있다
買う	사다	買える	살 수 있다
飲む	마시다	飲める	마실 수 있다
飛ぶ	날다	飛べる	날 수 있다
死ぬ	죽다	死ねる	죽을 수 있다
話す	말하다	話せる	말할 수 있다
見る	보다	見られる	볼 수 있다
寝る	자다	寝られる	잘 수 있다
来る	오다	来られる	올 수 있다
する	하다	できる	할 수 있다

예 あなたは 日本語を 話す ことが できますか。

＝ あなたは 日本語が 話せますか。
(당신은 일본어를 할 수 있습니까?)

まだ 難しい 漢字は 読む ことが できません。

＝ まだ 難しい 漢字は 読めません。
(아직 어려운 한자는 읽을 수 없습니다.)

あなたは 英語で 電話が かける ことが できますか。
= あなたは 英語で 電話が かけられますか。
(당신은 영어로 전화를 걸 수 있습니까?)

あの 子は まだ ひとりで 歩く ことが できません。
= あの 子は まだ ひとりで 歩けません。
(저 아이는 아직 혼자서 걸을 수 없습니다.)

吉村さんは 辛い ものも 食べる ことが できますか。
= 吉村さんは 辛い ものも 食べられますか。
(요시무라 씨는 매운 것도 먹을 수 있습니까?)

Point 4 　気에 관련된 관용구

본문의 気(き)を 付(つ)ける는 우리말의 「조심하다, 주의하다」라는 뜻을 가진 관용구이다. 참고로 気(き)에 관련된 관용구를 보면 다음과 같다.

관용구	의 미
気が 立つ	흥분하다, 초조해 하다
気が 張る	긴장하다
気に 入る	마음에 들다
気に かかる	마음에 걸리다, 걱정이 되다
気に 食わない	마음에 들지 않다
気に 障る	비위에 거슬리다
気に する	걱정하다, 마음에 두다
気に なる	걱정되다
気を 配る	주의하다, 배려하다
気を 使う	주의하다, 신경을 쓰다
気を 回す	(남의 마음을) 넘겨짚다, 추측하다

1 동사의 기본형 ～ことが できる   ～할 수가 있다

① あなたは 日本語を 話す ことが できますか。
(당신은 일본어를 말할 줄 압니까?)

② 朝早く ここに 来る ことが できますか。
(아침 일찍 여기로 올 수가 있습니까?)

③ この 難しい 漢字を 読む ことが できますか。
(이 어려운 한자를 읽을 수가 있습니까?)

④ わたしは 日本語を 書く ことも 話す ことも できます。
(나는 일본어를 쓸 줄도 말할 줄도 압니다.)

2 5단동사 ～e る(可能)   ～할 수 있다

① 金さんは 英語が 話せますか。
(김씨는 영어를 말할 줄 압니까?)

② お金が なくて この カメラが 買えません。
(돈이 없어서 이 카메라는 살 수 없습니다.)

③ あなたは ひとりで 日本へ 行けますか。
(당신은 혼자서 일본에 갈 수 있습니까?)

④ 木村さんは 何本ぐらい ビールが 飲めますか。
(기무라 씨는 몇 병 정도 맥주를 마실 수 있습니까?)

3 상1단・하1단동사 ～られる(可能)   ～할 수 있다

① あした 朝早く 起きられますか。
(내일 아침 일찍 일어날 수 있습니까?)

② 先生の 質問に まだ 上手に 答えられません。
(선생님 질문에 아직 능숙하게 대답할 수 없습니다.)

③ これ 以上は 食べられません。
(이 이상은 먹을 수 없습니다.)

④ 何時までに ここに 来られますか。
(몇 시까지 여기로 올 수 있습니까?)

Unit 24 あの 人は 韓国から 来た 友達です

吉野 さっき あなたと 話を して いた 人は だれですか。

金 玄関で 話を して いた 人ですか。

吉野 ええ。

金 あの 人は 韓国から 来た 友達です。

吉野 ああ、そうですか。

金 あの 人は 知りませんか。

吉野 山田さんの 奥さんでしょうか。

金 いいえ、山田さんの 奥さんは 車に 乗って いる、あの 帽子を かぶった 方です。

吉野 金さんは 山田さんの 家の 方を よく 知って いますね。

金 ええ。よく 山田さんの 家へ 遊びに 行きます。
今度 吉野さんも いっしょに 行きませんか。

吉野 ええ、ぜひ 連れて 行って ください。

> **해석** 그 사람은 한국에서 온 친구입니다

요시노 아까 당신과 이야기를 하고 있던 사람은 누구입니까?
김 현관에서 이야기를 하고 있던 사람 말입니까?
요시노 예.
김 그 사람은 한국에서 온 친구입니다.
요시노 아, 그렇습니까?

김 저 사람은 모릅니까?
요시노 야마다 씨 부인인가요?
김 아니오, 야마다 씨 부인은 차를 타고 있는, 저 모자를 쓴 분입니다.
요시노 김씨는 야마다 씨 부인을 잘 알고 있군요.
김 예. 자주 야마다 씨 집에 놀러 갑니다.
이번에 요시노 씨도 가지 않을래요?
요시노 예, 꼭 데리고 가 주세요.

학습 Point

1. 동사의 과거형 ~た
2. ~た의 용법
3. ~た+체언
4. ~た의 상태의 존속
5. ~ていた의 용법

단어

- さっき 아까, 조금 전
- 玄関(げんかん) 현관
- 韓国(かんこく) 한국
- 奥(おく)さん 부인
- 帽子(ぼうし) 모자
- 被(かぶ)る 쓰다
- ~方(かた) ~분
- よく 잘
- 今度(こんど) 이번, 금번
- 一緒(いっしょ)に 함께, 같이
- 連(つ)れる 데리고 가다, 동반하다

Point 1 동사의 과거형 ~た

동사의 과거형은 어미에 과거·완료를 나타내는 た가 접속된 형태로 앞서 배운 접속조사 て가 이어진 경우와 동일하며, 우리말의 「~했다」 또는 「~했었다」로 해석한다. 또한 과거형은 그 자체로 문을 끝맺을 때는 보통체의 문장이 되고, 뒤의 체언을 꾸미기도 한다.

기본형	의 미	과거형	의 미
書く	쓰다	書いた	썼다
泳ぐ	헤엄치다	泳いだ	헤엄쳤다
待つ	기다리다	待った	기다렸다
乗る	타다	乗った	탔다
言う	말하다	言った	갔다
死ぬ	죽다	死んだ	죽었다
呼ぶ	부르다	呼んだ	불렀다
飲む	마시다	飲んだ	마셨다
話す	이야기하다	話した	이야기했다
見る	보다	見た	보았다
起きる	일어나다	起きた	일어났다
寝る	자다	寝た	잤다
食べる	먹다	食べた	먹었다
する	하다	した	했다
来る	오다	来た	왔다
行く	가다	行った	갔다

※ 위의 도표에서처럼 5단동사는 음편이 있으므로 이해가 잘 안 되는 학습자는 て형을 참고할 것. 行く는 い음편을 하지 않고 예외적으로 つまる음 편을 한다.

예 この 道は 幼い とき よく 歩いた。
　　　みち　おさな　　　　　　　ある
　　　(이 길은 어렸을 때 자주 걸었다.)

　　ゆうべ 友達と 話しながら 酒を 飲んだ。
　　　　　ともだち　はな　　　　　さけ　の
　　　(어젯밤 친구와 이야기하면서 술을 마셨다.)

　　きのうは 朝早く 起きた。
　　　　　　あさはや　お
　　　(어제는 아침 일찍 일어났다.)

　　ぼくは 去年 会社を 辞めた。
　　　　　きょねん かいしゃ や
　　　(나는 작년에 회사를 그만두었다.)

　　東京から 友達が 飛行機に 乗って 来た。
　　とうきょう　ともだち　ひこうき　の　き
　　　(도쿄에서 친구가 비행기를 타고 왔다.)

Point 2　～た의 용법

～た는 과거·완료를 나타낼 때 쓰이는 조동사로 그 용법을 보면 다음과 같다.

① 과거 : 이미 동작이 끝났다는 의미를 나타낸다.

예 九時に 寝る。　→ ゆうべは 九時に 寝た。
　　　くじ　ね　　　　　　　　　くじ　ね
　　(9시에 자다.)　　　　(어젯밤은 9시에 잤다.)

　　朝 六時に 起きる。→ 今朝 六時に 起きた。
　　あさ　ろくじ　お　　　けさ　　　　　　お
　　(아침 6시에 일어나다.)　(오늘 아침은 6시에 일어났다.)

② 완료 : 이제 방금 그 동작이 끝났다라는 의미로 동작·사건이 완전히 행해져서 하나의 사실로 완결된 것을 말한다.

예 勉強が 済む。　→ 勉強が 今 済んだ。
　　べんきょう　す　　　　　　　　　いま　す
　　(공부가 끝나다.)　　(공부가 방금 끝났다.)

　　汽車が 来る。　→ あっ、汽車が 来た。
　　きしゃ　く　　　　　　　　　　　き
　　(기차가 오다.)　　(앗, 기차가 왔다.)

Point 3　～た＋체언

동사의 과거형에 체언(명사, 명사에 준하는 말)이 이어지면 과거·완료를 나타내는 ～た는 우리말의 「～한」으로 해석한다.

예 ゆうべ、木村さんに 会った 人は だれですか。
(어젯밤, 기무라 씨를 만난 사람은 누구입니까?)

きのう 見た 映画は 面白かったですか。
(어제 본 영화는 재미있었습니까?)

先生に 聞いた ことを 話して ください。
(선생님께 들은 것을 이야기해 주세요.)

Point 4 ~た의 상태의 존속

~た는 과거·완료를 나타낼 뿐만 아니라 상태의 존속을 나타내기도 한다. 즉, 동작이 이미 끝났지만, 그 결과가 상태로서 현재도 계속 이어져 지금도 존재하고 있다는 것을 의미하기도 한다. 이 경우는 보통 상태를 나타내는 ~て いる로 바꾸어 말할 수 있으며, 이것은 연체수식일 경우에만 쓰인다.

예 壁に かけて いる 絵。 → 壁に かけた 絵。
(벽에 걸려 있는 그림.)   (벽에 걸린 그림.)

よく 似て いる 兄弟。 → よく 似た 兄弟。
(많이 닮아 있는 형제.)   (많이 닮은 형제.)

帽子を 被って いる 奥さん。 → 帽子を 被った 奥さん。
(모자를 쓰고 있는 부인.)   (모자를 쓴 부인.)

Point 5 ~て いた의 용법

우리말의 대과거형 어미인 「~던」은 일본어로 바꾸면 ~て いる의 과거형인 ~て いた에 가장 가깝다. 여기서 いる는 보조동사로 쓰였지만, 활용은 일반동사와 똑같다.

예 ここは わたしが 通って いた 学校です。
(여기는 내가 다녔던 학교입니다.)

これは わたしが 使って いた 電気がまです。
(이것은 내가 썼던 전기밥솥입니다.)

문형연습

1 5단동사 ～た ～했다

① ゆうべは 友達に 会って 酒を 飲んだよ。
(어젯밤에는 친구를 만나 술을 마셨어.)

② きのう 久しぶりに 山に 登ったよ。
(어제 오랜만에 산에 올랐어.)

③ 韓国から 来た 友達、もう 帰ったの。
(한국에서 온 친구 벌써 갔니?)

④ きのう、どこかへ 行ったの。
(어제 어디에 갔었니?)

2 상1단・하1단, 변격동사 ～た ～했다

① この 映画、見た 人 いる?
(이 영화, 본 사람 있니?)

② ここで 何を 食べたの。
(여기서 무얼 먹었니?)

③ ゆうべ、何を して いたの。
(어젯밤 무얼 하고 있었니?)

④ 君は 何時ごろ ここに 来たの。
(너는 몇 시쯤 여기에 왔니?)

3 ～た(状態) ～한

① 木村さんは 青い ネクタイを 締めた 人です。
(기무라 씨는 파란 넥타이를 맨 사람입니다.)

② めがねを かけた 人が 野村さんの 奥さんです。
(안경을 쓴 사람이 노무라 씨 부인입니다.)

③ 私の 部屋は 南側に 小さい 窓が 付いた 部屋です。
(내 방은 남쪽에 작은 창문이 달린 방입니다.)

④ つくえの 上に 飾った 花は とても 美しいです。
(책상 위에 꾸며진 꽃은 매우 아름답습니다.)

Unit 24. あの 人は 韓国から 来た 友達です

25 もう すぐ 帰るだろうと 思います

吉野　スーパーは ドアが 閉まって いました。

金　　今日は 定休日ですか。

吉野　いいえ、臨時休業の 紙が はって ありました。九日と 十日の
　　　二日間 休むと 書いて ありました。

山田　李さんは いますか。

金　　朴さんと 吉村先生の 家へ 遊びに 行きました。

山田　そうですか。金さんは どうして 一緒に 行きませんでしたか。

金　　風邪を 引いて いるから、行くのを 止めました。

山田　それは いけませんね。何時ごろ 帰るでしょうか。

金　　一時ごろ 出かけましたから、もう すぐ 帰るだろうと 思います。
　　　雑誌でも 読んで 待って いて ください。

山田　ありがとう。私も ほかに ちょっと 行きたい ところが あります
　　　から、また あとで きます。

金　　そうですか。今は みんな 暇だから、ぜひ また 来て ください。

> **해석** 이제 곧 돌아올 것입니다

요시노 슈퍼는 문이 닫혀 있었어요.
김 오늘은 정기휴일입니까?
요시노 아니오, 임시휴업 종이가 붙어 있었습니다. 9일과 10일 이틀간 쉰다고 적혀 있었습니다.

야마다 이씨는 있습니까?
김 박씨와 요시무라 선생님 집에 놀러 갔습니다.
야마다 그렇습니까? 김씨는 왜 함께 가지 않았습니까?
김 감기가 걸려서 가는 것을 그만두었습니다.
야마다 그거 안됐군요. 몇 시쯤 돌아올까요?
김 1시쯤 나갔으니까, 이제 곧 돌아올 것입니다. 잡지라도 읽으며 기다리고 있으세요.
야마다 고마워요. 저도 다른 데 잠깐 가고 싶은 곳이 있으니까, 다시 나중에 오겠습니다.
김 그렇습니까? 지금은 모두 한가하니까, 꼭 다시 오십시오.

학습 Point

1. 동사 ~て ある / 状態
2. 동작의 결과를 나타내는 ~て いる와 ~て ある
3. 접속조사 ~から의 용법
4. ~と 思う의 용법
5. ~だろうと 思う의 용법

단어

- スーパー 슈퍼, 슈퍼마켓
- ドア 도어, 문
- 閉(し)まる 닫히다
- 定休日(ていきゅうび) 정기휴일
- 臨時休業(りんじきゅうぎょう) 임시휴업
- 紙(かみ) 종이
- 貼(は)る 붙다
- 休(やす)む 쉬다
- どうして 어째서, 왜
- 止(や)める 그만두다
- 思(おも)う 생각하다
- 雑誌(ざっし) 잡지
- 後(あと) 나중, 후
- 暇(ひま)だ 한가하다

Unit 25. もう すぐ 帰るだろうと 思います

어법해설

Point 1 동사 ~て ある / 状態

일본어 동사 중 의지를 나타내는 타동사의 て형에 보조동사 ある가 접속되어 ~て ある의 형태로 쓰이면 누군가에 의한 의도된 행동에 남아 있는 상태를 나타내며, 우리말의 「~어져 있다」에 해당한다. 이 때 보조동사 ある는 본동사 ある와 동일하게 활용을 한다.
앞서 배운 ~て いる가 타동사에 접속되면 동작의 진행을 나타낸다.

기본형	의 미	~て いる(진행)	~て ある(상태)
書く	쓰다, 적다	書いて いる	書いて ある
置く	두다, 놓다	置いて いる	置いて ある
買う	사다	買って いる	買って ある
貼る	붙이다	貼って いる	貼って ある

예 かべに 絵が かけて あります。
(벽에 그림이 걸려 있습니다.)

名簿に 住所と 名前が 書いて ある。
(명부에 주소와 이름이 적혀 있다.)

切符は もう 買って ありました。
(표는 벌써 사 두었습니다.)

すみに 置いて あるのは 何ですか。
(구석에 놓여 있는 것은 무엇입니까?)

Point 2 동작의 결과를 나타내는 ~て いる와 ~て ある

자동사에 ~て いる가 접속하면 진행과 상태를 나타내고, 타동사에 ~て いる가 접속하면 진행을, ~て ある가 접속하면 상태를 나타낸다.

예 ① 窓が 開いて いる。 (창문이 열려 있다.)

② 窓が 開けて ある。　（창문이 열려져 있다.）

① ドアが 閉まって います。（문이 닫혀 있습니다.）

② ドアが 閉めて あります。（문이 닫혀져 있습니다.）

위의 예문처럼 ①은 자동사에 ~て いる가 접속된 것으로 이것은 단순히 상태만을 나타내는 것이고, ②는 타동사에 ~て ある가 접속된 형태로 말하는 사람이 그 주체를 의식하면서 쓰는 것이다. 따라서 이것은 누군가가 열어두었느냐 닫았느냐에 초점을 두고 있다.

Point 3 접속조사 ~から의 용법

~から는 여러 가지 용법이 있으나, 활용어에 접속하여 쓰일 때는「~때문에, 이니까」의 뜻으로 두 개의 문장을 이어주기도 하고, 또 앞의 문장이 뒤의 문장의 원인이나 이유를 나타낸다. から는 주로 주관적인 원인·이유를 나타낸다. 따라서 뒤에 희망표현이나 명령, 요구, 의지를 나타내는 말이 온다. から가 명사나 형용동사에 접속할 때는 だから의 형태를 취한다.

품　사	기본형	~から	의　미
명　사	学生だ	学生だから	학생이니까
동　사	来る	来るから	오니까
형용사	寒い	寒いから	추우니까
형용동사	静かだ	静かだから	조용하니까

예 あしたは 日曜日だから 会社へ 行きません。
（내일은 일요일이니까 회사에 가지 않습니다.）

暑いから ドアを 開けて ください。
（더우니까 문을 열어 주세요.）

ここは 静かだから いいです。
（여기는 조용하니까 좋습니다.）

僕が 待って いるから 帰っても いいです。
（내가 기다리고 있을 테니까 돌아가도 됩니다.）

Point 4 ~と 思う의 용법

활용어에 ~と 思(おも)う가 접속하면 「~라고 생각한다」의 뜻으로 사실의 단정적인 표현이 완곡한 표현이 된다. 명사에 접속할 때는 ~だと 思う(~이라고 생각한다)의 형태로 쓴다.

품 사	기본형	~と 思う	의 미
명 사	学生だ	学生だと 思う	학생이라고 생각한다
동 사	来る	来ると 思う	온다고 생각한다
형용사	寒い	寒いと 思う	춥다고 생각한다
형용동사	静かだ	静かだと 思う	조용하다고 생각한다

예 彼は とても いい 方だと 思います。
(그는 매우 좋은 분이라고 생각합니다.)

木村さんは あしたは きっと 来ると 思います。
(기무라 씨는 내일은 꼭 오리라 생각합니다.)

Point 5 ~だろうと 思う의 용법

~だろう는 단정을 나타내는 だ의 추측형으로, 말하는 사람이 어떤 것을 여러 가지 상황으로 보아서 사실로 인정할 수 있으리라 추측할 때 쓰인다. 따라서 ~だろうと 思(おも)う는 우리말의 「~ㄹ 것이라 생각하다」 또는 「~ㄹ 것이라 여기다」로 해석된다.

예 北海道は 今 寒いだろうと 思います。
(홋카이도는 지금 추울 것입니다.)

金さんは もう すぐ 来るだろうと 思います。
(김씨는 이제 곧 올 것입니다.)

あそこに ある 車は 田中さんのだろうと 思います。
(저기에 있는 차는 다나카 씨 것일 겁니다.)

1 동사 ～て ある(状態)   ～어져 있다, ～해 두다

① 黒板に 大きな 字が 書いて あります。
(칠판에 큰 글씨가 적혀 있습니다.)

② 電気が 点けて ある ところが 私の 部屋です。
(전기가 켜져 있는 곳이 제 방입니다.)

③ 切符は もう 買って あります。
(표는 이미 사 두었습니다.)

④ 部屋は もう きれいに 掃除して あります。
(방은 벌써 깨끗이 청소해 두었습니다.)

2 ～から(原因・理由)   ～니까, ～때문에

① まだ 仕事が 残って いるから、休めない。
(아직 일이 남아 있으니까 쉴 수 없다.)

② 寒いから、ドアを 閉めなさい。
(추우니까 문을 닫거라.)

③ 夜遅くまで 勉強したから、朝寝坊を した。
(밤늦게까지 공부해서 늦잠을 잤다.)

④ 時間が ありませんから、急いで ください。
(시간이 없으니까 서두르세요.)

3 ～だろうと 思う   ～할 것이다

① 金さんは 今日 国へ 帰るだろうと 思います。
(김씨는 오늘 고국에 돌아갈 것입니다.)

② 木村さんも 今 映画を 見て いるだろうと 思います。
(기무라 씨도 지금 영화를 보고 있을 것입니다.)

③ 金さんには これが 必要だろうと 思います。
(김씨에게는 이것이 필요할 것입니다.)

④ 今、ソウルは 涼しいだろうと 思います。
(지금 서울은 시원할 것입니다.)

Unit 25. もう すぐ 帰るだろうと 思います

26 あしたは 試験なのに、大丈夫でしょうか

田中　みんなが 遊んで いるのに どうして あなたは 勉強ばかり して いますか。一緒に テニスでも しませんか。

金　先週 病気で 休んだので、友達の ノートを 写して います。

田中　もう 十時を 過ぎたのに、李さんは まだ 帰って 来ませんね。

金　本当に 遅いですね。

朴　ああ、さっき 電話が あって、今晩は 親戚の 家に 泊まるので 帰らないと 言いましたよ。

田中　そうですか。あしたは 試験なのに、大丈夫でしょうか。

朴　李さんは ふだん 勉強して いるから、心配は 要りませんよ。

田中　そうですね。私は ふだん 怠けて いるので、試験の 前は 大変です。

朴　私も さっきから 同じ 本を 何度も 読んで いるのに、ちっとも 覚えられません。

金　さあ、もう 少し 頑張りましょう。

| 해석 | 내일은 시험인데 괜찮을까요?

다나카 　모두가 놀고 있는데 어째서 당신은 공부만 하고 있습니까?
　　　　함께 테니스라도 하지 않겠어요?
김　　　지난주 아파서 쉬었기 때문에 친구 노트를 베끼고 있습니다.

다나카 　벌써 10시가 지났는데, 이씨는 아직 돌아오지 않는군요.
김　　　정말 늦군요.
박　　　아, 아까 전화가 있었는데, 오늘밤은 친척집에 머무르기 때문에
　　　　못 온다고 했어요.
다나카 　그렇습니까? 내일은 시험인데 괜찮을까요?
박　　　이씨는 평소에 공부하니까 걱정은 필요없어요.
다나카 　그렇군요. 나는 평소에 게으름 피우기 때문에 시험 전에는 큰일입니다.
박　　　저도 아까부터 같은 책을 몇 번이고 읽고 있는데도, 전혀
　　　　외워지지 않습니다.
김　　　자, 좀더 분발합시다.

학습 Point

1. 접속조사 ~ので의 용법
2. ~ので와 ~から의 차이
3. 접속조사 ~のに의 용법
4. 조사 ~ばかり의 용법
5. どうして의 용법

단어

- ~ばかり ~만, 뿐
- 先週(せんしゅう) 지난 주
- 病気(びょうき) 병, 아픔
- 写(うつ)す 베끼다, 옮기다
- 過(す)ぎる 지나다, 지나치다
- 本当(ほんとう)に 정말로, 참으로
- 遅(おそ)い 늦다
- 親戚(しんせき) 친척
- 泊(と)まる 머무르다
- 試験(しけん) 시험
- 普段(ふだん) 보통, 평소
- 心配(しんぱい) 걱정
- 怠(なま)ける 게으름 피우다
- 覚(おぼ)える 외우다, 느끼다
- 頑張(がんば)る 분발하다, 힘내다

Point 1　접속조사 ~ので의 용법

~ので는 활용어에 접속하여 から와 마찬가지로 두 개의 문장을 이어주거나 또는 앞의 문장이 뒤의 문장의 원인이나 이유를 나타낸다. 그러나 から가 주관적인 원인·이유인데 반해, ので는 객관적인 원인이나 이유를 나타낸다. 또, ので는 회화체에서 んで로 발음이 변하기도 하며, から보다 부드러운 느낌을 주기 때문에 강한 표현을 피하려는 여자들이 많이 쓴다.

~ので가 명사나 형용동사에 접속할 때는 ~なので의 형태를 취한다.

품 사	기본형	~ので	의 미
명　사	学生だ	学生なので	학생이기 때문에
동　사	来る	来るので	오기 때문에
형용사	寒い	寒いので	춥기 때문에
형용동사	静かだ	静かなので	조용하기 때문에

예　雨が 降って いるので 遠足は 中止した。
　　(비가 내리고 있어서 소풍은 중지했다.)

　　不景気なので 品物が よく 売れない。
　　(불경기라서 물건이 잘 팔리지 않는다.)

　　この 荷物は 重いので 持てない。
　　(이 짐은 무거워서 들 수 없다.)

　　ここは 交通が 便利なので 住みやすいです。
　　(여기는 교통이 편리해서 살기 편합니다.)

Point 2　~ので와 ~から의 차이

① ~でしょう, ~ましょう, ~と思います, ~なさい, ~ください 등과 같은 추측, 권유, 의문, 요청을 나타내는 말 뒤에 이어지면, 이것은 주관적인 사실을 나타내기 때문에 から를 쓴다.

예 今日は 暇だから、遊びに 行きましょう。
(오늘은 한가하니까 놀러 갑시다.)

あしたは 休みの日だから、遊びに 来て ください。
(내일은 휴일이니까 놀러 오세요.)

木村さんは 忙しく ないから、きっと 来るでしょう。
(기무라 씨는 바쁘지 않으니까 꼭 오겠지요?)

② 어떤 일을 거절할 때나, 변명이나 겸손을 나타낼 때, 그 이유로서 から를 쓰면 일반적인 사실을 강조하는 꼴이 되어 실례가 되는 경우가 많으므로 ので를 쓰는 것이 적당하다.

예 事故が あったので、欠席しました。
(사고가 있어서 결석했습니다.)

忙しかったので、うっかり 忘れました。
(바빠서 깜박 잊었습니다.)

Point 3 접속조사 ~のに의 용법

~のに는「~하는데도, 함에도 불구하고」의 뜻으로 역접조건을 나타내기도 하고,「~인데, 텐데, 련만」의 뜻으로 의외의 결과에 대한 원망이나 불만의 기분을 나타내기도 한다. ~のに가 명사나 형용동사에 접속할 때는 ~なのに의 형태를 취한다.

품 사	기본형	~のに	의 미
명 사	学生だ	学生なのに	학생인데도
동 사	来る	来るのに	오는데도
형용사	寒い	寒いのに	추운데도
형용동사	静かだ	静かなのに	조용한데도

예 彼は まだ 学生なのに 勉強を しません。
(그는 아직 학생인데도 공부를 하지 않습니다.)

ここは 交通が 便利なのに 家賃が 安いです。
(여기는 교통이 편한데도 집세가 쌉니다.)

まだ 熱が あるのに 会社へ 行く。
(아직 열이 있는데도 회사에 가다.)

知らないのに 知った ふりを する。
(모르는데도 안 체를 하다.)

Point 4   조사 ~ばかり의 용법

~ばかり는 우리말의 「~만, ~뿐」에 해당하며, 다른 것에 비해 수나 양 또는 빈도로 보아 현저하게 큰 것을 말하는 경우에 쓰인다.

예 わたしは 野菜ばかり 食べて います。
(나는 야채만 먹고 있습니다.)

木村さんは テレビばかり 見て います。
(기무라 씨는 텔레비전만 보고 있습니다.)

Point 5   どうして의 용법

どうして는 이유를 묻는 말로, 대답에는 から나 ので와 같은 이유를 나타내는 말이 온다. 우리말의 「왜, 어째서」에 해당하며 같은 의미로 なぜ와 바꾸어 쓸 수 있다. 또한 どうして는 어떠한 방법으로, 즉 「어떻게, 어떻게 해서」의 뜻으로도 쓰인다.

예 きのうは どうして 学校を 休みましたか。
(어제는 왜 학교를 쉬었습니까?)

→ 風邪を 引いたからです。
(감기가 걸렸기 때문입니다.)

この 料理は どうして 食べますか。
(이 요리는 어떻게 먹습니까?)

문형연습

1 ～のに   ～는데, ～는데도

① もう 十二時を 過ぎたのに、まだ 帰って 来ません。
(벌써 12시가 지났는데 아직 돌아오지 않습니다.)

② まだ 早いのに、もう 帰りますか。
(아직 이른데 벌써 갑니까?)

③ いい 天気なのに、子供たちは 部屋で 遊んで います。
(날씨가 좋은데도 아이들은 방에서 놀고 있습니다.)

④ 金さんは まだ 学生なのに、勉強を しません。
(김씨는 아직 학생인데도 공부를 하지 않습니다.)

2 ～ので   ～이므로, ～때문에

① 雨が 降って いるので、旅行するのを 止めました。
(비가 내리고 있기 때문에 여행하는 것을 중지했습니다.)

② あまり 隣の 部屋が うるさいので、よく 眠れません。
(너무 옆방이 시끄러워서 잘 자지 못했습니다.)

③ 田舎の 母が 思ったより 元気なので、安心しました。
(시골 어머니가 생각보다 건강해서 안심했습니다.)

④ 木村さんは 会社員なので、今日は うちに いません。
(기무라 씨는 회사원이기 때문에 오늘은 집에 없습니다.)

3 ～ばかり ～て いる   ～만 ～하고 있다

① 彼は 毎日 運動ばかり して います。
(그는 매일 운동만 하고 있습니다.)

② 彼女は テレビの ドラマばかり 見て います。
(그녀는 텔레비전 드라마만 보고 있습니다.)

③ 木村さんは 休みの日は 小説ばかり 読んで います。
(기무라 씨는 휴일에는 소설만 읽고 있습니다.)

④ 金さんは 勉強も しないで 遊んでばかり います。
(김씨는 공부도 하지 않고 놀고만 있습니다.)

Unit 26. あしたは 試験なのに、大丈夫でしょうか 179

27 よく 見えないから、電灯を 点けましょう

木村　この 間の クラス会は 何人ぐらい 集まりましたか。

金　　二十人ぐらいです。久しぶりに みんなに 会えて 楽しかったですよ。
　　　あなたは どうして 出席しなかったのですか。

木村　忙しくて どうしても 行かれなかったのです。

金　　あなたが 来なくて、みんな 残念がって いましたよ。

木村　私も 行かれなくて 残念でした。あの ホテルは どうでしたか。

金　　料理は 特に おいしくは なかったんですが、静かで よかったですよ。

木村　暗くて よく 見えないから、電灯を 点けましょう。

金　　まだ 四時なのに、ずいぶん 暗いですね。

木村　この 部屋は 北向きで 日が 当たらないから、特に 暗いのです。

金　　でも まわりが 静かで いいですね。

木村　ええ、でも 冬は 寒くて 困ります。

金　　そうでしょうね。もっと 明るい 部屋を 借りられませんでしたか。

木村　いいえ、ありましたが、南向きは 部屋代が 高くて 借りられませんよ。

| 해석 | 잘 보이지 않으니까 전등을 켭시다

기무라   요전에 반창회는 몇 명 정도 모였습니까?
김   20명 정도입니다. 오랜만에 모두를 만날 수 있어서 즐거웠어요.
당신은 왜 출석하지 않았습니까?
기무라   바빠서 도저히 갈 수 없었습니다.
김   당신이 오지 않아서 모두 아쉬워했어요.
기무라   저도 갈 수 없어서 유감이었습니다. 그 호텔은 어땠습니까?
김   요리는 특별히 맛있지는 않았지만, 조용해서 좋았어요.

기무라   어두워서 잘 보이지 않으니까 전등을 켭시다.
김   아직 4시인데 무척 어둡군요.
기무라   이 방은 북향이어서 볕이 들지 않으니까 특히 어둡습니다.
김   하지만, 주위가 조용해서 좋군요.
기무라   예, 하지만 겨울에는 추워서 곤란합니다.
김   그렇겠군요. 좀 더 밝은 방을 빌릴 수 없었습니까?
기무라   아니오, 있었습니다만, 남향은 방세가 비싸서 빌릴 수 없어요.

학습 Point

1. 동사의 부정형 ~ない
2. 동사 부정형의 여러 가지 용법
3. ~の(ん)です의 용법
4. 접속조사 ~て(で)의 원인·이유의 용법
5. 접미어 ~ぶり의 용법
6. 부사 どうしても의 용법

단어

- 間(あいだ) 동안, 사이
- 集(あつ)まる 모이다
- 久(ひさ)しぶりに 오랜만에
- 会(あ)う 만나다
- 楽(たの)しい 즐겁다
- 出席(しゅっせき) 출석
- 忙(いそが)しい 바쁘다
- 残念(ざんねん)だ 유감이다
- 料理(りょうり) 요리
- 随分(ずいぶん) 무척, 대단히
- 暗(くら)い 어둡다
- 見(み)える 보이다
- 電灯(でんとう) 전등
- 困(こま)る 곤란하다, 난처하다
- 部屋代(へやだい) 방값, 방세

Point 1 동사의 부정형 ～ない

동사의 부정형은 ない가 접속된 형태를 말한다. 이 때 ない는 「없다」는 뜻이 아니라 「～하지 않다」의 뜻으로 부정을 나타낸다. 5단동사의 부정형은 어미 う단이 あ단으로 바뀌어 ない가 접속된다. 또, 상1단・하1단동사는 ます가 접속될 때처럼 어미 る가 탈락되고 ない가 접속한다.

기본형	의 미	부정형	의 미
行く	가다	行かない	가지 않다
泳ぐ	헤엄치다	泳がない	헤엄치지 않다
待つ	기다리다	待たない	기다리지 않다
乗る	타다	乗らない	타지 않다
言う	말하다	言わない	말하지 않다
読む	읽다	読まない	읽지 않다
飛ぶ	날다	飛ばない	날지 않다
死ぬ	죽다	死なない	죽지 않다
話す	이야기하다	話さない	이야기하지 않다
起きる	일어나다	起きない	일어나지 않다
食べる	먹다	食べない	먹지 않다
来る	오다	来ない	오지 않다
する	하다	しない	하지 않다

※ 어미가 う로 끝나는 5단동사의 부정형은 「～あない」가 아니라 「～わない」로 활용한다.

Point 2 동사 부정형의 여러 가지 용법

부정형을 만드는 ない는 형용사와 동일하게 활용을 한다. 따라서 문을 끝맺기도 하고, 체언을 수식하기도 한다. 또한 부정형에 です를 접속하면 정중한 부정형인 ～ません과 동일한 뜻이 된다.

예 この 鳥は 病気で 飛ばない。
(이 새는 아파서 날지 않는다.)

デパートへ 行って 何も 買わない 時も ある。
(백화점에 가서 아무 것도 사지 않을 때도 있다.)

あなたは テレビの ニュースを 見ないですか。
(당신은 텔레비전 뉴스를 보지 않습니까?)

彼女は いま この 学校に いない。
(그녀는 지금 이 학교에 없다.)

きのうの ドラマは 見なかったです。
(어제 드라마는 보지 않았습니다.)

会社へ 行かない 時は うちで 休みます。
(회사에 가지 않을 때는 집에서 쉽니다.)

Point 3 ~の(ん)です의 용법

일본어에서는 「Aは Bです」라고 표현할 수 있는 것을 흔히 문장에 의미를 주기 위해, 또는 말하는 사람이 설명이나 강조하는 기분을 나타내고자 할 때 문장 끝에 ~のです로 표현하며, 회화체에서는 ~んです로 줄여 쓴다.
또, 동사나 형용사에 접속할 때는 ~の(ん)です의 형태를 취하지만, 명사나 형용동사에 접속할 때는 ~なのんです의 형태를 취한다.

예 風邪を 引きました。
風邪を 引いたの(ん)です。
(감기에 걸렸습니다.)

木村さんは 忙しいです。
木村さんは 忙しいの(ん)です。
(기무라 씨는 바쁩니다.)

わたしは 秋が 好きです。
わたしは 秋が 好きなの(ん)です。
(나는 가을을 좋아합니다.)

あしたは 母の 誕生日です。
あしたは 母の 誕生日なの(ん)です。
(내일은 어머니 생일입니다.)

Unit 27. よく 見えないから、電灯を 点けましょう

Point 4 접속조사 ~て(で)의 원인·이유의 용법

접속조사 て(で)는 여러 가지 용법으로 쓰이는 접속조사로, 여기서는 앞의 동작이 뒤의 동작의 원인, 이유, 설명이 되는 용법이다.

예 かぜを 引いて、学校 休みました。
　　(감기에 걸려 학교를 쉬었습니다.)

　　この コーヒーは 熱くて 飲む ことが できません。
　　(이 커피는 뜨거워서 마실 수가 없습니다.)

　　ここは 交通が 不便で 家賃が 安いです。
　　(여기는 교통이 불편해서 집세가 쌉니다.)

Point 5 접미어 ~ぶり의 용법

접미어 ~ぶり는「~만에」의 뜻으로 상당한 시간이 흐름을 나타낸다. 또「~하는 모양」,「~하는 상태」를 나타내기도 한다.

예 わたしは 三年ぶりに ふるさとへ 行きました。
　　(나는 3년만에 고향에 갔습니다.)

　　話しぶりで あの 人が セールスマンと わかりました。
　　(말투에서 그 사람이 세일즈맨이라고 알았습니다.)

Point 6 부사 どうしても의 용법

どうして는「왜, 어째서」라는 뜻이지만, 뒤에 강조를 나타내는 조사 も가 접속하면「어떤 일이 있어도, 꼭」이라는 뜻을 나타낸다. 또 どうしても는 뒤에 부정어를 수반하여「도무지, 어떻게 해도」라는 뜻으로도 쓰인다.

예 今日は どうしても 彼と 会いたい。
　　(오늘은 무슨 일이 있어도 그와 만나고 싶다.)

　　この 問題は どうしても 分からない。
　　(이 문제는 도무지 모르겠다.)

1 　동사 ～ない　～지 않다

① 君の 犬、最近 見えない。死んだの。
(자네 개, 요즘 보이지 않아. 죽었니?)

② 学校へ 行かない 時は 何を するの。
(학교에 가지 않을 때는 무엇을 하니?)

③ 今、お金を 持って いないから、買えないよ。
(지금 돈을 갖고 있지 않아서 살 수 없어.)

④ 面白く ないから、遊ばないわ。
(재미없으니까 안 놀래.)

2 　활용어 ～て(で)　～해서, ～하므로

① この 茶は 熱くて、飲めないよ。
(이 차는 뜨거워서 마실 수 없어.)

② ここは 交通が 不便で、家賃が 安いです。
(여기는 교통이 불편해서 집세가 쌉니다.)

③ 雨が 降って、遠足は 中止しました。
(비가 내려서 소풍은 중지했습니다.)

④ この 問題は 難しくて なかなか 解けません。
(이 문제는 어려워서 좀처럼 풀 수 없습니다.)

3 　～の(ん)です　～ㅂ니다

① ここは 車が 通らないから、静かなのです。
(여기는 차가 지나다니지 않으니까 조용합니다.)

② 山田さん、きのう どこかへ 行ったんですか。
(야마다 씨, 어제 어디 갔습니까?)

③ ゆうべ 遅く 寝たから 眠いんです。
(어젯밤 늦게 자서 졸립니다.)

④ 金さんは まだ 来なかったんですか。
(김씨는 아직 오지 않았습니까?)

Unit 27. よく 見えないから、電灯を 点けましょう

28 ずいぶん 日が 短く なりましたね

金　この頃は ずいぶん 日が 短く なりましたね。

吉野　そうですね。五時半に なると、もう 真っ暗に なりますね。

金　夏の 頃は 七時 近くまで テニスが できたのに、この 頃は 四時に なると、ボールが よく 見えなく なります。

吉野　夜が 明けるのも 遅く なりましたね。

金　そうですか。私は 朝寝坊だから、目が 覚めた 時には もう 明るく なって います。

吉野　毎朝 何時ごろ 起きますか。

金　だいたい 七時半頃です。

吉野　そう。私も 朝は あまり 早く 起きられません。寒く なると、ますます 朝は 起きられなく なりますよ。

金　これから だんだん 寒く なるかと 思うと、日本に いるのが いやに なります。

해석 무척 해가 짧아졌군요

김　　요즘은 무척 해가 짧아졌군요.
요시노　그렇군요. 5시반이 되면 벌써 캄캄해지는군요.
김　　여름철은 7시 가까이까지 테니스를 할 수 있었는데, 요즘은 4시가 되면 볼이 보이지 않게 됩니다.
요시노　날이 새는 것도 늦어졌어요.
김　　그렇습니까? 저는 늦잠꾸러기라서 눈이 떴을 때는 이미 밝아져 있습니다.
요시노　매일 아침 몇 시 무렵에 일어납니까?
김　　대개 7시 반입니다.
요시노　그래요. 저도 아침에는 그다지 일찍 일어나지 못합니다. 추워지면 점점 아침에는 못 일어나게 되어요.
김　　이제부터 점점 추워지는가 생각하면 일본에 있는 것이 싫어집니다.

학습 Point

1. 명사 ~に なる의 용법
2. 형용동사 ~に なる의 용법
3. 형용사 ~く なる의 용법
4. 접속조사 ~と의 용법
5. ~に(く) なると의 용법
6. 접두어 真っ의 용법
7. 부사어 ますます・だんだん의 용법

단 어

- 短(みじか)い 짧다
- なる 되다
- 真(ま)っ暗(くら)だ 새카맣다
- ボール 볼, 공
- 夜(よる) 밤
- 明(あ)ける (날이) 밝다, 새다
- 遅(おそ)い 늦다
- 朝寝坊(あさねぼう) 늦잠
- 目(め) 눈
- 覚(さ)める 깨다
- 明(あか)るい 밝다
- 大体(だいたい) 대체, 대개, 대강
- ますます 점점, 더욱 더
- だんだん 차차, 점점
- 嫌(いや)だ 싫다

Point 1 명사 ~に なる의 용법

5단동사의 なる는 우리말의 「되다」라는 뜻을 가진 동사로 말하는 사람의 의지와는 상관없이 어떤 상태에서 다른 상태로 변해 가는 것을 나타낸다. 명사에 접속할 때는 우리말에서는 「~이(가) 되다」이지만, 일본어에서는 ~に なる의 형태로 조사 に가 온다. 우리말로 직역하여 ~が なる가 되지 않도록 주의한다.

예 もう あたたかい 春に なりました。
(벌써 따뜻한 봄이 되었습니다.)

もう 楽しい 夏休みに なりました。
(벌써 즐거운 여름방학이 되었습니다.)

息子は 今年 二十歳に なりました。
(아들은 올해 스무 살이 되었습니다.)

Point 2 형용동사 ~に なる의 용법

なる가 형용동사에 접속할 때는 어미 だ가 に로 바뀌어 접속한다. 이 때는 「~해지다, ~하게 되다」의 뜻을 나타낸다.

기본형	의 미	~に なる	의 미
静かだ	조용하다	静かに なる	조용해지다
綺麗だ	깨끗하다	綺麗に なる	깨끗해지다
有名だ	유명하다	有名に なる	유명해지다
必要だ	필요하다	必要に なる	필요해지다

예 大掃除を して 部屋が 綺麗に なりました。
(대청소를 해서 방이 깨끗해졌습니다.)

わたしは 絵が 好きに なりました。
(나는 그림을 좋아하게 되었습니다.)

顔が 真っ赤に なりました。
(얼굴이 새빨개졌습니다.)

Point 3 형용사 ~く なる의 용법

なる가 형용사에 접속할 때는 형용사의 어미 い가 く로 바뀐다. 이 때는 「~해지다, 하게 되다」의 뜻을 나타낸다.

기본형	의 미	~く なる	의 미
青い	파랗다	青く なる	파래지다
高い	비싸다	高く なる	비싸지다
易しい	쉽다	易しく なる	쉬워지다
面白い	재미있다	面白く なる	재미있어지다

예 最近 不景気で 物価が 高く なりました。
(최근 불경기로 물가가 비싸졌습니다.)

だんだん 日本語が 易しく なりました。
(점점 일본어가 쉬워졌습니다.)

この コンピューターは もう 古く なりました。
(이 컴퓨터는 이미 낡았습니다.)

Point 4 접속조사 ~と의 용법

~と가 활용어에 접속하여 쓰이면 확정조건을 나타낸다. 즉, 어떤 조건하에서 다른 사항이 일어나는 경우에 쓰이는데, 이 때는 필연적이거나 습관적으로 이루어지는 경우에 쓰인다. 우리말 해석은 「~하면」으로 한다.

예 この 川は 雨が 降ると、いつも 水が あふれる。
(이 강은 비가 내리면 언제나 물이 넘친다.)

この 道を 真っ直ぐ 行くと、駅の 前に でます。
(이 길을 곧장 가면 역 앞이 나옵니다.)

또한 ~と는 어떤 사실을 전제조건으로 하여 가정할 때도 쓰인다.

品物が 良く ないと、みんな 買いませんよ。
(물건이 좋지 않으면 모두 사지 않습니다.)

この 本を 読むと、すぐ 分かります。
(이 책을 읽으면 금방 알 수 있습니다.)

Point 5　~に(く) なると의 용법

~に なると, 또는 ~く なると의 형태로 조건을 나타내는 접속조사 と가 이어지면 「~이(가) 되면, ~해지면, ~하게 되면」의 뜻이 된다.

예　冬に なると、寒く なります。
　　　(겨울이 되면 추워집니다.)

　　　交通が 不便に なると、車を 買いません。
　　　(교통이 불편해지면 차를 사지 않습니다.)

　　　花が 赤く なると、まもなく 散ります。
　　　(꽃이 빨개지면 머지않아 집니다.)

Point 6　접두어 真っ~의 용법

真(ま)っ은 真(ま)의 힘줌말로 다른 말에 접두되어 「아주, 정말로, 정확히」라는 뜻을 나타낸다.

暗い	어둡다	真っ暗だ	새카맣다
白い	하얗다	真っ白だ	새하얗다
赤い	빨갛다	真っ赤だ	새빨갛다
青い	파랗다	真っ青だ	새파랗다
先	앞, 먼저	真っ先	맨 앞, 맨 먼저
直ぐ	곧, 곧바로	真っ直ぐ	똑바로, 곧장

Point 7　부사어 ますます・だんだん의 용법

ますます는 정도가 늘어나는 모습을 나타낼 때 쓰이는 부사어로 우리말의 「점점 더, 더욱더」에 해당한다. だんだん은 순서에 따라 점진적으로 진행되는 모습을 나타낼 때 쓰이며, 우리말의 「점점, 점차」에 해당한다.

예　ソウルの 人口は ますます 増えました。
　　　(서울 인구는 더욱더 늘었습니다.)

　　　日本語は だんだん 上手に なりました。
　　　(일본어는 점점 능숙해졌습니다.)

1 활용어 ~と(条件) ~하면

① この 川は 雨が 降ると、いつも 水が あふれる。
(이 강은 비가 내리면 언제나 물이 넘친다.)

② この 道を まっすぐ 行くと、駅の 前に 出ます。
(이 길을 곧장 가면 역 앞이 나옵니다.)

③ 電車が 止まると、人々が 降り始めました。
(전철이 멈추자 사람들이 내리기 시작했습니다.)

④ 天気が 悪いと、山へ 行くのは 無理でしょう。
(날씨가 나쁘면 산에 가는 것은 무리겠지요?)

2 형용사 ~く なる ~해 지다

① 花は 赤く なると、まもなく 散ります。
(꽃은 빨개지면 곧 집니다.)

② この頃 ずいぶん 暑く なりました。
(요즘 무척 더워졌습니다.)

③ 不景気で 物価が 高く なりました。
(불경기로 물가가 비싸졌습니다.)

④ 天気が 悪く なると、観光は 止めましょう。
(날씨가 나빠지면 관광은 그만둡시다.)

3 형용동사・명사 ~に なる ~해 지다 ~이(가) 되다

① 教室の 中は いつのまにか 静かに なりました。
(교실 안은 어느 샌가 조용해졌습니다.)

② 息子は 大きく なって もう 大学生に なりました。
(아들은 커서 벌써 대학생이 되었습니다.)

③ あなたは 将来 何に なりたいですか。
(당신은 장래 뭐가 되고 싶습니까?)

④ 電車が 増えて 交通が とても 便利に なりました。
(전철이 늘어나서 교통이 무척 편해졌습니다.)

29 旅行を しようと 思って います

木村　お正月の 休みは どう する つもりですか。

金　　旅行を しようと 思って います。

木村　どこへ 行く 予定ですか。

金　　国から 帰ってから 九州へ 行こうと 思って います。

木村　まだ 漢字辞典は 買いませんでしたか。

金　　あなたのを 見てから 買おうと 思って、まだ 買わなかったのです。
　　　ちょっと みせて ください。

木村　はい、どうぞ。言葉の 意味が 分かりやすく 説明して ありますよ。

金　　そうですか。読みやすい 活字ですね。

木村　ええ、いい 字引でしょう。

金　　引き方は 簡単ですか。

木村　あまり 難しく ありません。でも いろいろな 記号が 付いて いる
　　　から、使う 前に よく 説明を 読んだ 方が いいですよ。

해석 여행을 하려고 합니다

기무라   설날 휴일은 어떻게 할 생각입니까?
김   여행을 하려고 합니다.
기무라   어디에 갈 예정입니까?
김   고국에서 돌아와서 큐슈에 가려고 합니다.

기무라   아직 한자사전은 사지 않았습니까?
김   당신 것을 보고 나서 사려고 아직 사지 않았습니다.
    좀 보여 주세요.
기무라   자, 여기 있습니다. 말의 의미가 알기 쉽게 설명되어 있어요.
김   그렇습니까? 읽기 편한 사전이군요.
기무라   예, 좋은 사전입니다.
김   찾는 법은 간편합니까?
기무라   별로 어렵지 않습니다. 하지만 여러 가지 기호가 붙어 있으니까,
    사용하기 전에 잘 설명을 읽은 게 좋아요.

학습 Point

1. 동사의 의지형 ~う(よう)
2. 동사 ~う(よう)と 思う
3. 동사의 기본형 ~つもりだ
4. 동사 ~た ほうが いい
5. 동사의 중지형 ~やすい・にくい
6. 동사 ~てから의 용법

단어

- お正月(しょうがつ) 설날
- つもり 생각, 의도
- 旅行(りょこう) 여행
- 予定(よてい) 예정
- 漢字辞典(かんじじてん) 한자사전
- 見(み)せる 보이다
- 言葉(ことば) 말
- 意味(いみ) 의미
- 説明(せつめい)する 설명하다
- 活字(かつじ) 활자
- 字引(じびき) 자전, 사전
- 難(むずか)しい 어렵다
- 色々(いろいろ)な 여러 가지
- 記号(きごう) 기호
- 使(つか)う 사용하다, 쓰다

어법해설

Point 1 동사의 의지형 ～う(よう)

동사의 의지형은 어미에 う(よう)가 접속된 형태를 말한다. 5단동사에는 어미 う단이 お단으로 바뀌어 의지나 권유의 뜻을 나타내는 う가 접속되고, 상1단·하1단동사에는 끝 음절인 る가 탈락되어 よう가 접속된다.

기본형	의 미	의지형	의 미
行く	가다	行こう	가자, 겠다
急ぐ	서두르다	急ごう	서두르자, 겠다
待つ	기다리다	待とう	기다리자, 겠다
乗る	타다	乗ろう	타자, 겠다
買う	사다	買おう	사자, 겠다
飲む	마시다	飲もう	마시자, 겠다
飛ぶ	날다	飛ぼう	날자, 겠다
死ぬ	죽다	死のう	죽자, 겠다
話す	이야기하다	話そう	이야기하자, 겠다
見る	보다	見よう	보자, 겠다
寝る	자다	寝よう	자자, 겠다
来る	오다	来よう	오자, 겠다
する	하다	しよう	하자, 겠다

※ 동사의 의지형을 만드는 う(よう)는 의지(～하겠다)의 뜻 이외에 권유의 뜻(～하자)을 나타내기도 하며, 추측의 뜻(～할 것이다)도 나타낸다. 그러나 현대어에서는 동사의 기본형에 단정을 나타내는 だ의 추측형인 だろう를 접속하여 추측을 나타내는 것이 일반적이다.

예 もう 一度 よく 考えよう。
 (다시 한 번 잘 생각하자.)

さ、時間が ないから 急ごう。
 (자, 시간이 없으니까 서두르자.)

いつごろ 海へ 遊びに 行こうか。
(언제쯤 바다에 놀러 갈까?)

今晩は お前と いっしょに 飲もう。
(오늘밤은 너와 함께 마시겠다.)

この プレゼントは 君に 上げよう。
(이 선물은 자네에게 주겠다.)

Point 2 동사 ~う(よう)と 思う

말하는 사람의 의지를 나타낼 때는 주로 동사의 의지형에 ~と 思う를 접속하여 표현한다. ~う(よう)と 思う는 「~하려고 하다」로 해석한다.

예 友達に お土産を 上げようと 思います。
(친구에게 선물을 주려고 합니다.)

あしたから 運動を しようと 思います。
(내일부터 운동을 하려고 합니다.)

これから まじめに 勉強しようと 思います。
(이제부터 착실히 공부하려고 합니다.)

今晩 国の 母に 手紙を 書こうと 思います。
(오늘밤 고향 어머니께 편지를 쓰려고 합니다.)

Point 3 동사의 기본형 ~つもりだ

つもり는 다른 말에 접속하여 확정되지 않는 생각이나 작정, 예정을 나타낸다. 반대로 확정된 예정은 予定(よてい)으로 표현한다.

예 いったい どう 言う つもりですか。
(도대체 어떻게 말할 작정입니까?)

あした 病院に 行く つもりです。
(내일 병원에 갈 생각입니다.)

夏休みに 海外旅行に 行く 予定です。
(여름방학에 해외여행을 갈 예정입니다.)

Point 4 동사 ～た ほうが いい

동사의 과거형에 ～ほうが いいが 오면, 다른 것과 비교하여 한 쪽을 들어 말할 때 쓰이는 표현으로「～하는 것이 좋다」라는 뜻이다.

예 早く 病院へ 行った ほうが いいですね。
(빨리 병원에 가는 것이 좋겠군요.)

もう 少し 気を つけた ほうが いいですね。
(좀더 주의를 하는 것이 좋겠군요.)

Point 5 동사의 중지형 ～やすい・にくい

동사의 중지형, 즉 ます가 접속하는 꼴에 형용사형 접미어 やすい를 접속하면「～하기 쉽다, 편하다」라는 뜻의 형용사를 만든다. 반대로 동사의 중지형에 접미어 にくい가 접속하면「～하기 힘들다, 어렵다」의 뜻을 가진 형용사를 만든다.

예 あの 字引は 字が 大きくて 読みやすいです。
(이 사전은 글씨가 커서 읽기 편합니다.)

この パンは 柔らかくて 食べやすいです。
(이 빵은 부드러워서 먹기 쉽습니다.)

この 薬は 苦くて 飲みにくいです。
(이 약은 써서 먹기 힘듭니다.)

Point 6 동사 ～てから의 용법

～てから는 우리말의「～하고 나서」의 뜻으로, 동사의 て형에 조사 から가 접속된 형태이다. 앞의 동작이 일어난 후에 다른 동작이 행해지는 것을 나타낸다. 반대로「～하기 전」은 동사의 기본형에 前(まえ)를 접속한다.

예 よく 聞いてから 質問に 答えて ください。
(잘 듣고 나서 질문에 대답해 주세요.)

ゆっくり 休んでから 新しい 仕事を 始める。
(푹 쉬고 나서 새로운 일을 시작한다.)

ご飯を 食べる 前に 必ず 歯を 磨きます。
(밥을 먹기 전에 반드시 이를 닦습니다.)

1 동사 ～う(よう)と 思う   ～하려고 하다

① 来年 国へ 帰ろうと 思います。
　(내년에 고국에 돌아가려고 합니다.)

② 木村さんと ソウルへ 行こうと 思います。
　(기무라 씨와 서울에 가려고 합니다.)

③ 今の 会社を 辞めようと 思って います。
　(지금 다니는 회사를 그만두려고 하고 있습니다.)

④ みんなで 富士山に 登ろうと 思います。
　(모두 함께 후지산에 오르려고 합니다.)

2 동사 ～てから   ～하고 나서

① 昼寝を してから 勉強を しようと 思います。
　(낮잠을 자고 나서 공부를 하려고 합니다.)

② 映画を 見てから ご飯を 食べる つもりです。
　(영화를 보고 나서 밥을 먹을 생각입니다.)

③ 顔を 洗ってから 歯を 磨きます。
　(세수를 하고 나서 이를 닦습니다.)

④ まず 山田さんに 会ってから 食事を しましょう。
　(먼저 야마다 씨를 만나고 나서 식사를 합시다.)

3 동사 ～た(ない) ほうが いい   ～한(하지 않는) 게 좋다

① この 本は 買った ほうが いいですね。
　(이 책은 산 게 좋겠군요.)

② 金さんが 来るまで ここで 待った ほうが いいですね。
　(김씨가 올 때까지 여기서 기다린 게 좋겠군요.)

③ これから 甘い ものは 食べない ほうが いいですね。
　(이제부터 단 것은 먹지 않는 게 좋겠군요.)

④ 健康に 悪いから、タバコは 吸わない ほうが いいですね。
　(건강에 나쁘니까 담배를 피우지 않는 게 좋겠군요.)

Unit 30 みんなで 行ければ 楽しいですね

森下: 来月の 初めに 旅行が あるのを 知って いますか。

金: ああ、箱根旅行ですね。きのう 吉野さんに 聞きました。
あなたは 行きますか。

森下: ええ、行く つもりです。あなたは?

金: あなたが 行けば 私も 行こうと 思って いました。

森下: じゃ、行きましょう。李さんも 参加すると 言って いましたよ。

金: そうですか。三浦さんも 行きますか。

森下: さあ、知りません。

金: みんなで 行ければ 楽しいですね。しかし、今度の 旅行が 一泊 旅行なら いいですが、日帰りの 旅行では ゆっくり 見物が できないでしょう。

森下: 特急に 乗れば 一時間ぐらいしか かからないし、あちらへ 行ってからは バスで 回るから、大丈夫ですよ。

金: そうですか。天気が 良ければ 富士山が きれいでしょうね。

森下: ええ、天気が 良ければ、電車の 中からも よく 見えますよ。

| 해석 | 모두 함께 갈 수 있으면 즐겁겠네요

모리시타 다음 달 초에 여행이 있는 것을 알고 있습니까?
김 아, 하코네 여행 말이군요. 어제 요시노 씨에게 들었습니다.
당신은 갑니까?
모리시타 예, 갈 생각입니다. 당신은요?
김 당신이 가면 나도 가려고 하고 있었습니다.
모리시타 그럼, 갑시다. 이씨도 참가한다고 말했어요.
김 그렇습니까? 미우라 씨도 갑니까?
모리시타 글쎄, 모르겠습니다.
김 모두 함께 갈 수 있으면 즐겁겠네요. 하지만 이번 여행이 1박 여행이라면 좋겠습니다만, 당일치기 여행으로는 천천히 구경을 할 수 없겠지요?
모리시타 특급을 타면 1시간 정도밖에 걸리지 않고, 그쪽에 가서는 버스로 도니까 괜찮아요.
김 그렇습니까? 날씨가 좋으면 후지산이 아름답겠지요?
모리시타 예, 날씨가 좋으면 전철 안에서도 잘 보여요.

학습 Point

1. 동사의 가정형 ~eば
2. 형용사의 가정형 ~ければ
3. 형용동사의 가정형 ~なら(ば)
4. 단정의 가정형 ~なら(ば)

단어

- 来月(らいげつ) 다음 달
- 初(はじ)め 처음, 초
- 聞(き)く 듣다, 묻다
- 参加(さんか)する 참석하다, 참가하다
- 楽(たの)しい 즐겁다
- 今度(こんど) 이번, 금번
- 日帰(ひがえ)り 당일치기
- ゆっくり 천천히, 푹
- 見物(けんぶつ) 구경
- 特急(とっきゅう) 특급
- かかる (시간이) 걸리다, (돈이) 들다
- 回(まわ)る 돌다
- 天気(てんき) 날씨
- 良(よ)い 좋다
- 中(なか) 안, 속

Point 1 동사의 가정형 ～eば

동사의 가정형은 5단동사의 경우는 어미 う단이 え으로 바뀌어 가정의 조사 ば가 접속한다. 또, 상1단·하1단동사와 변격동사의 경우는 ～れば의 형태를 취한다.
～ば는 앞에 어떤 조건이 오면 뒤에 당연한 결과가 올 때에 흔히 쓴다. 이 때의 당연한 결과란 반복적인 일이나 자연 현상 등 일반적인 사실일 때가 많다. 따라서 이론적이고 객관적인 느낌이 들며 속담 등에 많이 쓰인다.

기본형	의 미	가능형	의 미
行く	가다	行けば	가면
急ぐ	서두르다	急げば	서두르면
待つ	기다리다	待てば	기다리면
乗る	타다	乗れば	타면
買う	사다	買えば	사면
飲む	마시다	飲めば	마시면
飛ぶ	날다	飛べば	날면
死ぬ	죽다	死ねば	죽으면
話す	이야기하다	話せば	이야기하면
見る	보다	見れば	보면
寝る	자다	寝れば	자면
来る	오다	来れば	오면
する	하다	すれば	하면

예 ソウル駅までは 地下鉄で 行けば すぐです。
(서울역까지는 지하철로 가면 금방입니다.)

勉強を すれば 成績は 上がります。
(공부를 하면 성적은 오릅니다.)

お金が たくさん あれば 高い 物も 買えます。
(돈이 많이 있으면 비싼 것도 살 수 있습니다.)

雨が 降れば サッカーの 試合は 中止だ。
(비가 내리면 축구 시합은 취소한다.)

Point 2 　형용사의 가정형 ～ければ

형용사의 가정형은 어미 い가 けれ로 바뀌어 가정의 뜻을 나타내는 조사 ば가 접속하여 ～ければ의 형태를 취한다. 「좋다」라는 뜻의 형용사 よい・いい는 よければ이며, いければ라고는 하지 않는다.

기본형	의 미	가정형	의 미
良い	좋다	良ければ	좋으면
悪い	나쁘다	悪ければ	나쁘면
易しい	쉽다	易しければ	쉬우면
難しい	어렵다	難しければ	어려우면

예 品物が 良ければ 値段も 高く なります。
(물건이 좋으면 가격도 비싸집니다.)

都合が 悪ければ 止めても いいです。
(형편이 안 좋으면 그만두어도 됩니다.)

天気さえ 良ければ 僕も 行きたいです。
(날씨만 좋으면 나도 가고 싶습니다.)

Point 3 　형용동사의 가정형 ～なら(ば)

형용동사의 가정형은 어미 だ가 なら로 바뀌어 가정의 뜻을 나타내는 조사 ば가 이어져 ～ならば의 형태를 취한다. 그러나 형용동사의 경우는 조사 ば를 생략하고 なら의 형태로만 주로 쓰인다.

기본형	의 미	가정형	의 미
静かだ	조용하다	静かなら(ば)	조용하면
綺麗だ	깨끗하다	綺麗なら(ば)	깨끗하면
有名だ	유명하다	有名なら(ば)	유명하면

예 この 会社は 日本語が 上手なら 入社できる。
(이 회사는 일본어를 잘하면 입사할 수 있다.)

この 方法が 駄目ならば 他の 方法を 考えよう。
(이 방법이 안 되면 다른 방법을 생각하자.)

交通が 便利なら 家賃は 高くても いいです。
(교통이 편리하면 집세는 비싸도 됩니다.)

Point 4 단정의 가정형 ～なら(ば)

なら는 단정을 나타내는 だ의 가정형으로 ～ならば의 형태로도 쓰인다. なら는 다른 말 뒤에 와서 그 앞의 것을 조건으로 들어 말할 때 쓴다. 특히 명사 뒤에 와서 「～이라면」의 뜻을 나타낸다.

품 사	기본형	～なら	의 미
명 사	学生だ	学生なら	학생이라면
동 사	来る	来るなら	온다면
형용사	寒い	寒いなら	춥다면
형용동사	静かだ	静かなら	조용하다면

예 ジュースなら 僕も 飲みたいですね。
(주스라면 나도 마시고 싶군요.)

気分が 悪いなら 少し 休んで ください。
(몸이 안 좋으면 조금 쉬세요.)

ピアノなら わたしも 自信が あります。
(피아노라면 나도 자신이 있습니다.)

買物を するなら デパートに 行った ほうが いいです。
(쇼핑을 하려면 백화점에 가는 것이 좋습니다.)

문형연습

1 동사 ～eば　～하면

① 早く 寝れば 朝早く 起きられます。
（일찍 자면 아침 일찍 일어날 수 있습니다.）

② あなたが 行けば わたしも 行きます。
（당신이 가면 나도 가겠습니다.）

③ 年を 取れば 体も 弱く なります。
（나이를 먹으면 몸도 약해집니다.）

④ 仕事が 済めば 帰って 来るでしょう。
（일이 끝나면 돌아오겠지요.）

2 형용사 ～ければ　～하면

① 値段が 安ければ 買いたいです。
（가격이 싸면 사고 싶습니다.）

② あなたさえ 良ければ わたしは かまいません。
（당신만 좋으면 나는 상관없습니다.）

③ 天気が 悪ければ わたしは 行かない つもりです。
（날씨가 나쁘면 나는 가지 않을 생각입니다.）

④ そんなに 忙しければ 欠席しても いいです。
（그렇게 바쁘면 결석해도 좋습니다.）

3 형용동사・단정 ～ならば　～하면

① バスならば 一時間は かかります。
（버스라면 1시간은 걸립니다.）

② 日本語が 下手ならば もっと 練習しなさい。
（일본어가 서투르면 더욱 연습하시오.）

③ 焼き肉なら わたしも 好きです。
（불고기라면 저도 좋아합니다.）

④ その 花が きれいなら 庭に 植えましょう。
（그 꽃이 예쁘면 뜰에 심읍시다.）

Unit 30. みんなで 行ければ 楽しいですね

31 時間が あったら、お茶でも 飲んで 帰りませんか

田村　すぐ 帰りますか。時間が あったら、お茶でも 飲んで 帰りませんか。
　　　ちょっと 相談したい ことが ありますから。

金　　どんな ことですか。

田村　山中さんの 家に 赤ちゃんが 生まれたのです。それで お祝いを
　　　上げたいと 思うのですが。

金　　そうですか。ちっとも 知りませんでした。いつですか。

田村　先週の 月曜日です。男の子ですよ。

金　　それじゃ、さっそく 何を あげるか 相談しましょう。

田村　近い うちに 李さんに 会いますか。

金　　あさって 研究会が あるから、たぶん その 時 会えるだろうと
　　　思います。

田村　それじゃ、この 本を 渡して ください。

金　　はい。しかし 李さんが 来なかったら どうしましょうか。

田村　急がないから、会った 時でも かまいません。

| 해석 | 시간이 있으면 차라도 마시고 가지 않겠어요?

다무라   금방 가시게요? 시간이 있으면 차라도 마시고 가지 않겠어요?
        좀 의논하고 싶은 일이 있어서요.
김   무슨 일입니까?
다무라   야마나카 씨 집에 아기가 태어났습니다. 그래서 축하를 드리고 싶습어서요.
김   그렇습니까? 전혀 몰랐습니다. 언제입니까?
다무라   지난주 월요일입니다. 남자아이예요.
김   그럼, 빨리 무엇을 사드릴지 의논합시다.

다무라   가까운 시일에 이씨를 만납니까?
김   모레 연구회가 있으니까 아마 그 때 만난 수 있을 겁니다.
다무라   그럼, 이 책을 건네 주십시오.
김   네. 그러나 이씨가 오지 않는다면 어떻게 하죠?
다무라   급하지 않으니까 만났을 때도 괜찮습니다.

학습 Point

1. 동사의 조건형 ~たら
2. 동사 ~たら의 용법
3. 명사・형용동사 ~だったら
4. 형용사 ~かったら
5. ~でも かまわない의 용법

단어

- お茶(ちゃ) 차
- ちょっと 좀, 잠깐
- 相談(そうだん)する 의논하다
- 赤(あか)ちゃん 아기
- 生(う)まれる 태어나다
- それで 그래서
- お祝(いわ)い 축하
- 挙(あ)げる 드리다
- 先週(せんしゅう) 지난 주
- 男(おとこ)の子(こ) 남자아이
- 早速(さっそく) 재빨리
- 近(ちか)い 가깝다
- 渡(わた)す 건네다
- 急(いそ)ぐ 서두르다
- かまう 염려되다, 상관하다

Point 1 동사 조건형 ~たら

~たら는 과거·완료를 나타내는 た의 가정·조건형으로 우리말의 「~했더니, 하면」의 뜻을 나타낸다. たら는 앞서 배운 た て가 접속할 때와 마찬가지며, 5단동사에서는 음편(音便)이 있고, 상1단·하1단동사의 경우는 마지막 음절 る가 탈락되고 たら가 이어진다.

기본형	의 미	조건형	의 미
書く	쓰다	書いたら	썼더니, 쓰면
泳ぐ	헤엄치다	泳いだら	헤엄쳤더니, 헤엄치면
待つ	기다리다	待ったら	기다렸더니, 기다리면
乗る	타다	乗ったら	탔더니, 타면
言う	말하다	行ったら	갔더니, 가면
死ぬ	죽다	死んだら	죽었더니, 죽으면
呼ぶ	부르다	呼んだら	불렀더니, 부르면
飲む	마시다	飲んだら	마셨더니, 마시면
話す	이야기하다	話したら	이야기했더니, 이야기하면
見る	보다	見たら	보았더니, 보면
起きる	일어나다	起きたら	일어났더니, 일어나면
寝る	자다	寝たら	잤더니, 자면
食べる	먹다	食べたら	먹었더니, 먹으면
する	하다	したら	했더니, 하면
来る	오다	来たら	왔더니, 오면
行く	가다	行ったら	갔더니, 가면

※ 위의 도표에서처럼 5단동사는 음편이 있으므로 이해가 안 되는 학습자는 て형을 참고할 것. 行く는 い음편을 하지 않고 예외적으로 つまる음 편을 한다.

Point 2 동사 ~たら의 용법

~たら는 앞서 배운 가정형의 ば와 거의 비슷하지만 용법에서 차이가 있다. ば는 일반적인 사실을 나타내는데 비해, たら는 개별적인 경우 등에 쓰인다. 즉, 「만일 ~한다면」처럼 말하는 사람의 주관적인 가정이 강하다. 따라서 たら는 뒤에 권유나 허가, 명령, 의지 등 말하는 사람의 뜻을 나타내는 말이 올 경우에 쓰인다.

예 時間が あったら 手伝って ください。
(시간이 있으면 거들어 주세요.)

冬休みに なったら、国へ 行く つもりです。
(겨울방학이 되면 고향에 갈 생각입니다.)

또한, たら는 「~했더니」의 뜻으로 그와 모순되는 사항이 일어났을 때나, 예기치 못했던 사항이 이미 일어났을 때도 쓰인다.

예 ご飯を たくさん 食べたら、体が 太りました。
(밥을 많이 먹었더니 살이 쪘습니다.)

山の 上に 登ったら、海が 見えました。
(산 위에 올랐더니 바다가 보였습니다.)

Point 3 명사・형용동사 ~だったら

~たら는 과거・완료를 나타내는 た의 가정・조건형이다. 본문의 ~だったら는 단정을 나타내는 だ에 たら가 접속된 형태로 「~이면, 이라면」의 뜻을 나타낸다. 형용동사의 경우도 단정의 だ와 마찬가지로 어미 だ가 だったら로 변하면 「~한다면」의 뜻을 나타낸다.

품 사	기본형	과거형	조건형
명 사	学生だ	学生だった	学生だったら
	先生だ	先生だった	先生だったら
형용동사	静かだ	静かだった	静かだったら
	必要だ	必要だった	必要だったら

예 野球だったら 私も 好きです。
(야구라면 저도 좋아합니다.)

もう 少し 静かだったら いいですね。
(좀더 조용하면 좋겠군요.)

何の 映画? アメリカの 映画だったら ぜひ 行きたいね。
(무슨 영화? 미국 영화라면 꼭 가고 싶군.)

Point 4 형용사 ~かったら

~かったら는 형용사에 たら가 접속된 형태로 형용사의 과거형인 ~かった에 ら가 접속되었다고 생각하면 된다.

기본형	과거형	조건형	의 미
早い	早かった	早かったら	빠르다면
遅い	遅かった	遅かったら	늦는다면
暑い	暑かった	暑かったら	덥다면

예 都合が よかったら 一緒に 旅行に 行きませんか。
(사정이 괜찮다면 함께 여행을 가지 않겠어요?)

その 小説が 面白かったら 私にも 貸して ください。
(그 소설이 재미있으면 나에게도 빌려 주세요.)

Point 5 ~でも かまわない의 용법

~でも かまわない는「~이라도 상관없다」의 뜻으로 상대방에 대해서 동의나 승낙을 나타낼 때 쓰이는 표현이다. 이와 비슷한 표현으로 ~でも いい가 있다.

예 何時でも かまいません。来て ください。
(몇 시라도 상관없습니다. 오세요.)

誰でも かまわない。十分 練習したから。
(누구라도 상관없다. 충분히 연습했으니까.)

문형연습

1 동사 ~たら   ~하면, ~한다면

① 山田さんに 会ったら よろしく お伝えください。
(야마다 씨를 만나면 잘 전해 주십시오.)

② もし 時間が あったら 見学したいですね。
(만약 시간이 있으면 견학하고 싶군요.)

③ 夏休みに なったら、国へ 帰ろうと 思います。
(여름방학이 되면 고향에 가려고 합니다.)

④ 山の 上に 登ったら、海が 見えました。
(산 위에 올랐더니 바다가 보였습니다.)

2 형용사 ~かったら   ~하면, ~한다면

① 良かったら、あした 一緒に 登山に 行きませんか。
(괜찮다면 내일 함께 등산을 가지 않을래요?)

② その 本が 面白かったら、私にも 貸して ください。
(그 책이 재미있으면 나에게도 빌려 주세요.)

③ もう少し 値段が 安かったら 買います。
(좀더 가격이 싸면 사겠습니다.)

④ もし 都合が 悪かったら 行かない つもりです。
(만약 사정이 나쁘면 가지 않을 생각입니다.)

3 형용동사·명사 ~だったら   ~하면, 한다면·~이면, 이라면

① 料理が 得意だったら 教えて ください。
(요리를 잘하면 가르쳐 주세요.)

② もう少し 静かだったら いいのに。
(좀더 조용하면 좋을 텐데.)

③ 日本語だったら 私も 少し できます。
(일본어라면 저도 조금 할 수 있습니다.)

④ 花だったら、やはり バラが いちばんですね。
(꽃이라면 역시 장미가 제일이지요.)

Unit 31. 時間が あったら、お茶でも 飲んで 帰りませんか

Unit 32 少なくとも 七時間は 寝なければ なりませんよ

金: 近い うちに 遊びに 行っても いいですか。

木村: ああ、どうぞ 来て ください。夜なら 大抵 うちに いますから。

金: 友達も 行きたがって いますが、一緒に 行っても いいですか。

木村: はい、どうぞ。一緒に 来ても いいです。

金: 昼間でも かまいませんか。

木村: そうですね。昼間より 夜の ほうが いいでしょうね。

木村: あなたは 毎晩 何時間ぐらい 寝て いますか。

金: 六時間ぐらいです。

木村: 少し 少ないですね。少なくとも 七時間は 寝なければ なりませんよ。
毎晩 何時ごろ 寝ますか。

金: 一時から 一時半ごろの 間です。

木村: もっと 早く 寝られませんか。

金: はい、宿題も たくさん あるし、予習も しなければ なりませんから、どうしても 遅く なります。

> **해석** 적어도 7시간은 자지 않으면 안 됩니다

김   가까운 시일에 놀러 가도 됩니까?
기무라 아, 부디 놀러 오십시오. 밤이라면 대개 집에 있으니까요.
김   친구도 가고 싶어하는데, 함께 가도 좋습니까?
기무라 네, 오십시오. 함께 와도 좋습니다.
김   낮에도 상관없습니까?
기무라 글쎄요. 낮보다 밤이 좋겠군요.

기무라 당신은 매일 밤 몇 시간 정도 잡니까?
김   6시간 정도입니다.
기무라 조금 적군요. 적어도 7시간은 자지 않으면 안 됩니다.
         1시부터 1시반 무렵 사이입니다.
김   매일 밤 몇 시쯤에 잡니까?
기무라 더 빨리 일어날 수 없습니까?
김   네, 숙제도 많이 있고, 예습도 하지 않으면 안 되니까,
        아무래도 늦어집니다.

학습 Point

1. ~うちに의 용법
2. ~ても いい의 용법
3. ~なければ ならない
4. 少なくとも의 용법
5. ~より の ほうが의 용법
6. 조사 ~し의 용법

단어

- うちに 동안에
- 夜(よる) 밤
- 大抵(たいてい) 대개
- 友達(ともだち) 친구
- 一緒(いっしょ)に 함께
- 昼間(ひるま) 낮, 낮 동안
- 毎日(まいにち) 매일
- 寝(ね)る 자다
- 少(すく)ない 적다
- 少(すく)なくとも 적어도
- 間(あいだ) 동안, 사이
- もっと 더욱
- 宿題(しゅくだい) 숙제
- 予習(よしゅう) 예습
- 遅(おそ)い 늦다

Unit 32. 少なくとも 七時間は 寝なければ なりませんよ

Point 1 ~うちに의 용법

うち(内)는 어떤 공간의 「내부, 안」, 즉 外(そと)의 대립어로 쓰이나, うちに의 형태로 「시간적인 사이, 동안」이라는 뜻으로도 쓰인다. 또한 부정어에 접속할 때는 「~하기 전에」로 해석한다. 이 때는 한자로 표기하지 않고 히라가나로 표기한다.

예) 働ける うちに 働いて おいた ほうが いいです。
(일할 수 있을 때 일해 두는 게 좋습니다.)

若い うちに 一生懸命 勉強しなさい。
(젊을 때 열심히 공부하거라.)

雨が 降らない うちに 急いで 帰りましょう。
(비가 내리기 전에 서둘러 갑시다.)

Point 2 ~ても いい의 용법

접속조사 て에 ~も いい가 접속하여 ~ても いい형태로 쓰이면 「~해도 좋다, 된다」는 뜻으로 허가나 승낙을 나타낸다.

품 사	기본형	~て(で)も いい	의 미
동 사	行く	行っても いい	가도 된다
형용사	安い	安くても いい	싸도 된다
형용동사	不便だ	不便でも いい	불편해도 된다
명사+だ	学生だ	学生でも いい	학생이어도 된다

예) 今、うちへ 帰っても いいですか。
(지금 집에 가도 됩니까?)

あしたは 会社に 来なくても いいです。
(내일은 회사에 오지 않아도 됩니다.)

分量は 少し 多くても いいですか。
(분량은 조금 많아도 됩니까?)

Point 3 ~なければ ならない의 용법

~なければ ならない는 이중부정으로 필연적으로 해야 한다는 강조의 용법으로 쓰인다. 우리말의 「~하지 않으면 안 된다」에 해당한다.

품 사	기본형	부정형	~なければ ならない
동 사	行く	行かない	行かなければ ならない
형용사	安い	安くない	安くなければ ならない
형용동사	静かだ	静かでない	静かでなければ ならない
명 사	学生だ	学生でない	学生でなければ ならない

예 これから もっと 勉強しなければ ならない。
(이제부터 더욱 공부하지 않으면 안 된다.)

人は 秩序を 守らなければ なりません。
(사람은 질서를 지키지 않으면 안 됩니다.)

住宅街は 静かでなければ なりません。
(주택가는 조용하지 않으면 안 됩니다.)

約束が あるので、急いで 出かけなければ ならない。
(약속이 있어서 서둘러 나가지 않으면 안 된다.)

もう 十時ですから、今 帰らなければ なりません。
(벌써 10이니까 지금 가지 않으면 안 됩니다.)

Point 4 少なくとも의 용법

少なくとも는 少なくても와 같은 의미로, とも는 짐작할 수 있는 정도나 양을 나타낼 때 쓰이는 말로, 대충 한정하는 뜻을 나타낸다. とも는 ても와 같은 뜻으로 현대 일본어에서는 とも가 ても보다 격식차린 표현이다.

예 早くとも 来週中には アメリカから 来ます。
(빨라도 다음 주 중에는 미국에서 오겠습니다.)

遅くとも 月末には 終わるでしょう。
(늦어도 월말에는 끝날 것입니다.)

Point 5 ~より ~の ほうが의 용법

~と~と どちらが~라는 형태로 질문을 하면 ~より~ほうが~의 형태로 대답을 한다. 이 때 ほう는 두 개를 나열할 때 그 한 쪽을 나타낸다.

예 映画と 漫画と どちらが 面白いですか。
 (영화와 만화와 어느 쪽이 재미있습니까?)

→ 漫画より 映画の ほうが 面白いです。
 (만화보다 영화 쪽이 재미있습니다.)

バスと 電車と どちらが 速いですか。
 (버스와 전차와 어느 쪽이 빠릅니까?)

→ バスより 電車の ほうが 速いです。
 (버스보다 전차가 빠릅니다.)

Point 6 조사 ~し의 용법

~し는 활용어에 접속하여 여러 가지 사항을 열거할 때 쓰는 접속조사이다. 보통 ~し ~し의 형태로 복수의 사실이나 사항을 열거해서 그것을 이유로 제시하는 것이 기본적인 용법이지만, 본문에서처럼 여러 가지 이유 중에서 어느 한 가지만을 예로 들고 나머지는 언외(言外)로 돌리는 용법으로 쓰이기도 한다.

예 この 店は 値段も 安いし、うまい。
 (이 가게는 가격도 싸고 맛있다.)

お金も あるし、暇も あるし、映画にも 出かけよう。
 (돈도 있고, 시간도 있으니 영화라도 보러 나가자.)

今日は 雨だし、それに 風も 強い。
 (오늘은 비도 오고, 게다가 바람도 세차다.)

吉村さんは 成績も いいし、性格も 明るいです。
 (요시무라 씨는 성적도 좋고, 성격도 밝습니다.)

문형연습

1 ～て(で)も いい   ～해도 좋다(된다)

① わたしも 一緒に 行っても いいですか。
(저도 함께 가도 됩니까?)

② すみませんが、ここで タバコを 吸っても いいですか。
(미안하지만, 여기서 담배를 피워도 됩니까?)

③ 品物が 良かったら 値段は 少し 高くても いいです。
(물건이 좋으면 가격은 조금 비싸도 됩니다.)

④ まわりが 静かだったら、交通は 少し 不便でも いいです。
(주위가 조용하면 교통은 조금 불편해도 됩니다.)

2 ～より ～の ほうが ～   ～보다 ～(쪽)이 ～

① 電話より 手紙の ほうが いいですね。
(전화보다 편지가 좋겠군요.)

② これより あれの ほうが 量が 多いです。
(이것보다 저쪽이 양이 많습니다.)

③ 僕は ポップスより クラシックの 方が 好きです。
(나는 팝송보다 클래식 쪽을 좋아합니다.)

④ あなたより 私の 方が やせて います。
(당신보다 내가 말랐습니다.)

3 ～なければ ならない   ～지 않으면 안 된다

① 約束が あるので、急いで 出かけなければ ならない。
(약속이 있어서 서두르지 않으면 안 된다.)

② 体を 大事に しなければ なりません。
(몸을 소중히 하지 않으면 안 됩니다.)

③ 国民は 法律を 守らなければ なりません。
(국민은 법률을 지켜야 합니다.)

④ 寝る 前に 歯を 磨かなければ なりません。
(자기 전에 이를 닦아야 합니다.)

Unit 32. 少なくとも 七時間は 寝なければ なりませんよ

33 牛乳も 飲んでは いけませんか

医者　今日 一日は 肉や 卵を 食べては いけません。

　　　ご飯も おかゆに して ください。

患者　牛乳も 飲んでは いけませんか。

医者　ええ。あしたに なったら 飲んでも かまいませんが、今日は

　　　まだ 飲まないで ください。

患者　肉は あしたに なっても 食べては いけませんか。

医者　肉は 食べない 方が いいですね。卵なら 食べても かまいません。

患者　とり肉でも 食べては いけませんか。

医者　油の ない 柔らかい ところを 少しなら、食べても いいでしょう。

　　　しかし おなかを こわした ときは、一日ぐらい なるべく 食べない

　　　方が いいですよ。

患者　おなかを 暖めた 方が いいでしょうか。

医者　ええ、できたら その 方が いいですね。薬を 上げますから、

　　　食後に 飲んで ください。

患者　はい、ありがとう ございます。食後ですね。

해석　우유도 마셔서는 안 됩니까?

의사　오늘 하루는 고기와 달걀을 먹어서는 안 됩니다.
　　　밥도 죽으로 드십시오.
환자　우유도 마셔서는 안 됩니까?
의사　예. 내일이 되면 먹어도 상관없습니다만, 오늘은 아직 마시지 마세요.
환자　고기는 내일이 되어도 먹어서는 안 됩니까?
의사　고기는 먹지 않는 게 좋겠군요. 달걀이라면 먹어도 상관없습니다.
환자　닭고기라도 먹어서는 안 됩니까?
의사　기름기가 없는 곳을 조금이라면 먹어도 될 것입니다.
　　　그러나 배탈이 났을 때는 하루 정도 가능한 한 먹지 않는 게 좋아요.
환자　죽을 따뜻하게 한 게 좋을까요?
의사　예, 될 수 있으면 그게 좋겠군요. 약을 드릴 테니까,
　　　식후에 드십시오.
환자　네, 고맙습니다. 식후이죠?

학습 Point

1. ～て(で)は いけない의 용법
2. ～て(で)も かまわない의 용법
3. ～に する의 용법
4. 동사 ～ないで ください의 용법
5. 동사 ～ないで와 ～なくて
6. 동사 ～ない ほうが いい의 용법
7. 동사 ～た ほうが いい의 용법

단어

- 肉(にく)　고기
- 卵(たまご)　계란, 달걀
- ご飯(はん)　밥
- おかゆ　죽
- 牛乳(ぎゅうにゅう)　우유
- 鶏肉(とりにく)　닭고기
- 油(あぶら)　기름
- 柔(やわ)らかい　부드럽다
- 壊(こわ)す　망치다, 부수다
- なるべく　될 수 있는 대로, 가능한 한
- 暖(あたた)める　데우다, 따뜻하게 하다
- 薬(くすり)　약
- 食後(しょくご)　식후

Point 1 ~て(で)は いけない의 용법

~て(で)は いけない는 「~해서는(이어서는) 안 된다」의 뜻으로 금지를 나타낸다. 금지어인 いけない의 정중형은 いけません이며, いけない는 주관적인 금지를 나타낼 때 쓰이지만, ならない(なりません)는 객관적인 금지를 나타낼 때 쓰인다. 그 밖에 だめだ(だめです)를 쓰는 경우도 있다.

예 ここで タバコを 吸っては いけない。
(여기서 담배를 피워서는 안 된다.)

履歴書は ワープロで 書いては いけませんか。
(이력서는 워드프로세서로 적으면 안 됩니까?)

あまり 値段が 高くては いけない。
(너무 가격이 비싸면 안 된다.)

台所は 不潔では いけません。
(부엌은 불결해서는 안 됩니다.)

Point 2 ~て(で)は かまわない의 용법

활용어에 ~て(で)も かまわない는 「~해도(이라도) 상관없다」의 뜻으로 상대방에 대해서 동의나 승낙을 나타낼 때 쓰이는 표현이다. 이와 비슷한 표현으로 앞서 배운 ~(て)でも いい가 있다.

예 今日は 早く うちへ 帰っても かまいませんか。
(오늘은 일찍 집에 가도 상관없습니까?)

これから お酒を 飲んでも かまいません。
(이제부터 술을 마셔도 상관없습니다.)

静かなら、家賃は 少し 高くても かまわない。
(조용하면 집세는 조금 비싸도 상관없다.)

この ビデオは 子供が 見ても かまいませんか。
(이 비디오는 어린이가 봐도 상관없습니까?)

Point 3   ～に する의 용법

동사 する는「어떤 동작을 하다」라는 뜻인데, 어떤 일(것)을 선택할 때의 표현으로 쓰는 경우가 있다. 이 때의 선택의 대상이 되는 명사 뒤에는 조사 に가 온다.

예 何に しますか。
(무얼로 하겠습니까?)

わたしは 紅茶に します。
(나는 홍차로 하겠습니다.)

Point 4   동사 ～ないで ください의 용법

동사의 부정형 ～ないで ください의 형태로 접속하면 우리말의「～하지 마십시오(마세요)」의 뜻으로 금지의 요구를 나타낸다.

예 あまり 心配しないで ください。
(너무 걱정하지 마세요.)

ここでは タバコを 吸わないで ください。
(여기서는 담배를 피우지 마세요.)

Point 5   동사 ～ないで와 ～なくて

동사의 부정형인 ない에 다른 동작이나 상태가 이어질 때는 주로 ～ないで의 형태를 취한다. 반대로 앞에 오는 사항이 뒤에 오는 사항의 이유나 원인을 나타낼 때는 ～なくて의 형태를 취한다.

예 泣かないで、わけを 話しなさい。
(울지 말고 이유를 이야기해요.)

もう 悩まないで、就職する ことに しました。
(이제 고민하지 않고 취직하기로 했습니다.)

最近 雨が 降らなくて 困って います。
(요즘 비가 내리지 않아서 곤란합니다.)

雨も 雪も 降らなくて、地面が 乾いて います。
(비도 눈도 내리지 않아서 땅이 말라 있습니다.)

Point 6 동사 ~ない ほうが いい의 용법

方(ほう)는 방향을 나타내는 것 이외에, 다른 것과 비교해서 「~쪽(것)」과 같이 한 쪽을 들어 말할 때 쓴다. 부정형에 접속하면 그렇게 하지 않는 게 좋겠다는 것을 나타낸다.

예 こういう 時（とき）には あまり 騒（さわ）がない ほうが いいです。
(이럴 때에는 너무 떠들지 않는 게 좋겠습니다.)

これから タバコは 吸（す）わない ほうが 体（からだ）に いいですね。
(이제부터 담배를 피우지 않는 게 몸에 좋겠군요.)

今日（きょう）は 忙（いそが）しいから、早（はや）く 帰（かえ）らない ほうが いいですね。
(오늘은 바쁘니까 일찍 가지 않는 게 좋겠군요.)

Point 7 동사 ~た ほうが いい의 용법

동사의 과거형에 ~ほうが いい가 오면, 다른 것과 비교하여 한 쪽을 들어 말할 때 쓰이는 표현으로「~하는 것이 좋다」라는 뜻이다.

예 早（はや）く 病院（びょういん）へ 行（い）った ほうが いいですね。
(빨리 병원에 가는 것이 좋겠군요.)

もう 少（すこ）し 気（き）を つけた ほうが いいですね。
(좀더 주의를 하는 것이 좋겠군요.)

早（はや）く 薬（くすり）を 飲（の）んだ ほうが いいですね。
(빨리 약을 먹는 게 좋겠군요.)

1 ～ては いけない　～해서는 안 된다

① 疲れて いるのに 働いては いけません。
(지쳐 있는데 일해서는 안 됩니다.)

② お酒を 飲んで 車を 運転しては いけません。
(술을 마시고 차를 운전해서는 안 됩니다.)

③ 危ないから、ここで 遊んでは いけない。
(위험하니까, 여기서 놀아서는 안 된다.)

④ 店員は お客に 不親切に しては いけない。
(점원은 손님에게 불친절하게 해서는 안 된다.)

2 동사 ～ない ほうが いい　～하지 않는 게 좋다

① 夜遅く 電話を かけない ほうが いいです。
(밤늦게 전화를 걸지 않는 게 좋습니다.)

② なるべく タバコを 吸わない ほうが いいですね。
(가능한 한 담배를 피우지 않는 게 좋겠군요.)

③ つくえの 上に 荷物を 載せない ほうが いいです。
(책상 위에 짐을 놓지 않는 게 좋겠군요.)

④ その ことは 誰にも 言わない ほうが いいです。
(그 일은 아무에게도 말하지 않는 게 좋아요.)

3 동사 ～ないで ください　～하지 마세요

① 展示品に 手を 触れないで ください。
(전시품에 손을 대지 마세요.)

② 約束を 忘れないで ください。
(약속을 잊지 마세요.)

③ あまり 深く 考えないで ください。
(너무 깊이 생각하지 마세요.)

④ この ことは 誰にも 知らせないで ください。
(이 일은 아무에게도 알리지 마세요.)

34 まるで 兄弟の ように よく 似て いますね

2-B

金　あそこで 遊んで いる 子供たちは 兄弟ですか。

山下　いいえ、違います。

金　まるで 兄弟の ように よく 似て いますね。

山下　そんなに 似て いますか。

金　ええ、それに いつも 二人で 遊んで いるので、兄弟だと 思って いました。

山下　木村さんと 吉野さんの 娘さんたちですよ。

金　お父さんは お元気ですね。おいくつですか。

山下　父は 今年 六十三です。

金　そうですか。髪の毛も 黒いし、歩き方も 若い 人の ようだから、まだ 五十四、五歳だと 思って いました。

山下　最近は 白髪も だいぶ 増えましたよ。でも 今でも ときどき 私たちと 一緒に ゴルフを しますが、負けると 子供の ように くやしがりますよ。

해석   마치 형제처럼 많이 닮았군요

김　　　저기서 놀고 있는 아이들은 형제입니까?
야마시타　아니오, 그렇지 않습니다.
김　　　마치 형제처럼 많이 닮았군요.
야마시타　그렇게 닮았습니까?
김　　　예, 게다가 항상 둘이서 놀고 있어서 형제라고 생각하고 있었습니다.
야마시타　기무라 씨와 요시노 씨의 딸들입니다.

김　　　아버지는 건강하시군요. 몇이십니까?
야마시타　아버지는 올해 63세입니다.
김　　　그렇습니까? 머리카락도 까맣고, 걸음걸이도 젊은 사람 같아서
　　　　아직 53, 4세라고 생각했습니다.
야마시타　요즘은 흰머리도 꽤 늘었습니다. 하지만 지금도 가끔 우리들과 함께 골프를
　　　　합니다만, 지면 어린애처럼 분해합니다.

학습 Point

1. 조동사 ～ようだ의 접속
2. 비유의 ～ようだ
3. 예시의 ～ようだ
4. ～だと思う의 용법
5. 동사형 접미어 ～がる의 용법
6. 동사 중지형 ～方의 용법
7. 반복 부호

단어

- 子供(こども)　어린이, 아이
- 兄弟(きょうだい)　형제
- 違(ちが)う　다르다, 틀리다
- ～の ように　～처럼
- 似(に)る　닮다
- そんなに　그렇게
- 娘(むすめ)　딸
- 今年(ことし)　올해, 금년
- 髪(かみ)の毛(け)　머리카락
- 若(わか)い　젊다
- 最近(さいきん)　최근, 요즘
- 白髪(しらが)　백발
- 増(ふ)える　늘어나다
- 負(ま)ける　지다, 패하다, (값을) 깎다
- 悔(くや)しい　분하다

어법해설

Point 1 조동사 ~ようだ의 접속

~ようだ는 불확실한 단정·비유·예시의 용법으로 쓰이는 조동사로 형용동사처럼 활용을 한다. ようだ는 동사와 형용사의 기본형이나 과거형에 접속하며, 형용동사에 접속할 때는 연체형, 즉 ~なようだ가 되며, 명사에 접속할 때는 ~のようだ의 형태를 취한다. 또한 회화체에서는 みたいだ의 형태로도 쓰인다.

품 사	기본형	~ようだ	의 미
동 사	行く	行くようだ	갈 것 같다
형용사	安い	安いようだ	쌀 것 같다
형용동사	静かだ	静かなようだ	조용할 것 같다
명사+だ	学生だ	学生のようだ	학생일 것 같다

Point 2 비유의 ~ようだ

비유를 나타내는 ~ようだ는 주로 まるで(마치)와 함께 쓰이며, 그 모습이나 상태가「마치 ~인 것 같다」라는 뜻을 나타낸다.

예 まるで 夢を 見て いるようです。
(마치 꿈을 꾸고 있는 것 같습니다.)

今日は まるで 真冬の ように 寒いですね。
(오늘은 마치 한겨울처럼 춥군요.)

あの ふたりは まるで 兄弟の ようです。
(저 두 사람은 마치 형제같군요.)

父は 負けると まるで 子供の ように くやしがります。
(아버지는 지면 마치 어린애처럼 분해합니다.)

Point 3 예시의 ~ようだ

예시의 ~ようだ는 비슷한 것, 조건에 맞는 것을 구체적인 예를 들어 설명하거나 그것 자체에 대해 말할 때 쓴다.

예 車の ような 大きな 物は 船で 運送する。
(차 같은 큰 것은 배로 운송한다.)

パリの ような きれいな 所に 住みたいです。
(파리 같은 깨끗한 곳에서 살고 싶습니다.)

このような 商品は よく 売れます。
(이와 같은 상품은 잘 팔립니다.)

Point 4 ~だと 思う의 용법

~だ는 정중한 단정을 나타내는 です의 보통체로 우리말의 「~이다」에 해당한다. 주로 だ는 회화체에서 쓰이며, 문장체에서는 である를 쓴다. 단정하지 않고 완곡하게 표현할 때는 ~だと 思う(~라고 생각한다)의 형태로 쓴다.

예 彼は とても いい 方だと 思います。
(그는 매우 좋은 분이라고 생각합니다.)

吉村さんは 親切な 方だと 思います。
(요시무라 씨는 친절한 분이라고 생각합니다.)

ここは 東京で いちばん 大きい 公園だと 思います。
(여기는 도쿄에서 가장 큰 공원이라고 생각합니다.)

Point 5 동사형 접미어 ~がる의 용법

~がる는 동사형 접미어로 형용사와 형용동사의 어간에 접속하여 「그렇게 느껴진다, 그런 모양으로 보인다」라는 뜻의 5단동사를 만든다. 이것은 주로 제3자의 표현이 된다.

예 いもうとは 独りで 寂しがって います。
(여동생은 혼자서 외로워하고 있습니다.)

あの 人は 気が 弱いのに、強がって います。
(저 사람은 마음이 약한데도 강한 것처럼 하고 있습니다.)

みんな その 事件を 不思議がって います。
(모두 그 사건을 이상하게 여기고 있습니다.)

Point 6 동사 중지형 ~方의 용법

方(かた)는 사람을 가리키는 말 뒤에 오면 人(ひと)의 높임말로「분」이라는 뜻이 되지만, 접미어적으로 동사의 중지형, 즉 ます가 접속하는 꼴에 이어지면「~하는 방법」이라는 뜻의 명사가 된다.

동 사	의 미	~方	의 미
歩く	걷다	歩き方	걸음걸이
教える	가르치다	教え方	가르치는 방식
話す	이야기하다	話し方	말투
見る	보다	見方	견해
取る	잡다	取り方	잡는 방법
考える	생각하다	考え方	사고방식

예 この 事件の 見方を 話して ください。
(이 사건의 견해를 말해 주세요.)

あの 先生は 教え方が 上手です。
(저 선생님은 교수법이 능숙합니다.)

Point 7 반복 부호

일본어 어휘 중에 같은 뜻의 한자를 둘 이상 써서 복수나 계속을 나타내는 경우가 많다. 본문의 ときどき도 とき(때)라는 단어가 겹쳐진 형태로 뒤에는 연탁이 된 것이다. 또한 일본어 표기에서 같은 한자음이 둘 이상 반복될 때는 뒤의 한자는 반복 부호「々」로 표기한다.

단수명사	발 음	표 기	의 미
とき(때)	ときどき	時々	때때로, 가끔
ひ(날)	ひび	日々	날마다
かた(분)	かたがた	方々	분들
ひと(사람)	ひとびと	人々	사람들
くに(나라)	くにぐに	国々	나라들
ねん(해)	ねんねん	年々	해마다

문형연습

1. まるで ～ようだ　마치 ～같다

① まだ 四月なのに、まるで 夏の ような 暑さです。
(아직 4월인데 마치 여름 같은 더위입니다.)

② 彼女の 肌は まるで 雪の ように 白いです。
(그녀의 피부는 마치 눈처럼 하얗습니다.)

③ まるで 夢の 中に いる ようでした。
(마치 꿈속에 있는 것 같았습니다.)

④ 今は まるで 春と 夏が 一緒に 来たようです。
(지금은 마치 봄과 여름이 함께 온 것 같습니다.)

2. 명사 ～だと 思う　～이라고 생각한다

① あの めがねを かけた 人が 野村さんだと 思いました。
(저 안경을 쓴 사람이 노무라 씨라고 생각했습니다.)

② 木村さんの 息子さんが まだ 小学生だと 思って いました。
(기무라 씨 아들이 아직 초등학생이라고 생각하고 있었습니다.)

③ あの 人たちが 双生児だとは 思いませんでした。
(저 사람들이 쌍둥이라고는 생각하지 않았습니다.)

④ 軽い 病気だと 思いますが、結果は まだ わかりません。
(가벼운 병이라고 생각합니다만, 결과는 아직 모릅니다.)

3. ～がる　～해 하다

① 彼女は 海外へ 行きたがって います。
(그녀는 해외에 가고 싶어합니다.)

② 木村さんは 何も ほしがって いません。
(기무라 씨는 아무 것도 갖고 싶어하지 않습니다.)

③ 彼は 何だか 犬と 猫を たいへん いやがります。
(그는 왠지 개와 고양이를 무척 싫어합니다.)

④ 彼は 一人暮しを たいへん さびしがって います。
(그는 독신생활을 무척 쓸쓸해하고 있습니다.)

Unit 35 本を 読んだり、テレビを 見たり します

佐藤　日曜日は 家に いる ほうが 多いですか。

金　ええ、たいてい 家で 本を 読んだり、テレビを 見たり して います。佐藤さんは どうですか。

佐藤　私も あまり 出かけません。日曜日は どこへ 行っても 人で いっぱいだから、家で テレビでも 見ながら のんびりして いる 方が いいです。

金　本当に そうですね。

佐藤　ところで、山下さんから 借りた 本は もう 読んで しまいましたか。

金　まだ 少し 残って います。

佐藤　難しい 本ですか。

金　いいえ、特に 難しいとは 思いません。

佐藤　では、読み終わったら、返す 前に 私にも 見せて ください。

金　はい、今晩中に 読んで しまいます。

佐藤　そんなに 急がなくても かまいませんよ。

| 해석 | 책을 읽거나 텔레비전을 보거나 합니다

사토　일요일에는 집에 있는 편이 많습니까?
김　　예, 대개 집에서 책을 읽거나 텔레비전을 보거나 합니다.
　　　사토 씨는 어떻습니까?
사토　저도 별로 나가지 않습니다. 일요일에는 어디에 가도 사람들로 가득 차서
　　　집에서 텔레비전이라도 보면서 느긋하게 있는 게 좋습니다.
김　　정말로 그렇군요.
사토　그런데, 야마시타 씨에게 빌린 책은 벌써 읽어 버렸습니까?
김　　아직, 조금 남아 있습니다.
사토　어려운 책입니까?
김　　아니오 특별히 어렵다고는 생각하지 않습니다.
사토　그럼, 다 읽으면 돌려주기 전에 저에게도 보여 주세요.
김　　네, 오늘밤 중에 다 읽겠습니다.
사토　그렇게 서두르지 않아도 상관없습니다.

학습 Point

1. 동사의 열거형 ~たり
2. 형사의 열거형 ~かったり
3. 명사・형용동사의 열거형 ~だったり
4. 동사의 중지형 ~ながら의 용법
5. 동사 ~て しまう의 용법

단어

- 多(おお)い　많다
- いっぱい　가득
- ~ながら　~하면서
- のんびり　유유히, 한가로이
- 本当(ほんとう)に　정말로
- ところで　그런데
- 借(か)りる　빌리다
- ~て しまう　~해 버리다
- 残(のこ)る　남다
- 難(むずか)しい　어렵다
- 返(かえ)す　돌려주다, 갚다
- 見(み)せる　보이다, 보게 하다
- 今晩中(こんばんちゅう)　오늘밤 중
- 急(いそ)ぐ　서두르다

어법해설

Point 1 동사의 열거형 ～たり

～たり는 여러 가지 동작이나 상태를 나열할 때 쓰이는 조사로 동사에 접속할 때는 접속조사 て나 과거・완료를 나타내는 た가 접속할 때와 마찬가지이다. 주로 ～たり ～たり する의 형태로 쓰이며 우리말의 「～하기도 하고, ～하기도 한다」의 뜻에 해당한다.

기본형	의 미	열거형	의 미
書く	쓰다	書いたり	쓰기도 하고
泳ぐ	헤엄치다	泳いだり	헤엄치기도 하고
待つ	기다리다	待ったり	기다리기도 하고
乗る	타다	乗ったり	타기도 하고
言う	말하다	言ったり	가기도 하고
死ぬ	죽다	死んだり	죽기도 하고
呼ぶ	부르다	呼んだり	부르기도 하고
飲む	마시다	飲んだり	마시기도 하고
話す	이야기하다	話したり	이야기하기도 하고
見る	보다	見たり	보기도 하고
起きる	일어나다	起きたり	일어나기도 하고
寝る	자다	寝たり	자기도 하고
食べる	먹다	食べたり	먹기도 하고
する	하다	したり	하기도 하고
来る	오다	来たり	오기도 하고
行く	가다	行ったり	가기도 하고

※ 위의 도표에서처럼 5단동사는 음편이 있으므로 이해가 안 되는 학습자는 て형을 참고할 것. 行くは い음편을 하지 않고 예외적으로 つまる 음편을 한다.

예 コーヒーを 飲んだり 音楽を 聞いたり する。
(커피를 마시기도 하고 음악을 듣기도 한다.)

彼は ソウルへ 行ったり 来たり します。
(그는 일본에 왔다 갔다 합니다.)

ピアノを 弾いたり 歌を 歌ったり します。
(피아노를 치기도 하고 노래를 부르기도 합니다.)

小説を 読んだり テレビを 見たり します。
(소설을 읽기도 하고 텔레비전을 보기도 합니다.)

Point 2 형용사의 열거형 ~かったり

~たり는 상태를 나열할 때도 마찬가지로 과거·완료를 나타내는 ~た가 접속할 때와 마찬가지로 형용사에 접속할 때는 어미 い가 かっ으로 바뀌어 ~かったり의 형태를 취한다.

기본형	과거형	열거형	의 미
早い	早かった	早かったり	빠르기도 하고
遅い	遅かった	遅かったり	늦기도 하고
暑い	暑かった	暑かったり	덥기도 하고

예 去年の 秋は 暑かったり 寒かったり して よく なかった。
(작년 가을은 덥기도 하고 춥기도 해서 좋지 않았다.)

薬は 飲んだり 飲まなかったりでは 効果が ない。
(약을 먹었다 안 먹었다 하면 효과가 없다.)

値段は、品物に よって 安かったり 高かったり します。
(가격은 물건에 따라 싸기도 하고 비싸기도 합니다.)

Point 3 명사·형용동사 ~だったり

~たり는 단정을 나타내는 だ의 과거형이나, 형용동사의 과거형에 접속하여 사물이나 상태를 열거한다. 즉, 우리말의 「~이(하)기도 하고」의 뜻으로 주로 「~だったり ~だったり する」로 많이 쓰인다.

예 曜日に よって 男子学生だったり 女子学生だったり します。
　　(요일에 따라 남학생이기도 하고 여학생이기도 합니다.)

　　日に よって 静かだったり 賑やかだったり します。
　　(날에 따라서 조용하기도 하고 붐비기도 합니다.)

Point 4　동사의 중지형 ～ながら의 용법

～ながら는 동사의 중지형, 즉 ます가 이어지는 꼴에 접속하여「～하면서」의 뜻으로 두 가지 이상의 동작이 동시에 일어남을 나타낸다.

기본형	의미	～ながら	의미
書く	가다	書きながら	쓰면서
読む	읽다	読みながら	읽으면서
来る	오다	来ながら	오면서

예 音楽を 聞きます / 勉強を します
　　→ 音楽を 聞きながら 勉強を します。
　　　(음악을 들으면서 공부합니다.)

　　テレビを 見ます / 食事を します
　　→ テレビを 見ながら 食事を します。
　　　(텔레비전을 보면서 식사를 합니다.)

Point 5　동사 ～て しまう의 용법

しまう는 동사의 て형에 보조동사로 쓰이면, 그 동작이 완전히 끝난 것을 나타낸다. 또한 자기의 의지와는 관계없이 그렇게 되어서 유감인 것을 나타내며, 우리말의「～해 버리다, ～하고 말다」등으로 해석한다. 회화체에서는 ちゃう로 줄여서 말하기도 한다.

예 お金を 全部 使って しまった。
　　(돈을 전부 써 버렸다.)

　　約束の 時間に 遅れて しまいました。
　　(약속 시간에 늦고 말았습니다.)

문형연습

1 동사 ～たり ～たり する　～하기도 하고 ～하기도 하다

① 毎日 ぼんやり 外を 見たり 編物を したり して います。
(매일 멍하니 밖을 보거나 뜨개질을 하거나 하고 있습니다.)

② 聞いたり 見たり した ことを 作文に 書いて ください。
(보거나 듣거나 한 것을 작문으로 쓰세요.)

③ 一日中 雨が 降ったり 止んだり します。
(하루종일 비가 내렸다 그쳤다 합니다.)

④ たくさんの 人が バスに 乗ったり 降りたり します。
(많은 사람이 버스를 타고 내립니다.)

2 동사 ～ながら　～하면서

① いつも 音楽を 聞きながら 勉強を します。
(항상 음악을 들으면서 공부를 합니다.)

② 歌を 歌いながら 歩きます
(노래를 부르면서 걷습니다.)

③ 歩きながら 話しましょう。
(걸으면서 이야기합시다.)

④ テレビを 見ながら 食事を するのは よく ありません。
(텔레비전을 보면서 식사를 하는 것은 좋지 않습니다.)

3 동사 ～て しまう　～해 버리다

① お菓子が おいしくて 全部 食べて しまいました。
(과자가 맛있어서 전부 먹어 버렸습니다.)

② あの 雑誌を 一気に 読んで しまいました。
(그 잡지를 단숨에 읽어 버렸습니다.)

③ 朝遅く 起きて 学校に 遅れて しまいました。
(아침 늦게 일어나서 학교에 늦고 말았습니다.)

④ 電車の 事故で ここまで 一時間も かかって しまいました。
(전철 사고로 여기까지 1시간이나 걸려 버렸습니다.)

Unit 36 私は もらうだけです

金 いい ネクタイですね。

吉田 姉に もらったのです。

金 お姉さんは あなたに よく いろいろな ものを くれますね。

吉田 ええ。

金 あなたも お姉さんに 何か あげますか。

吉田 いいえ、私は もらうだけです。

金 いいですね。あなたは いい お姉さんが あって、うらやましいです。

田中 いつ 結婚式から 帰って 来ますか。

佐藤 日曜日に 帰って 来る 予定です。

田中 帰りの 切符は どうしましたか。

佐藤 おいに 帰る 日を 知らせて おいたから、切符は 向こうで 買って おいて くれる はずです。

田中 日曜は 込むから、買って おいて もらわないと だめですね。

| 해석 | **저는 받기만 합니다**

김　　좋은 넥타이이군요.
요시다　누나에게 받았습니다.
김　　누나는 당신에게 자주 여러 가지 것을 주는군요.
요시다　예.
김　　당신도 누나에게 무언가 줍니까?
요시다　아니오, 저는 받기만 합니다.
김　　좋겠군요. 당신은 좋은 누나가 있어서 부럽군요.

다나카　언제 결혼식에서 돌아옵니까?
사토　　일요일에 돌아올 예정입니다.
다나카　돌아오는 표는 어떻게 했습니까?
사토　　조카에게 돌아올 날을 알려 두었으니까, 표는 거기서 사두어 줄 것입니다.
다나카　일요일은 붐비니까 사두어 주지 않으면 안 되겠군요.

학습 Point

1. ~(て)やる・あげる・さしあげる의 용법
2. ~(て)くれる・くださる의 용법
3. ~(て)もらう・いただく의 용법
4. 동사 ~て おく의 용법
5. ~はずだ의 용법

단어

- ネクタイ　넥타이
- 姉(あね)　(나의) 언니, 누나
- お姉(ねえ)さん　(남의) 언니, 누나
- もらう　받다
- 色々(いろいろ)な　여러 가지
- くれる　주다
- 羨(うらや)ましい　부럽다
- 結婚式(けっこんしき)　결혼식
- 予定(よてい)　예정
- 切符(きっぷ)　표
- 甥(おい)　조카
- 知(し)らせる　알리다
- 向(む)こう　맞은 편, 저쪽
- 込(こ)む　붐비다
- だめだ　안 된다

Unit 36. 私は もらうだけです

Point 1　~(て) やる・あげる・さしあげる의 용법

あげる는 자기나 자기 쪽 사람이 다른 사람에게 물건을 주는 동작을 나타낸다. 손아랫사람이거나 동식물에게 주는 동작을 나타낼 때는 やる를 쓰며, 손윗사람에게 주는 동작을 나타낼 때는 さしあげる를 쓴다. 동사의 て형에 やる, あげる, さしあげる가 접속하면 그 사람을 위해 행동을 해 주다라는 뜻을 나타낸다.

예　犬に えさを やる。
　　（개에게 먹이를 주다.）

　　子供に 本を 読んで やる。
　　（어린이에게 책을 읽어 주다.）

　　友達に 結婚祝いに ネクタイを 上げる。
　　（친구에게 결혼축하로 넥타이를 주다.）

　　友達に ソウルを 案内して 上げました。
　　（친구에게 서울을 안내해 주었습니다.）

　　木村さんに 映画の 切符を 買って 上げました。
　　（기무라 씨에게 영화 표를 사 드렸습니다.）

　　先生に お土産を 差し上げる。
　　（선생님께 선물을 드리다.）

　　先生に お土産を 買って 差し上げました。
　　（선생님께 선물을 사 드렸습니다.）

Point 2　~(て) くれる・くださる의 용법

くれる는 자기, 또는 자신 쪽으로 상대가 뭔가를 주다라는 뜻을 나타내는 말이다. くれる는 자신과 대등하거나 손아랫사람이 자신이나 자기 쪽으로 「주다」라는 뜻을 나타내고, くださる는 「주시다」의 뜻으로 손윗사람이 자기나 자신 쪽으로 뭔가를 주다를 나타낸다.
　~て くれる(くださる)는 상대가 자신이나 자기 쪽을 위해 뭔가의 행동을 해 주다라는 뜻을 나타낸다.

예 友達が 僕に カメラを くれる。
　　(친구가 나에게 카메라를 주다.)

　　彼女が 僕に 時計を 買って くれました。
　　(그녀는 나에게 시계를 사 주었습니다.)

　　友達が 荷物の 整理を 手伝って くれました。
　　(친구가 짐 정리를 거들어 주었습니다.)

　　先生が 私に 本を くださる。
　　(선생님이 저에게 책을 주시다.)

　　読めない ところを 先生が 読んで くださいました。
　　(읽지 못하는 곳을 선생님이 읽어 주셨습니다.)

Point 3　～(て) もらう・いただく의 용법

もらう는 상대에게 뭔가를 「받다」라는 뜻으로, 동등한 관계나 손아랫사람에게 받을 때 쓴다. 손윗사람에게 뭔가를 받다라고 할 때는 いただく를 쓴다.
또, ～て もらう(いただく)는 상대에게 행동을 받다라는 뜻이지만 우리말로 표현하면 어색하므로「～해 주다(주시다)」로 해석한다.

예 友達に プレゼントを もらう。
　　(친구에게 선물을 받다.)

　　弟に 切符を 買って きて もらう。
　　(동생이 표를 사와 주다.)

　　みんなに 手伝って もらって 無事に 終わりました。
　　(모두가 거들어 주어서 무사히 끝났습니다.)

　　先生に 推薦状を いただく。
　　(선생님께 추천장을 받다.)

　　先生に いい 職場を 紹介して いただく。
　　(선생님께 좋은 직장을 소개받다.)

　　先生に いい 仕事を 紹介して いただきました。
　　(선생님이 좋은 일을 소개해 주셨습니다.)

Point 4 동사 ~て おく의 용법

~て おく의 置(お)く가 단독으로 쓰일 경우에는 「두다, 놓다」의 뜻을 나타내지만, ~て おく와 같이 보조동사로서 다른 동사의 て형에 연결되어 쓰이면 우리말의 「~해 두다」「~해 놓다」의 뜻으로 동작의 준비나 유지를 나타낸다.

또한, ~て おく는 앞서 배운 ~て ある와 의미상으로 비슷하지만, ~て ある가 행위의 결과가 이미 존재하고 있음을 나타내고, ~て おく는 미래에 대한 동작주의 의지적 행위임을 나타낸다는 점이 다르다.

예 朝まで 電灯を つけて おきました。
　　(아침까지 전등을 켜 두었습니다.)

　　彼が 帰ってくるまで ドアを 開けて おきました。
　　(그가 돌아올 때까지 문을 열어 두었습니다.)

　　列車の 切符は もう 買って おきましたか。
　　(열차 표는 이미 사 두었습니까?)

Point 5 ~はずだ의 용법

~はずだ는 체언 및 용언에 접속하여 어떤 것을 당연한 것으로 확신할 때 쓰며, 예정되어 있는 것을 나타내기도 한다. 형용동사에 접속할 때는 ~なはずだ가 되며, 체언에 접속할 때는 ~のはずだ의 형태를 취한다. 또한 ~はずが ない의 형태로 쓰이면 「~할 리가 없다」의 뜻이 된다.

예 彼は 九時に 出発したから、もう すぐ 来る はずです。
　　(그는 9시에 출발했으니까, 이제 곧 올 것입니다.)

　　あれは 産地直売だから、安い はずです。
　　(저건 산지직매라서 쌀 것입니다.)

　　あの 学生は 真面目な はずです。
　　(저 학생은 착실할 것입니다.)

　　あそこに 座って いる 人は 木村さんの はずです。
　　(저기에 앉아 있는 사람은 기무라 씨일 것입니다.)

　　夏には 雪が 降る はずが ありません。
　　(여름에는 눈이 내릴 리가 없습니다.)

문형연습

1 ～て やる・あげる・さしあげる　～해 주다・드리다

① おとうとに 本を 買って やりました。
(동생에게 책을 사 주었습니다.)

② 金さんに 日本語を 教えて あげました。
(김씨에게 일본어를 가르쳐 주었습니다.)

③ ちょっと 手伝って あげましょうか。
(잠깐 거들어 드릴까요?)

④ 薬は 病院から もらって きて 差し上げます。
(약은 병원에서 받아 와서 드리겠습니다.)

2 ～て くれる・くださる　～해 주다・주시다

① 母が この 服を 買って くれました。
(어머니가 이 옷을 사 주었습니다.)

② 彼女は 私に おいしい 料理を 作って くれました。
(그녀는 나에게 맛있는 요리를 만들어 주었습니다.)

③ 友達が 荷物の 整理を 手伝って くれました。
(친구가 짐 정리를 거들어 주었습니다.)

④ 先生が この 会社に 推薦状を 書いて くださいました。
(선생님이 이 회사에 추천장을 써 주셨습니다.)

3 ～て もらう・いただく　～해 받다

① ちょっと これを 見て もらいたいです。
(잠깐 이것을 보여 주었으면 합니다.)

② 金さんに いろいろ 教えて もらいました。
(김씨가 여러 가지 가르쳐 주었습니다.)

③ 彼に 本を 買って もらいました。
(그이가 책을 사 주었습니다.)

④ 私は 木村先生に 日本語を 教えて いただきました。
(저는 기무라 선생님께 일본어를 배웠습니다.)

Unit 37 　李さんは あした 国へ 帰るそうですよ

金　きれいな お菓子ですね。

森下　さっき 田中さんに もらったのです。おいしそうでしょう。

　　　たくさん あるから、少し 上げましょう。

金　どうも ありがとう。それでは 遠慮なく いただきます。日本の

　　　お菓子は ほんとうに きれいですね。

森下　日本の お菓子が 好きですか。

金　ええ。しかし、私には 少し 甘いです。それも 甘そうですね。

木村　李さんは あした 国へ 帰るそうですよ。

吉野　そうですか。あしたの 何時ですか。

木村　十八時 三十分の 飛行機だそうです。

吉野　木村さんは 見送りに 行きますか。

木村　ええ、見送りに 行こうと 思って います。金さんも 行くそうです。

吉野　そうですか。私も 行きたいですね。

해석 이씨는 내일 고국에 간답니다

김 예쁜 과자이군요.
모리시타 아까 다나카 씨에게 받은 것입니다. 맛있어 보이죠?
많이 있으니까, 조금 드리지요.
김 고맙습니다. 그럼 사양치 않고 받겠습니다. 일본 과자는 정말 예쁘군요.
모리시타 일본 과자를 좋아합니까?
김 예. 그러나 저에게는 조금 답니다. 그것도 달 것 같군요.

기무라 이씨는 내일 고국에 간답니다.
요시노 그렇습니까? 내일 몇 시입니까?
기무라 10시 30분 비행기랍니다.
요시노 기무라 씨는 전송하러 갑니까?
기무라 예, 전송하러 가려고 합니다. 김씨도 간답니다.
요시노 그렇습니까? 저도 가고 싶군요.

학습 Point

1. 양태의 조동사 ~そうだ 용법
2. 조동사 ~そうだ의 활용
3. 전문의 조동사 ~そうだ 용법
4. 遠慮なく いただく

단 어

· お菓子(かし) 과자
· おいしい 맛있다
· 遠慮(えんりょ) 염려, 사양
· 好(す)きだ 좋아하다
· 甘(あま)い 달다
· 何時(なんじ) 몇 시
· 飛行機(ひこうき) 비행기
· 見送(みおく)り 전송, 배웅

Unit 37. 李さんは あした 国へ 帰るそうですよ

어법해설

Point 1 양태의 조동사 ~そうだ 용법

~そうだ는 양태(樣態)를 나타내는 조동사로 우리말의「금방이라도 ~할 것 같다」또는「그렇게 보인다」라는 뜻을 나타내는데, 확인하지 못하지만 외견상 판단해서 그런 성질이나 상태가 추측된다는 것을 나타낸다. 따라서 말하는 사람이 주관적인 판단에 의한 것이 많다.

양태를 나타내는 そうだ는 동사의 중지형, 형용사와 형용동사의 어간에 접속하며, 명사에는 접속하지 않는다. 단, 형용사의 よい나 ない처럼 두 음절로 이루어진 것은 어미 い가 さ로 바뀌어 そうだ가 이어진다.

품 사	기본형	~そうだ	의 미
동 사	降る	降りそうだ	내릴 것 같다
형용사	安い	安そうだ	쌀 것 같다
형용동사	静かだ	静かそうだ	조용할 것 같다

예 棚から 荷物が 落ちそうだ。
(선반에서 짐이 떨어질 것 같다.)

この りんごは 赤くて おいしそうだ。
(이 사과는 빨개서 맛있어 보인다.)

この 川は なかなか きれいそうだ。
(이 강은 상당히 깨끗해 보인다.)

今にも 雨が 降りそうだ。
(금방이라도 비가 올 것 같다.)

Point 2 조동사 ~そうだ(樣態)의 활용

양태의 そうだ는 어미가 だ이므로 형용동사와 동일하게 활용을 한다. 단, 부정형의 경우 형용사나 형용동사에 접속할 때는 そうでは ない이지만, 동사에 접속하여 부정을 나타낼 때는 부정형 そうでは ないが 아니라 そうに(も) ないが 된다.

활용형	양태의 ~そうだ	의 미
기본형	~そうだ	~할 것 같다
정중형	~そうです	~할 것 같습니다
부정형	~そうでは ない	~할 것 같지 않다
(동 사)	~そうに(も)ない	~할 것 같지(도) 않다
연체형	~そうな	~할 것 같은
가정형	~そうなら(ば)	~할 것 같으면

예 ええ、今にも 雨が 降りそうですね。
(예, 당장이라도 비가 내릴 것 같군요.)

ここは とても 静かそうに 見えますね。
(여기는 매우 조용해 보이는군요.)

日本語は あまり 難しく なさそうです。
(일본어는 별로 어렵지 않아 보입니다.)

もう 雨が 降りそうに ありません。
(이제 비가 내릴 것 같지 않습니다.)

この 病気は 治りそうにも ありません。
(이 병은 나을 것 같지도 않습니다.)

Point 3 전문의 조동사 ~そうだ 용법

~そうだ가 활용어의 기본형에 접속하면 「~라고 한다, ~란다」의 뜻으로 전문(伝聞)을 나타낸다. 이것은 자신의 눈으로 직접 확인한 것이 아니라 남에게 전해 들어서 안다는 뜻이다. 명사에 접속할 때는 반드시 ~だそうだ의 형태를 취하며, 활용은 정중형인 そうです와 중지형 そうで만이 있다.

품 사	기본형	~そうだ	의 미
동 사	行く	行くそうだ	간다고 한다
형용사	安い	安いそうだ	싸다고 한다
형용동사	静かだ	静かだそうだ	조용하다고 한다
명사+だ	学生だ	学生だそうだ	학생이라고 한다

예 来週、橋本さんは 結婚するそうだ。
(다음주에 하시모토 씨는 결혼한다고 한다.)

あの 映画は とても 面白いそうです。
(그 영화는 매우 재미있답니다.)

吉村さん、田中さんが ご病気だそうですね。
(요시무라 씨, 다나카 씨가 편찮다면서요?)

ええ、でも 心配するほどじゃ ないそうです。
(예, 하지만 걱정할 정도는 아니랍니다.)

田舎の 母が 健康だそうで、安心しました。
(시골 어머니가 건강하다고 해서 안심했습니다.)

Point 4 遠慮なく いただく

遠慮(えんりょ)는「사양」을 뜻하는 말로 遠慮なく의 형태로 쓰이면 상대의 호의나 감사에 사양하지 않고 기꺼이 받겠다는 의미를 나타낸다. 또, いただく는 もらう(받다)의 겸양어지만, 飲(の)む(마시다), 食(た)べる(먹다)의 겸양어로도 쓰인다.

예 遠慮なく 召し上がってください。
(사양말고 드십시오.)

気に 入らなかったら 遠慮なく 返したら いい。
(마음에 안 들면 걱정말고 바꾸면 돼.)

(食事の前) いただきます。
(식사 전 : 잘 먹겠습니다.)

(食事の後) ごちそうさまでした。
(식사 후 : 잘 먹었습니다.)

문형연습

1 ～そうだ (伝聞)　～라고 한다

① 金さんは 来月 帰国するそうです。
(김씨는 다음 달 귀국한답니다.)

② 日本語は 英語より 易しいそうです。
(일본어는 영어보다 쉽답니다.)

③ あの 学生は とても 真面目だそうです。
(저 학생은 매우 착실하답니다.)

④ 木村さんの 奥さんは 学校の 先生だそうです。
(기무라 씨 부인은 학교 선생님이랍니다.)

2 동사 ～そうだ (様態)　～할 것 같다

① 今にも 雨が 降りそうですね。
(당장이라도 비가 내릴 것 같습니다.)

② 今度の 試験に 失敗しそうです。
(이번 시험에 실패할 것 같습니다.)

③ あの 選手が 勝ちそうです。
(저 선수가 이길 것 같습니다.)

④ この 歌は あまり 流行りそうに ないです。
(이 노래는 별로 유행하지 않을 것 같습니다.)

3 형용사・형용동사 ～そうだ (様態)　～한 것 같다

① 金さんは このごろ 忙しそうですね。
(김씨는 요즘 바쁜 것 같군요.)

② 木村さんは 性格が 良さそうですね。
(기무라 씨는 성격이 좋아 보이네요.)

③ 彼は あまり 行く 気が なさそうな 返事を しました。
(그는 별로 갈 마음이 없는 듯한 대답을 했습니다.)

④ ここは なかなか 静かそうですね。
(여기는 상당히 조용한 것 같군요.)

Unit 37. 李さんは あした 国へ 帰るそうですよ

38 あなたには 細すぎるかも しれませんね

木村　それは 新しい 万年筆ですね。

金　　ええ、きのう 買ったばかりです。私は 力を 入れて 書くので、

　　　すぐ ペン先を 悪く して しまうんです。

木村　ちょっと 見せて ください。書きよさそうですね。

金　　ええ、わりあい 書きやすいです。

木村　ちょっと 書いて みても いいですか。

金　　ええ、どうぞ。あなたには 細すぎるかも しれませんね。

　　　あなたは もう 少し 太いのが 好きでしょう。

木村　ああ、書きやすいですね。私も ペン先は このくらいのが 好きです。

　　　今度 一本 買わなければ ならないんですが、いくらでしたか。

金　　千円でした。今まで 使って いたのは どうしたのですか。

木村　どこかへ なくして しまったんです。電車の 中で 落として

　　　しまったのかも しれません。

金　　それは 惜しい ことを しましたね。

| 해석 | 당신에게는 너무 가늘지 모르겠군요

기무라 그것은 새 만년필이군요.
김　　 예, 어제 갓 샀습니다. 저는 힘을 주어 쓰기 때문에 곧장 펜 끝이 망가져 버립니다.
기무라 좀 보여 주세요. 쓰기 편해 보이네요.
김　　 예, 비교적 쓰기 편합니다.
기무라 좀 써 봐도 되겠습니까?
김　　 예, 써 보십시오. 당신에게는 너무 가늘지 모르겠군요. 당신은 좀더 굵은 것을 좋아하지요?
기무라 아, 쓰기 편하군요. 저도 펜 끝이 이 정도의 것을 좋아합니다. 이번에 한 자루 사야 합니다만, 얼마였습니까?
김　　 천 엔이었습니다. 지금까지 쓰고 있던 것은 어떻게 했습니까?
기무라 어디에서 잃어 버렸습니다. 전철 안에서 떨어뜨렸는지 모릅니다.
김　　 그거 아까워겠군요.

학습 Point

1. ~かも しれない의 용법
2. 동사 ~たばかりだ의 용법
3. ~すぎる의 용법
4. 동사 ~て みる의 용법
5. 형용사 ~く する의 용법
6. 형용동사 ~に する의 용법

단어

· 新(あたら)しい 새롭다
· 万年筆(まんねんひつ) 만년필
· 力(ちから) 힘
· 入(い)れる 넣다
· すぐ 곧, 금방
· ペン先(さき) 펜끝
· 悪(わる)い 나쁘다
· 割合(わりあい) 비교적
· 細(ほそ)い 가늘다
· 太(ふと)い 굵다
· なくす 없애다
· 落(お)とす 떨어뜨리다
· 惜(お)しい 아깝다
· 事(こと) 일, 것, 사건

Unit 38. あなたには 細すぎるかも しれませんね

어법해설

Point 1 ~かも しれない의 용법

~かも しれない는 체언 및 용언에 접속하여「~할(일)지도 모른다」의 뜻으로 불확실한 추측을 나타낸다. 정중하게 표현할 때는 ~かも しれません을 쓴다.

예 きょうは 雨が 降るかも しれない。
　　(오늘은 비가 내릴지도 모른다.)

　　それは 本当かも しれません。
　　(그것은 정말일지도 모릅니다.)

　　彼女は ここへ 来ないかも しれません。
　　(그녀는 여기에 오지 않을지도 모릅니다.)

　　ひょっとしたら 到着したかも しれない。
　　(어쩌면 도착했을지도 모른다.)

Point 2 동사 ~たばかりだ의 용법

동사의 과거형에 ばかり가 접속하면「막 ~했다」의 뜻으로, 어떤 동작을 하고 나서 시간이 얼마 경과되지 않은 상태를 나타낸다.

예 今、着いたばかりです。
　　(방금 막 도착했습니다.)

　　赤ちゃんが 生まれたばかりです。
　　(아기가 갓 태어났습니다.)

　　家に 帰ったばかりで、掃除を まだ して いない。
　　(막 집에 돌아와서 청소를 아직 하지 않았다.)

　　説明したばかりなのに もう 忘れて しまった。
　　(막 설명했는데도 벌써 잊어 버렸다.)

　　主人は 出かけたばかりなので、うちに いません。
　　(남편은 방금 나가서 집에 없습니다.)

Point 3 ~すぎる의 용법

すぎる는 「지나치다」의 뜻을 가진 동사로, 다른 말에 접미어적으로 접속하여 「너무 (지나치게) ~하다」라는 뜻의 복합어를 만든다.
동사에는 중지형에, 형용사나 형용동사에는 어간에 이어진다.

품 사	기본형	~すぎる	의 미
동 사	食べる	食べすぎる	지나치게 먹다
형 용 사	高い	高すぎる	너무 비싸다
형용동사	静かだ	静かすぎる	너무 조용하다

예 ゆうべ 飲みすぎて 会社へ 遅れて しまいました。
(어젯밤 과음해서 회사에 늦고 말았습니다.)

この 辺りは 静かすぎて こわいですね。
(이 주위는 너무 조용해서 무섭군요.)

この もちは 甘すぎて 食べにくいです。
(이 떡은 너무 달아서 먹기 힘듭니다.)

タバコを 吸いすぎるのは 体に よく ありません。
(담배를 지나치게 피우는 것은 몸에 좋지 않습니다.)

ここは 人が 多すぎて 歩きにくいほどです。
(여기는 사람이 너무 많아서 걷기 힘들 정도입니다.)

Point 4 동사 ~て みる의 용법

~て みる는 우리말의 「~해 보다」라는 뜻으로 동사의 て형에 보조동사 みる가 접속된 형태이다. みる가 본동사로 쓰일 때는 見る로 표기하지만, 이처럼 보조동사로 쓰일 때는 가나로 표기한다. 또한 보조동사 みる는 본래의 「보다」라는 의미를 상실하여 「시도하다」라는 뜻을 나타낸다.

예 一度 その めずらしい 料理を 食べて みたい。
(한번 그 진귀한 요리를 먹어 보고 싶다.)

ちょっと この 背広を 着て みて ください。
(잠깐 이 양복을 입어 보세요.)

Point 5 형용사 ~く する의 용법

어떤 상태를 다른 상태로 바꿀 때, 「~하게 하다」라고 표현할 때는 형용사의 어미 い를 く로 바꾸고 동사 する(하다)를 접속한다.

예 髪の毛を 少し 短く して ください。
(머리를 조금 짧게 해 주세요.)

これは 量が 多すぎますね。ちょっと 少なく して ください。
(이것은 양이 너무 많군요. 좀 적게 해 주세요.)

部屋を 少し 明るく して 勉強しなさい。
(방을 조금 밝게 하고 공부하거라.)

この 店は 値段を 安く して 売って います。
(이 가게는 가격을 싸게 해서 팔고 있습니다.)

Point 6 형용동사 ~に する의 용법

형용동사의 경우 어떤 상태를 다른 상태로 바꿀 때, 즉 우리말의 「~하게 하다」라고 표현할 때는 어미 だ를 に로 바꾸고 동사 する(하다)를 접속한다.

예 みなさん、静かに して ください。
(여러분, 조용히 하세요.)

部屋を きれいに して 遊びなさい。
(방을 깨끗이 하고 놀거라.)

彼は 顔を 真っ赤に して 大声で 話して います。
(그는 얼굴을 붉히며 큰소리로 이야기하고 있습니다.)

自分の 意見を 明らかに しなさい。
(자신의 의견을 분명히 하거라.)

문형연습

1 ～すぎる   너무 ～하다

① お酒を 飲みすぎるから、胃が 悪く なるのです。
(술을 너무 마시니까 위가 나빠지는 겁니다.)

② ご飯を 食べすぎて、おなかを 壊しました。
(밥을 너무 많이 먹어서 배탈이 났습니다.)

③ これは 量が 多すぎますね。
(이것은 양이 너무 많군요.)

④ この 辺は 静かすぎて、さびしいくらいです。
(이 주변은 너무 조용해서 쓸쓸할 정도입니다.)

2 ～かも しれない   ～일(할)지도 모른다

① 今日は 雨が 降るかも しれません。
(오늘은 비가 내릴지도 모릅니다.)

② 今晩は 早く 帰って 来るかも しれません。
(오늘밤은 일찍 돌아올지도 모릅니다.)

③ この 店の ほうが もっと 安いかも しれません。
(이 가게가 더 쌀지도 모르겠습니다.)

④ この 問題の ほうが もっと 重要かも しれません。
(그 문제가 더욱 중요할지도 모르겠습니다.)

3 동사 ～たばかりだ

① 今 着いたばかりです。
(지금 막 도착했습니다.)

② その 話は さっき 聞いたばかりです。
(그 이야기는 아까 막 들었습니다.)

③ 日本へ 来たばかりで、日本語は よく わかりません。
(일본에 막 도착해서 일본어는 잘 모릅니다.)

④ これは きのう 買ったばかりの 洋服です。
(이것은 어제 갓 산 양복입니다.)

Unit 38. あなたには 細すぎるかも しれませんね

Unit 39 雨は まだ 止まないらしいです

木村　雨は まだ 降って いますか。

青木　ええ、まだ 止まないらしいです。みんな 傘を さして 歩いて います。

木村　毎日 梅雨の ように よく 降りますね。

青木　天気予報に よると、あしたも 雨だそうです。

木村　本当に いやですね。少し 冷えて きませんか。

青木　そうですか。私は 別に 少し 冷えて きたと 思いませんが、変ですね。
　　　熱でも あるのでは ないですか。

木村　ええ、どうも 風邪を 引いたらしいです。さっきから のどが 痛くて
　　　たまりません。

青木　そうですか。それは いけませんね。きっと 天候が 不順だからですよ。
　　　それじゃ 今日は 早く 帰って お休みなさい。

木村　ありがとう。青木さんは まだ 帰りませんか。

青木　私は もう しばらく 残って います。

木村　それじゃ、お先に。

| 해석 | 비는 아직 그치지 않는 것 같습니다

기무라　비는 아직 내리고 있습니까?
아오키　예, 아직 그치지 않는 것 같습니다. 모두 우산을 쓰고 걷고 있습니다.
기무라　매일 장마처럼 자주 내리는군요.
아오키　일기예보에 의하면 내일도 비가 온답니다.
기무라　정말 우중충하군요. 조금 추워지지 않았어요?
아오키　그렇습니까? 저는 별로 조금 추어졌다고 생각하지 않습니다만, 이상하군요. 열이라도 있는 게 아닙니까?
기무라　예, 아무래도 감기가 든 것 같습니다. 아까부터 목이 아파 죽겠습니다.
아오키　그렇습니까? 그거 안됐군요. 분명 날씨가 고르지 못하니까요.
　　　　그럼, 오늘은 일찍 돌아가 쉬세요.
기무라　고마워요. 아오키 씨는 아직 안 갑니까?
아오키　저는 이제 잠시 남아 있겠습니다.
기무라　그럼, 먼저 가겠습니다.

학습 Point

1. 조동사 ~らしい의 용법
2. 조동사 ~らしい의 활용
3. 접미어 ~らしい의 용법
4. ~に よると의 용법
5. ~て(で) たまらない의 용법
6. お ~なさい의 용법

단 어

- 雨(あめ)　비
- 降(ふ)る　내리다
- 止(や)む　그치다
- 傘(かさ)を 差(さ)す　우산을 쓰다
- 歩(ある)く　걷다
- 梅雨(つゆ)　장마
- 天気予報(てんきよほう)　일기예보
- 冷(ひ)える　차가워지다
- 変(へん)だ　이상하다
- 熱(ねつ)　열
- 痛(いた)い　아프다
- 天候(てんこう)　일기
- 不順(ふじゅん)だ　고르지 못하다
- しばらく　잠시
- 先(さき)　먼저, 앞

어법해설

Point 1 조동사 ~らしい의 용법

~らしい는 어떤 일에 대해 확정적으로 말할 수 없지만, 여러 가지 객관적인 사실들을 근거로 하여 그 일의 진위에 대한 확신도가 높지 않을 때, 또는 그 정보의 근원이 직접적이지 못할 때 많이 쓴다. 또한 타인으로부터 들어서 안다든가 근거가 있더라도 확실한 표현을 피할 때 쓴다. 즉, 말하는 사람 자신이 직접 관여하고 있지 않다는 느낌으로 쓰는 경우가 많다.

~らしい는 동사와 형용사의 기본형, 형용동사의 어간에 접속하며, 명사에는 직접 접속한다. 그밖에 활용어의 부정형 및 과거형에도 접속한다.

품 사	기본형	~らしい	의 미
동 사	行く	行くらしい	갈 것 같다
형 용 사	安い	安いらしい	쌀 것 같다
형용동사	静かだ	静からしい	조용할 것 같다
명 사	学生だ	学生らしい	학생일 것 같다

Point 2 조동사 ~らしい의 활용

조동사 らしい는 형태상 형용사의 꼴을 취하므로 형용사처럼 활용을 한다. 그러나 らしい는 과거형이나 부정형, 가정형 등은 어법상으로 만들 수 있으나 활용어의 부정형이나 과거형에 접속하여 쓰인다.

활용형	~らしい	의 미
기본형	~らしい	~할 것 같다
정중형	~らしいです	~할 것 같습니다
부사형	~らしく	~한 듯이
활용어(부정형)	~ないらしい	~하지 않을 것 같다
연체형	~らしい	~할 것 같은
가정형	~らしければ	~할 것 같으면

예 彼の 話を 聞くと、かなり 大変らしい。
(그의 이야기를 들으면 상당히 힘든 것 같다.)

どこかに 出かけたらしく、鍵が かかって います。
(어디에 나갔는지 열쇠가 잠겨져 있습니다.)

白い 雪が 降り始めたらしいです。
(하얀 눈이 내리기 시작한 것 같습니다.)

電車の 中で 山田さんらしい 人を 見かけた。
(전철 안에서 야마다 씨 같은 사람을 보았다.)

その 雑誌の 記事は 本当じゃ ないらしいです。
(그 잡지의 기사는 사실이 아닌 것 같습니다.)

顔が 蒼白なのを 見ると 病気らしいです。
(얼굴이 창백한 것을 보니 아픈 것 같습니다.)

Point 3 접미어 ~らしい의 용법

~らしい는 불확실한 추측을 나타내는 용법 이외에, 명사에 접속하여 그 앞의 말에 가장 적합하다라는 뜻으로 접미어로도 쓰인다. 이 때는 우리말의 접미어 「~답다」에 해당한다.

예 あの 人は 学生らしい 服装を して いますね。
(저 사람은 학생다운 복장을 하고 있군요.)

木村さんは 本当に 男らしい 方です。
(기무라 씨는 정말로 남자다운 분입니다.)

今年の 冬は 寒くて 本当に 冬らしいですね。
(올 겨울은 추워서 정말로 겨울답군요.)

わたしは 女らしい 女が 好きです。
(나는 여자다운 여자를 좋아합니다.)

※ 불확실한 추측을 나타내는 ~らしい와 접미어 ~らしい를 구별하는 방법은 ~らしい 앞에 부사 たいへん(매우)나 本当に(정말) 등을 넣어 말이 통하면 접미어이고, 그렇지 않으면 추측을 나타내는 조동사이다.

Point 4 ~に よると의 용법

~に よると는「~에 의하면」의 뜻으로 어떤 정보를 믿고 그것을 근거로 내세우는 경우에 쓰이는 표현이다. 동사의 가정형을 사용해서 ~に よれば의 형태로 바꿔서 말할 수 있다.

> 예 天気予報に よると、あすは 雨が 降るそうです。
> (일기예보에 의하면 내일은 비가 온답니다.)
>
> 彼の 話に よれば 木村さんは 外国へ 行くそうです。
> (그의 이야기에 의하면 기무라 씨는 외국에 간답니다.)

Point 5 ~て(で) たまらない의 용법

たまる는「참다, 견디다」라는 뜻의 5단동사로 부정형 상태로 て(で)형의 뒤에 쓰이면 우리말의「~해서 견딜 수 없다, ~해서 죽겠다」라는 뜻으로 앞의 원인으로 인해서 도저히 참을 수 없는 상태를 나타낸다.

> 예 頭が 痛くて たまりません。
> (머리가 아파서 죽겠습니다.)
>
> 母の 病気が 心配で たまらない。
> (어머니가 아파서 걱정되어서 못 견디겠다.)
>
> お腹が 空いて たまりません。
> (배가 고파서 못 견디겠습니다.)

Point 6 お ~なさい의 용법

가벼운 명령을 나타내는 なさい를 좀더 정중하게 표현하고자 할 때는 동작이나 행위 앞에 존경의 접두어 お를 접속하여 표현한다. 그러나 존경의 접두어 お를 붙이더라도 손윗사람에게는 쓸 수 없다.

> 예 約束は ちゃんと お守りなさい。
> (약속은 꼭 지키거라.)
>
> 旅行で 見た ことを 作文に お書きなさい。
> (여행에서 본 것을 작문으로 쓰시오.)

문형연습

1 동사 ~らしい   ~한 것 같다, ~듯하다

① これは 動物園へ 行く バスらしいです。
(이것은 동물원에 가는 버스인 것 같습니다.)

② 山田さんは 来月 結婚するらしいです。
(야마다 씨는 다음 달 결혼할 것 같습니다.)

③ どこかに 出かけたらしく、鍵が かかって います。
(어딘가에 나갔는지 열쇠가 잠겨 있습니다.)

④ 傘を さして いない ところを 見ると、雨は 止んだらしいです。
(우산을 쓰고 있지 않는 것을 보니 비는 그친 것 같습니다.)

2 형용사·형용동사·명사 ~らしい   ~한·~인 것 같다

① 今年は 梅雨明けが かなり 遅いらしいです。
(올 장마 걷힘은 상당히 늦는 것 같습니다.)

② 彼の 話を 聞くと、かなり 大変らしいです。
(그의 이야기를 들으면 상당히 힘든 것 같습니다.)

③ 電車の 中で 山田さんらしい 人を 見かけました。
(전철 안에서 야마다 씨 같은 사람을 보았습니다.)

④ ソウルは 昔より ずっと 広いらしいです。
(서울은 옛날보다 훨씬 넓은 것 같습니다.)

3 ~て(で) たまらない   ~해서 못 견디겠다

① 東京の 夏は むし暑くて たまりません。
(도쿄의 여름은 무더워서 못 견디겠습니다.)

② 喉が 乾いて たまりません。
(목이 말라서 죽겠습니다.)

③ おなかが 空いて たまりません。
(배가 고파서 죽겠습니다.)

④ 母の 病気が 心配で たまりません。
(어머니 병이 걱정되어서 죽겠습니다.)

Unit 40 着物を 着る 女の人は 多いようですね

金 : 青山さんは いつも 洋服を 着て いるようですが、着物を 着る ことは ありませんか。

青山 : めったに ありません。しかし 正月や 結婚式には 着る ことも あります。

金 : 正月に 着物を 着る 女の人は 多いようですね。

青山 : 普段 着る ことが ほとんど ありません。それで 正月には みんな 着たがるんです。

上田 : 金さんは いつも 毎晩 遅くまで 起きて いるようですね。徹夜を する ことも ありますか。

金 : いいえ、三時ごろまで 起きて いる ことは ありますが、徹夜を する ことは ありません。

上田 : 昨夜も ずいぶん 遅くまで 起きて いたようですね。

金 : ああ、昨夜は 電灯を 点けたまま、寝てしまったんです。そんなに 遅くまでは 起きて いませんでした。

| 해석 | 기모노를 입는 여자는 많은 것 같더군요

김　　　아오야마 씨는 항상 양복을 입고 있는 것 같은데, 기모노를 입는
　　　　 일은 없습니까?
아오야마　좀처럼 없습니다. 그러나 설날이나 결혼식에는 입는 경우도 있습니다.
김　　　설날에 기모노를 입는 여자는 많은 것 같더군요.
아오야마　평소 입는 일은 거의 없습니다. 그래서 설날에는 모두 입고 싶어합니다.

우에다　김씨는 언제나 매일 밤늦게까지 자지 않는 것 같더군요.
　　　　 밤을 새는 경우도 있습니까?
김　　　아니오, 3시까지는 자지 않는 경우는 있습니다만, 밤을 새는 경우는
　　　　 없습니다.
우에다　어젯밤도 무척 늦게까지 자지 않는 것 같더군요.
김　　　아, 어젯밤은 전등을 켠 채로 자버렸습니다.
　　　　 그렇게 늦게까지 자지 않고 있지 않았습니다.

학습 Point

1. 불확실한 단정의 ~ようだ
2. 불확실한 단정의 ~ようだ의 용법
3. ~らしい와 ~ようだ의 차이
4. 동사의 기본형 ~ことが ある
5. 동사 ~たまま의 용법

단 어

- 洋服(ようふく)　양복, 옷
- 着(き)る　입다
- 着物(きもの)　기모노
- めったに　좀처럼
- 結婚式(けっこんしき)　결혼식
- 多(おお)い　많다
- 普段(ふだん)　보통, 평소
- 遅(おそ)くまで　늦게까지
- ほとんど　거의
- 徹夜(てつや)　철야
- 昨夜(さくや)　어젯밤
- 電灯(でんとう)　전등
- 点(つ)ける　켜다
- 寝(ね)る　자다

Point 1   불확실한 단정의 ~ようだ

~ようだ는 불확실한 단정·비유·예시의 용법으로 쓰인다. 형용동사처럼 활용을 하며, 동사와 형용사의 기본형이나 과거형에 접속하며, 형용동사에 접속할 때는 연체형, 즉 ~なようだ가 되며, 명사에 접속할 때는 ~のようだ의 형태를 취한다. 또한 회화체에서는 ~みたいだ의 형태로도 쓰인다.

❶ 접속

품 사	기본형	~ようだ	의 미
동 사	行く	行くようだ	갈 것 같다
형용사	安い	安いようだ	쌀 것 같다
형용동사	静かだ	静かなようだ	조용할 것 같다
명 사	学生だ	学生のようだ	학생일 것 같다

❷ 활용

활용형	~ようだ	의 미
기본형	~ようだ	~할 것 같다
정중형	~ようです	~할 것 같습니다
부사형	~ように	~한 듯이
활용어(부정형)	~ないようだ	~하지 않을 것 같다
연체형	~ような	~할 것 같은
가정형	~ようならば	~할 것 같으면

Point 2   불확실한 단정의 ~ようだ의 용법

불확실한 단정을 나타내는 ようだ는 어떤 것에 대하여 그 때의 상황이나 주어진 정보를 바탕으로 하여 불확실하지만 그렇게 볼 수 있는 상황이라는 판단이 설 때 쓴다. 또한, 명확한 근거가 없이 지극히 주관적인 판단에 의해서만 쓰기도 한다.

예 彼女は 何も 知らないようだ。
(그녀는 아무 것도 모르는 것 같다.)

少し 風が 吹いて いるようです。
(조금 바람이 불고 있는 것 같습니다.)

わたしには 彼の 気持ちが 分かるような 気が します。
(나는 그의 마음을 알 것 같은 기분이 듭니다.)

できるようならば やって みなさい。
(할 수 있을 것 같으면 해 보거라.)

あの 人は どこかで 会ったようです。
(저 사람은 어디선가 만난 것 같습니다.)

その 話は どこかで 聞いたようですね。
(그 이야기는 어디선가 들은 것 같습니다.)

Point 3 ~らしい와 ~ようだ의 차이

~らしい는 어떤 사물에 대해서 상당히 확신을 가질 수 있는 객관적인 근거를 바탕으로 그렇게 봐도 좋은 상황·사태라는 말하는 사람의 판단을 나타낼 때 쓰인다. 즉, 말하는 사람 자신이 사실이라고 단정적으로 말할 수는 없지만, 그 장소의 상황이나, 여러 가지 정보를 바탕으로 하여 그것이 사실이라고 충분히 생각할 수 있는 경우에만 쓰인다.

예 傘を 指して いない ところを 見ると、雨は もう 止んだらしい。
(우산을 쓰고 있지 않는 것을 보니 비는 이미 그친 것 같다.)

~ようだ는 어떤 상황에 대해서 그 장소의 상황이나 주어진 정보를 근거로 하여 불확실하지만 그럴 것 같다는 말하는 사람의 판단을 말다. 상당히 객관적인 근거를 바탕으로 하여 추측할 때 쓰이며, 이 경우는 ~らしい와 거의 같은 뜻으로 쓰인다. 그러나 그다지 명확한 근거는 없지만, 그 장소의 상황이 그처럼 볼 수 있는 상황이라는 지극히 주관적인 판단을 나타내기도 한다. 이 점에서 ~ようだ는 ~らしい보다 용법의 폭이 넓다.

예 何か 事故が あったようですね。電車が だいぶ 遅れて いますよ。
(무슨 사고가 있는 것 같군요. 전철이 무척 늦어요.)

Point 4   동사 기본형 ~ことが ある의 용법

こと는「일, 사실, 사정, 경우」등을 나타내는 형식명사로, ことが ある의 형태로 동사의 기본형에 접속하면「어떤 행동을 할 기회가 있다」또는「~하는 경우(때)가 있다」로 해석된다. 또, 형용사의 기본형, 형용동사의 연체형에 접속하여 쓰이기도 한다.

예 会社まで 歩いて 行く ことが あります。
(회사까지 걸어가는 경우가 있습니다.)

深夜まで テレビを 見る ことも あります。
(심야까지 텔레비전을 보는 경우도 있습니다.)

わたしは 遅刻を する ことは ありません。
(저는 지각하는 일은 없습니다.)

夏でも 朝晩 寒い ことが あります。
(여름이라도 아침저녁으로 추울 때가 있습니다.)

Point 5   동사 ~たまま의 용법

~まま는 동사의 과거형에 접속하여「~한 채로, ~한 대로」라는 뜻으로 앞의 동작에 의해 초래된 상태나 사항이 바뀌거나 중단되지 않고 계속되는 것을 나타낸다.

예 帽子を かぶったまま 部屋に 入っては いけない。
(모자를 쓴 채 방에 들어가서는 안 된다.)

木村さんに 聞いたままを 話して ください。
(기무라 씨에게 들은 대로를 이야기해 주세요.)

家を 出たまま まだ 帰って 来ません。
(집을 나간 채 아직 돌아오지 않습니다.)

母は 着物を 着たまま デパートへ 買物に 行きました。
(어머니는 기모노를 입은 채 백화점에 쇼핑을 갔습니다.)

1 ~ようだ　　~한(인) 것 같다

① 木村さんは 何も 知らないようです。
(기무라 씨는 아무 것도 모르는 것 같습니다.)

② わたしには 彼の 気持ちが 分かるような 気が します。
(저는 그의 마음을 알 것 같은 기분이 듭니다.)

③ この 教室は なかなか 静かなようです。
(이 교실은 상당히 조용한 것 같습니다.)

④ それは 去年の 事の ようです。
(그것은 작년 일 같습니다.)

2 ~ことが ある　　~경우(때)가 있다

① 仲が いいですが、たまに 喧嘩を する ことが あります。
(사이가 좋지만, 가끔 싸움을 하는 일도 있습니다.)

② いくら 練習しても 失敗する ことが あります。
(아무리 연습해도 실패하는 경우가 있습니다.)

③ 天気が いい ときは 子供と 散歩する ことが あります。
(날씨가 좋을 때는 아이와 산책하는 경우가 있습니다.)

④ 最近、外で 食事を する ことは ありますか。
(요즘 밖에서 식사를 하는 일은 있습니까?)

3 동사 ~たまま　　~한 채

① 暑いので ドアを 開けたまま 寝て しまいました。
(더워서 문을 연 채로 자 버렸습니다.)

② 電気が ついたままに なって いました。
(전기가 켜진 채로 있었습니다.)

③ 見たままを 話して ください。
(본 대로를 이야기해 주세요.)

④ 遠慮なく、思ったままを 言って ください。
(개의치 말고 생각한 대로를 말해 주세요.)

41 富士山に 登った ことが ありますか

金　田中さんは 富士山に 登った ことが ありますか。

田中　ええ、高校生の とき、一度 登った ことが あります。

金　私も 一度 登りたいと 思って いるんですが、登るのは 大変ですか。

田中　いいえ、今は だいぶ 上まで 車で 行けますから、それほどでは ないでしょう。

金　夜の うちに 登って、頂上で 日の出を 見るのが いいそうですね。

田中　ええ、私も 日の出を 見ましたが、あの すばらしさは 今でも 忘れられません。

秘書　さっき 木村部長から 電話が ありました。品物の 船積みは いつまでに したら いいのかを 知らせて ほしいそうです。

吉野　それだけですか。

秘書　はい、それから、お宅から 電話して ほしいとのことです。

吉野　はい、わかりました。どうも ありがとう。

해석 후지산에 오른 적이 있습니까?

김 　　다나카 씨는 후지산에 오른 적이 있습니까?
다나카 　예, 고등학생 때 한 번 오른 적이 있습니다.
김 　　저도 한 번 오르고 싶습니다만, 오르는 것이 힘듭니까?
다나카 　아니오, 지금은 상당히 위에까지 차로 갈 수 있으니까,
　　　　그 정도는 아니겠지요.
김 　　밤에 올라가서 정상에서 일출을 보는 것이 좋다고 하더군요.
다나카 　예, 저도 일출을 보았습니다만, 그 멋짐은 지금도 잊을 수 없습니다.

비서 　　아까 기무라 과장한테 전화가 있었습니다. 물건 선적은 언제까지 하면
　　　　좋을지를 알려 주었으면 했습니다.
요시노 　그것뿐입니까?
비서 　　네, 그리고 댁에서 전화해 주었으면 하더군요.
요시노 　네, 알겠습니다. 고마워요.

학습 Point

1. 동사 ~た ことが ある
2. 동사 ~た ことが ない
3. 형용사・형용동사의 어간 ~さ
4. 동사 ~て ほしい의 용법
5. 조사 ~までに의 용법
6. ~とのことです의 용법
7. ~たら いい의 용법

단어

- 登(のぼ)る　오르다
- 高校生(こうこうせい)　고등학생
- 大変(たいへん)だ　큰일이다, 힘들다
- だいぶ　꽤, 상당히
- 車(くるま)　차
- 頂上(ちょうじょう)　정상
- 日(ひ)の出(で)　일출
- 素晴(すば)らしい　멋지다
- 今(いま)でも　지금이라도, 당장
- 忘(わす)れる　잊다
- 部長(ぶちょう)　부장
- 電話(でんわ)　전화
- 品物(しなもの)　물건
- 船積(ふなづみ)　선적
- お宅(たく)　댁

Point 1 동사 ~た ことが ある

동사의 과거형에 ことが ある(あります)를 접속하면「~한 적이 있다(있습니다)」의 뜻으로 과거의 경험을 나타낸다.

> 예 わたしは 東京へ 行った ことが あります。
> (나는 도쿄에 간 적이 있습니다.)
>
> あなたは 海外旅行を した ことが ありますか。
> (당신은 해외여행을 한 적이 있습니까?)
>
> この 絵を 見た ことの ある 人は 手を 挙げなさい。
> (이 그림을 본 적이 있는 사람은 손을 드시오.)

Point 2 동사 ~た ことが ない

ことが ある가 동사의 과거형에 접속하면 경험을 나타내지만, 반대로 무경험을 나타낼 때는 동사의 과거형에 ことが ない(ありません)를 접속하면 된다.

> 예 最近、日曜日に 休んだ ことが ありません。
> (요즘 일요일에 쉰 적이 없습니다.)
>
> あなたは 一度も 酒を 飲んだ ことが ありませんか。
> (당신은 한 번도 술을 마신 적이 없습니까?)
>
> それは 一度も 聞いた ことの ない 話ですね。
> (그건 한 번도 들은 적이 없는 이야기이군요.)

Point 3 형용사・형용동사의 어간 ~さ

형용사나 형용동사의 어간에 명사형 접미어 さ를 접속하면 그러한 성질이나 상태가 있다는 명사를 만들며, 그 정도를 나타내기도 한다.
명사형 접미어 さ 이외에 형용사나 형용동사의 어간에 접속하여 명사를 만드는 み가 있다. 이것은 정도나 상태의 명사를 만드는데, さ보다 み가 붙는 것이 더 추상적인 느낌이 든다.

기본형	의 미	~さ(み)	의 미
美(うつく)しい	아름답다	美しさ	아름다움
重(おも)い	무겁다	重さ	무게
長(なが)い	길다	長さ	길이
高(たか)い	높다	高さ	높이
静(しず)かだ	조용하다	静かさ	조용함
楽(たの)しい	즐겁다	楽しみ	즐거움
新鮮(しんせん)だ	신선하다	新鮮み	신선함

예 あの 山(やま)の 高(たか)さは 何(なん)メートルですか。
(저 산의 높이는 몇 미터입니까?)

その 時(とき)の 嬉(うれ)しさは 今(いま)にも 忘(わす)れられません。
(그 때의 기쁨은 지금도 잊을 수 없습니다.)

この 料理(りょうり)は 甘(あま)みが 足(た)りないですね。
(이 요리는 단맛이 부족하군요.)

Point 4   동사 ~て ほしい

ほしい는「어떤 것을 자기 것으로 하고 싶다」라는 뜻으로 쓰이는데, 다른 동사의 て형에 보조 형용사로 쓰이면 「상대에게 그런 행동을 해 주었으면 좋겠다」라는 뜻을 나타낸다.

예 あした うちに 遊(あそ)びに 来(き)て ほしいです。
(내일 우리 집에 놀러와 주었으면 좋겠습니다.)

この 数学(すうがく)の 問題(もんだい)を 教(おし)えて ほしいです。
(이 수학 문제를 가르쳐 주었으면 합니다.)

わたしの 書(か)いた 作文(さくぶん)を 直(なお)して ほしいです。
(내가 쓴 작문을 고쳐 주었으면 좋겠습니다.)

紹介(しょうかい)して ほしい 人(ひと)が います。
(소개해 주었으면 하는 사람이 있습니다.)

この 本(ほん)を 木村(きむら)さんに 渡(わた)して ほしいです。
(이 책을 기무라 씨에게 건네 주었으면 좋겠습니다.)

Point 5 조사 ~までに의 용법

~まで는 장소나 때를 나타내는 말에 붙어 어떤 행동이나 작용의 범위의 끝인 것을 나타내는데, ~までに는 그때까지의 어떤 행동이나 작용을 해야 한다는 기간을 정해 줄 때 쓴다. 우리말에서는 구별이 없으므로 모두 까지로 생각하기 쉬우나 기간이 정해져 있을 경우에는 までに를 써야 한다.

예 朝 九時までに ここに 来て ください。
(아침 9시까지 여기로 오세요.)

十二時までには 十分しか ありません。
(12시까지는 10분밖에 없습니다.)

レポートは 金曜日までに 出して ください。
(리포트는 금요일까지 내 주세요.)

Point 6 ~とのことです의 용법

~との ことです는 ~という ことです와 같은 뜻으로 と 앞에 제시된 내용을 전할 때 쓰이는 표현으로「~라고 한답니다」의 뜻이다.

예 木村さんは 会社を 辞めるとのことです。
(기무라 씨는 회사를 그만둔답니다.)

田中さんは 事故に あったとのことです。
(다나카 씨는 사고를 당했다고 합니다.)

最近 健康のために タバコを 吸う 人が 減ったとのことです。
(요즘 건강을 위해 담배를 피우는 사람이 줄었다고 합니다.)

Point 7 ~たら いい의 용법

~たら いい는 조건형에 형용사 いい(좋다)가 이어진 형태로 우리말의 「~하면 좋다」라는 뜻을 나타낸다.

예 今日 いっしょに 映画を 見たら いいですね。
(오늘 함께 영화를 보면 좋겠군요.)

1 동사 ～た ことが ある   ～한 적이 있다

① わたしは 日本へ 行った ことが あります。
(나는 일본에 간 적이 있습니다.)

② その 話は わたしも 聞いた ことが あります。
(그 이야기는 저도 들은 적이 있습니다.)

③ わたしは 会社を 休んだ ことは ありません。
(저는 학교를 쉰 적은 없습니다.)

④ わたしは 一度も 学校に 遅れた ことは ありません。
(저는 한 번도 학교에 늦은 적은 없습니다.)

2 동사 ～て ほしい   ～해 주었으면 한다

① プレゼントなので、リボンを かけてほしいんですが。
(선물이라서 리본을 달아 주었으면 합니다만.)

② 今日は 早く 帰って きて ほしいんだけど。
(오늘은 일찍 돌아가고 싶은데.)

③ 君に この 仕事を やって ほしいんだが。
(자네가 이 일을 해 주었으면 하는데.)

④ この 件は ぼくに 任せて ほしいだが。
(그 건은 나에게 맡겨 주었으면 하는데.)

3 동사 ～たら いい   ～하면 좋겠다

① その 事は 木村さんに 聞いて みたら いいですね。
(그 일은 기무라 씨께 물어 보면 좋겠군요.)

② 山田君に 頼んだら いいよ。いやな 顔は しないよ。
(야마다에게 부탁하면 돼. 싫은 내색은 하지 않아.)

③ ゆっくり 休んだら いい。後の ことは 任せなさい。
(푹 쉬어도 돼. 나중 일은 맡기거라.)

④ もう 遅いから 残りの 仕事は あしたに したら いい。
(이제 늦었으니까 나머지 일은 내일 하면 돼.)

42 吉田君も 映画に 来いと 言って くれ

島田　映画の 切符が 三枚 あるけど、一緒に 行かない？

田村　いいね。どこで 会おうか。

島田　駅前の 本屋は どう？

田村　うん。何時ごろ？

島田　午後 三時までには 来て くれ。遅れるなよ。

　　　あ、吉田君も 映画に 来いと 言って くれ。

山下　どうも 長い 間 お世話になりました。今度、支店長に なって
　　　大阪に 転勤する ことに なりました。

西川　そうですか。それは おめでとう。いつ 決まりましたか。

山下　一週間ほど 前です。

西川　それで、出発は いつ頃ですか。

山下　来月の 一日から 支店の 方へ 出社する ことに なって いますから、
　　　家族は 当分 こちらに 残す ことに しました。

西川　そうですか。では、どうぞ お体に 気を つけて ください。

| 해석 | 요시다도 영화를 보러 오라고 말해 줘

시마다   영화 표가 두 장 있는데, 함께 가지 않을래?
다무라   좋지. 어디서 만날까?
시마다   역전 책방은 어때?
다무라   응. 몇 시 쯤에?
시마다   오후 3시까지는 와 줘. 늦지 마라.
           아, 요시다도 영화를 보러 오라고 말해 줘.

야마시타   오랜 동안 신세를 많이 졌습니다. 이번에 지점장이 되어 오사카로 전근하게 되었습니다.
니시카와   그렇습니까? 그거 축하해요? 언제 결정되었습니까?
야마시타   1주일쯤 전입니다..
니시카와   그래서, 출발은 언제쯤입니까?
야마시타   다음 달 1일부터 지점으로 출근하기로 되어 있으니까, 가족은 당분간 이쪽에 남겨두기로 했습니다.
니시카와   그렇습니까? 그럼, 부디 건강에 주의하세요.

학습 Point

1. 동사의 명령형
2. 동사의 명령형 ~と
3. 금지 표현 ~な
4. 동사 ~ことに する의 용법
5. 동사 ~ことに なる의 용법

단 어

- 映画(えいが) 영화
- 切符(きっぷ) 표
- 駅前(えきまえ) 역전
- 本屋(ほんや) 책방
- 午後(ごご) 오후
- 遅(おく)れる 늦다
- 長(なが)い 길다
- 間(あいだ) 동안, 사이
- お世話(せわ)になる 신세를 지다
- 支店長(してんちょう) 지점장
- 転勤(てんきん)する 전근하다
- おめでとう 축하하다
- 出発(しゅっぱつ) 출발
- 出社(しゅっしゃ) 출근, 회사에 나감
- 残(のこ)す 남기다

Point 1 동사의 명령형

일본어 5단동사의 명령형은 어미 う단을 え으로 바꾸며 뒤에 접속하는 말은 없다. 또, 상1단·하1단동사의 경우는 어미 る를 ろ로 바꾸어 주면 된다.

기본형	의 미	가능형	의 미
行く	가다	行け	가(라)
急ぐ	서두르다	急げ	서둘러(라)
待つ	기다리다	待て	기다려(라)
乗る	타다	乗れ	타(라)
買う	사다	買え	사(라)
飲む	마시다	飲め	마셔(라)
飛ぶ	날다	飛べ	날아(라)
死ぬ	죽다	死ね	죽어(라)
話す	이야기하다	話せ	이야기해(라)
見る	보다	見ろ	봐(라)
寝る	자다	寝ろ	자(라)
来る	오다	来い	와(라)
する	하다	しろ・せよ	해(라)

※ 변격동사 する의 경우는 しろ와 せよ가 있다. せよ는 주로 문장체에서만 쓰인다.

예 ひとりで 全部 食べろ。
(혼자서 전부 먹어라.)

時間が ないから もっと 早く 歩け。
(시간이 없으니까 더 빨리 걸어.)

向こうで 新聞を 持って 来い。
(저쪽에서 신문을 가져 와라.)

Point 2 동사의 명령형 ~と

일본어 동사의 명령형은 그 어감이 직접적이고 거칠기 때문에 일상생활에는 그다지 쓰이지 않지만 ~と와 함께 인용문이나 설명문에 쓰인다.

예 吉村さんは もっと しっかり しろと 言いました。
(요시무라 씨는 더 확실히 하라고 말했습니다.)

社長は 早く 終えと 命令しました。
(사장은 빨리 끝내라고 명령했습니다.)

監督は 時間が ないから 急げと 言いました。
(감독은 시간이 없으니까 서둘라고 말했습니다.)

吉村君に 映画に 来いと 言って くれ。
(요시무라에게 영화를 보러 오라고 말해 주게.)

Point 3 금지 표현 ~な

~な는 동사의 기본형에 접속하여 「~하지 마라」의 뜻으로 금지의 뜻을 나타낸다. 부드럽게 표현하기 위해 종조사 よ를 접속하여 なよ의 형태로도 쓰인다.
그러나 な가 동사의 중지형, 즉 ます가 접속하는 꼴에 이어지면 가벼운 명령을 나타내기도 한다.

예 終わった ことを いつまでも 悔やむな。
(끝난 일을 언제까지고 후회하지 마라.)

お酒を 飲みすぎるなよ。
(술을 너무 마시지 마라.)

タバコは 体に 悪いから 吸いすぎるな。
(담배는 몸에 나쁘니까 너무 피우지 마라.)

泣くな、泣くな。どうして 泣くの。
(울지 마라, 울지마. 왜 우니?)

早く 歩きな。さあ、食べな。
(빨리 걸어라. 자, 먹어라.)

Point 4 동사 ~ことに する

ことは「일」이나「사항」을 나타내는 형식명사이고, ~に する(~으로 하다)는 어떤 것을 선택할 때 쓰이는 표현이다. 따라서 ことに する는 우리말의 「~하기로 하다」로 해석하며, 특히 동사의 기본형에 이어지면 「~하기로 정하다」의 뜻으로 말하는 사람의 의지결정을 나타낸다.

예 もう タバコは 吸わない ことに しました。
  (이제 담배는 피우지 않기로 했습니다.)

  今度の 日曜日に 旅行でも 行く ことに しましょう。
  (이번 일요일에 여행이라도 가기로 합시다.)

  来月 国へ 帰る ことに しました。
  (다음달 고향에 돌아가기로 했습니다.)

Point 5 동사 ~ことに なる

ことに なる가 동사의 기본형에 이어지면 어떤 동작을 하게 되는 상태를 뜻한다. 즉, 자신의 의지와는 관계없이 「~하게 되다」라는 뜻을 나타낸다.

예 来月 大阪へ 転勤する ことに なりました。
  (다음달 오사카로 전근가게 되었습니다.)

  今日 一時から 会議を やる ことに なって います。
  (오늘 1시부터 회의를 하게 되어 있습니다.)

  交通事故で 会社を 休む ことに なりました。
  (교통사고로 회사를 쉬게 되었습니다.)

1 동사의 命令形　~해(라)

① ぐずぐずしないで 早く 歩け。
(꾸물거리지 말고 빨리 걸어.)

② 社長は もっと いい 方法を 考えろと 命令しました。
(사장은 더 좋은 방법을 생각하라고 명령했습니다.)

③ 兄は いつも わたしに 熱心に 勉強しろと 言います。
(형은 늘 나에게 열심히 공부하라고 말합니다.)

④ 妹は 人形を 買って くれと せがみました。
(동생은 인형을 사달라고 졸랐습니다.)

2 ~ことに なる　~하게 되다

① 来月 結婚する ことに なりました。
(다음 달 결혼하게 되었습니다.)

② 来年 帰国する ことに なりました。
(내년에 귀국하게 되었습니다.)

③ 今度 ソウルの 支店に 転勤する ことに なりました。
(이번에 서울 지점으로 전근가게 되었습니다.)

④ 今度 会社を 辞める ことに なりました。
(이번에 회사를 그만두게 되었습니다.)

3 ~ことに する　~하기로 하다

① 家族は 当分 ソウルに 残す ことに しました。
(가족은 당분간 서울에 남겨두기로 했습니다.)

② 今度の 日曜日に 映画でも 見る ことに しましょう。
(이번 일요일에 영화라도 보기로 합시다.)

③ 私は 来年 日本へ 留学する ことに しました。
(저는 내년에 일본에 유학 가기로 했습니다.)

④ これから 一生懸命 勉強する ことに します。
(이제부터 열심히 공부하기로 하겠습니다.)

43 背中を 押されたり、足を 踏まれたり しました

田村　去年の 正月に お寺へ 行きましたが、ひどい 目に あって しまいました。

金　どんな ことが あったんですか。

田村　人が 多すぎて 大変だったのです。長い 間 ずっと 立ったままでした。帰り道では 背中を 押されたり、足を 踏まれたり しました。

金　それは 大変でしたね。

田村　それで、今年は 近くの お寺へ 行く つもりです。

田村　金さんは 子供の ころ 兄弟げんかを しませんでしたか。

金　ずいぶん しました。弟や 妹を いじめてばかり いると 言って、よく 母に 叱られて いました。あなたは どうでしたか。

田村　私も 兄と よく けんかを しました。兄の 方が いつも 叱られて いました。

金　兄弟げんかを して 叱られるのは 大抵 お兄さんの 方ですね。

田村　ええ。私は 末っ子だったから、特に 甘やかされて いたらしいです。

| 해석 | 등을 밀치기도 하고 발을 밟히기도 했습니다

다무라　작년 설날에 절에 갔었는데, 혼쭐났습니다.
김　어떤 일이 있었습니까?
다무라　사람이 너무 많아서 힘들었습니다. 오랫동안 계속 서 있었습니다.
　　　　돌아오는 길에는 등을 밀치기도 하고 발을 밟히기도 했습니다.
김　그거 힘들었겠군요.
다무라　그래서 올해는 근처 절에 갈 생각입니다.

다무라　김씨는 어린 시절 형제간에 다투지 않았습니까?
김　무척 많이 했습니다. 남동생과 여동생을 괴롭히기만 한다고 자주 어머니께
　　야단을 맞았습니다. 당신은 어땠습니까?
다무라　저도 형과 자주 싸움을 했습니다. 형이 언제나 야단을 맞았습니다.
김　형제간에 싸움을 하면 야단맞는 것은 대개 형이군요.
다무라　예, 저는 막내라서 특별히 응석받이였던 것 같습니다.

학습 Point

1. 동사의 수동형
   ① 접속
   ② ~れる(られる)의 활용
   ③ 수동의 용법
   ④ 수동문의 용례

2. 피해의 수동 표현

3. 그밖의 수동 용법

단 어

- 去年(きょねん) 작년
- お寺(てら) 절
- ひどい 目(め)にあう 혼쭐나다
- 立(た)つ 서다
- 帰(かえ)り道(みち) 돌아오는 길
- 押(お)す 밀다
- 足(あし) 발
- 踏(ふ)む 밟다
- 喧嘩(けんか) 싸움
- 随分(ずいぶん) 무척
- 苛(いじ)める 괴롭히다
- 叱(しか)る 꾸짖다, 야단치다
- 末(すえ)っ子(こ) 막내
- 特(とく)に 특별히
- 甘(あま)やかす 응석을 받아주다

Point 1 동사의 수동형

수동(受動)이란 ~れる(られる)로 표현되는 형식을 말하며, 주어의 의지로 행동이 이루어지는 것이 아니라, 주어가 자신의 의지와는 관계없는 요인으로 행동을 받는 것을 말한다.

❶ 접 속
수동의 뜻을 나타내는 조동사 れる는 5단동사에 접속하고, らせる는 상1단・하1단 동사와 변격동사의 부정형에 접속한다.

기본형	의 미	부정형	수동형
行く	가다	行かない	行かれる
泳ぐ	헤엄치다	泳がない	泳がれる
待つ	기다리다	待たない	待たれる
乗る	타다	乗らない	乗られる
言う	말하다	言わない	言われる
読む	읽다	読まない	読まれる
飛ぶ	날다	飛ばない	飛ばれる
死ぬ	죽다	死なない	死なれる
話す	이야기하다	話さない	話される
起きる	일어나다	起きない	起きられる
食べる	먹다	食べない	食べられる
来る	오다	来ない	来られる
する	하다	しない	される

❷ ~れる(られる)의 활용

사역의 의미를 나타내는 れる(らせる)는 형태상 끝 음절인 る 바로 앞의 음이 え단에 속하므로 하1단동사와 동일하게 활용을 한다.

활용형	誉(ほ)める	의 미
부정형	誉められない	칭찬받지 않다
정중형	誉められます	칭찬받습니다
과거형	誉められた	칭찬받았다
て형	誉められて	칭찬받고
연체형	誉められる 時	칭찬받을 때
가정형	誉められれば	칭찬받으면
의지형	誉められよう	칭찬받자

❸ 수동의 용법

어떤 행동으로 인하여 그 영향을 받는 경우로서, 동작주의 행위가 직접 피동작주에게 미치는 것을 나타낸다. 이 때는 우리말의 「～당하다, ～받다」등으로 해석되며, 수동의 대상어에는 조사 に 또는 から가 쓰인다.

예 母が 弟を 叱る。(어머니가 동생을 꾸짖다.)

→ 弟は 母に 叱られる。(동생은 어머니에게 꾸중듣다.)

母が 妹を 誉める。(어머니가 여동생을 칭찬하다.)

→ 妹は 母に 誉められる。(여동생은 어머니에게 칭찬받다.)

❹ 수동문의 용례

예 彼は 友達に 殴られました。
(그는 친구에게 맞았습니다.)

ゆうべ、泥棒に お金を 盗まれました。
(어젯밤, 도둑에게 돈을 도둑맞았습니다.)

彼は 人に 悪口を 言われた。
(그는 남에게 욕을 먹었다.)

奥さんに 何か 頼まれましたか。
(부인께 뭔가 부탁받았습니까?)

しっかり 予習して 行ったので、先生に 誉められたよ。
(확실히 예습하고 가서 선생님께 칭찬받았어.)

Point 2 피해의 수동 표현

일본어의 수동 표현에 있어서 직접적으로 행동을 받는 경우에 쓰는 수동 이외에, 상대방이나 다른 것의 행동으로 인하여 자기가 피해를 받는다고 생각하는 경우에 습관적으로 수동표현을 쓴다. 이것을 흔히 피해의 수동이라고 하며, 또 간접수동이라고도 한다. 이 피해의 수동은 일본어에만 있는 독특한 표현으로 자동사를 수동으로 하는 경우가 많다. 또 피해의 원인이 되는 대상을 나타내는 명사 뒤에는 조사 に를 쓴다.

예 夜中に 子供が 泣きました。
 → 夜中に 子供に 泣かれて こまりました。
　　　(밤중에 아이가 울어서 혼났습니다.)

　　 高校の 時、父が 死んで 大学に 行けなかった。
 → 高校の 時、父に 死なれて 大学に 行けなかった。
　　　(고교 시절 아버지가 돌아가셔서 대학에 갈 수 없었다.)

Point 3 그밖의 수동 용법

무생물이 주어를 나타낼 때 ~(ら)れる는 「~받다, ~당하다」의 뜻이 아니라 「~어지다, ~되다」의 뜻으로 상태의 변화를 나타낸다.

예 この お寺は 千年前に 建てられました。
　　　(네, 이 절은 천년전에 세워졌습니다.)

또한, ~れる・られる는 수동의 용법만이 아니라 가능(~할 수 있다), 존경(~하시다), 자발(自発)의 용법으로도 쓰인다. 각기 문맥에 따라 해석해야 한다. ~れる・られる가 자발(自発)의 용법으로 쓰일 때는 심리적인 활동을 나타내는 동사에만 쓰인다. 이것은 일부러 어떤 행동을 하려는 것이 아니라 저절로(자연히) 그렇게 되다라는 뜻을 나타낸다. 자발의 대표적인 동사를 보면, 思(おも)う 생각하다, 感(かん)じる 느끼다, 案(あん)じる 걱정하다, 思(おも)い出(だ)す 생각나다 등이 있다.

예 何だか 今晩は 寂しく 感じられます。
　　　(왠지 오늘밤은 쓸쓸하게 느껴집니다.)

　　 何時までに ここに 来られますか。
　　　(몇 시까지 여기에 올 수 있습니까?)

문형연습

1. 동사 ～(ら)れる　～받다, ～당하다

① 宿題が よく できたと 先生に 誉められました。
(숙제를 잘 했다고 선생님께 칭찬받았습니다.)

② 忙しいのに いやな ことを 頼まれて 困りました。
(바쁜데 귀찮은 일을 부탁받아 난처했습니다.)

③ 野村先生に 日本語の 発音を 直されました。
(노무라 선생님께 일본어 발음을 교정받았습니다.)

④ 後ろから 人に 押されて、転んで 大怪我を しました。
(뒤에서 사람에게 밀치어 넘어져 크게 다쳤습니다.)

2. 동사 ～(ら)れる / 무의지의 수동　～되다, ～어 지다

① この 建物は 朝鮮時代に 建てられました。
(이 건물은 조선시대에 지어졌습니다.)

② オリンピックは 四年ごとに 行なわれます。
(올림픽은 4년마다 행해집니다.)

③ その 記念切手は 来月 初めに 発売されます。
(그 기념우표는 다음달 초에 발매됩니다.)

④ この 工場では 毎日 百台の 車が 生産されて います。
(이 공장에서는 매일 100대의 차가 생산되고 있습니다.)

3. 동사 ～(ら)れる / 피해의 수동　～당하다

① ゆうべ 赤ん坊に 泣かれて 眠れませんでした。
(어젯밤 아기가 울어서 자지 못했습니다.)

② 高校の 時、父に 死なれて 大学に 行けませんでした。
(고교 시절 아버지가 돌아가셔서 대학에 갈 수 없었습니다.)

③ 途中で 雨に 降られて、困る ことも あるでしょう。
(도중에 비를 맞아 난처한 일도 있겠지요.)

④ ゆうべは 友達に 来られて 勉強できませんでした。
(어젯밤은 친구가 와서 공부할 수 없었습니다.)

Unit 43. 背中を 押されたり、足を 踏まれたり しました

Unit 44 教科書の 本文を 読ませます

吉野　田中先生の 授業は どうですか。

金　まず、その 課で 新しく 習う 文型を 学生に 理解させます。
それから、単語を 入れ替えて、その 文型を 学生に 何度も 聞かせます。

吉野　それから、どうするんですか。

金　教科書の 本文を 読ませます。そして、どんな 時に その 文型を 使うかを もっと よく 分からせます。

吉野　なるほど。今度は どんな 練習ですか。

金　次に 文を 作って 言わせる 練習とか、先生の 質問に 答えさせる 練習とか……。最後に「読みと 作文」を 読ませて、その 内容に ついて 質問して、答えさせます。

吉野　作文も させるんですか。

金　作文は 宿題です。教科書の 文を 参考に して 家で 書かせます。

吉野　なるほど。田中先生は きびしそうですね。

金　ええ。でも、先生は よく 冗談を 言って、学生を 笑わせます。

> **해석** 교과서의 본문을 읽게 합니다

요시노 다나카 선생님 수업은 어떻습니까?
김 먼저, 그 과에서 새로 배울 문형을 학생에게 이해시킵니다.
그리고 단어를 바꿔 넣어서 그 문형을 학생에게 몇 번이고 듣게 합니다.
요시노 그리고 나서 어떻게 합니까?
김 교과서의 본문을 읽게 합니다. 그리고 어떤 때에 그 문형을 쓰는지를
더욱 자세히 알 수 있게 합니다.
요시노 과연. 이번에는 어떤 연습입니까?
김 다음 문을 만들어 말하게 하는 연습이라든가, 선생님 질문에 대답하게 하는
연습이라든가……. 마지막에는「읽기와 작문」을 읽게 하고, 그 내용에 대해서
질문하고 대답하게 합니다.
요시노 작문도 시킵니까?
김 작문은 숙제입니다. 교과서의 문을 참고하여 집에서 쓰게 합니다.
요시노 과연. 다나카 선생님은 엄한 것 같네요.
김 예. 하지만 선생님은 자주 농담을 하여 학생을 웃게 합니다.

학습 Point

1. 동사의 사역형
   ① 접속
   ② ~せる(させる)의 활용
2. ~(さ)せて ください의 용법
3. ~(さ)せて もらう의 용법
4. 조사 ~とか의 용법
5. ~に ついて의 용법

단어

- 文型(ぶんけい) 문형
- 理解(りかい)する 이해하다
- 単語(たんご) 단어
- 入(い)れ替(か)える 바꿔 넣다
- 教科書(きょうかしょ) 교과서
- なるほど 과연
- 練習(れんしゅう) 연습
- 最後(さいご) 최후, 마지막
- 内容(ないよう) 내용
- 作文(さくぶん) 작문
- 宿題(しゅくだい) 숙제
- 参考(さんこう)する 참고하다
- 厳(きび)しい 엄하다
- 冗談(じょうだん)を 言(い)う 농담을 하다
- 笑(わら)う 웃다

Point 1 동사의 사역형

사역동사(使役動詞)란, 말 그대로 다른 사람에게 어떤 행위나 동작을 명령하거나, 또는 요구하여 그대로 실행하는 것을 말한다. 일본어의 사역형은 동사의 부정형, 즉 ない가 접속하는 형태에 せる(させる)를 접속하여 우리말의 「~하게 하다, ~시키다」의 뜻을 나타낸다.

❶ 접 속

사역의 뜻을 나타내는 수동형과 마찬가지로 せる는 5단동사에 접속하고, させる는 상1단・상1단동사와 변격동사의 부정형에 접속한다.

기본형	의 미	부정형	수동형
行く	가다	行かせる	가게 하다
泳ぐ	헤엄치다	泳がせる	헤엄치게 하다
待つ	기다리다	待たせる	기다리게 하다
乗る	타다	乗らせる	타게 하다
言う	말하다	言わせる	말하게 하다
読む	읽다	読ませる	읽게 하다
飛ぶ	날다	飛ばせる	날게 하다
死ぬ	죽다	死なせる	죽게 하다
話す	이야기하다	話させる	이야기하게 하다
起きる	일어나다	起きさせる	일어나게 하다
食べる	먹다	食べさせる	먹게 하다
来る	오다	来させる	오게 하다
する	하다	させる	하게 하다, 시키다

❷ ~せる(させる)의 활용

사역의 의미를 나타내는 せる(させる)는 형태상 끝 음절인 る 바로 앞의 음이 え단에 속하므로 하1단동사와 동일하게 활용을 한다.

활용형	させる(する)	의 미
부정형	させない	시키지 않다
정중형	させます	시킵니다
과거형	させた	시켰다
て형	させて	시키고
연체형	させる 時	시킬 때
가정형	させれば	시키면
의지형	させよう	시키자

예 若い 人に 荷物を 持たせました。
(젊은 사람에게 짐을 들게 했습니다.)

ここでは 学生に 韓国語を 使わせない。
(여기에서는 학생에게 한국어를 쓰지 못하게 한다.)

わたしに 作らせば、もっと 上手に 作ります。
(나에게 만들게 하면 더욱 잘 만들겠습니다.)

録音した ニュースを 聞かせた あと どうするんですか。
(녹음한 테이프를 듣게 한 후 어떻게 합니까?)

Point 2 ~(さ)せて ください의 용법

사역형의 て형에 의뢰나 요구를 할 때 쓰이는 ください를 접속하면 직접 어떤 행동을「~하게 해 주십시오」「~시켜 주십시오」의 뜻 이외에, 일본어의 특징으로서「~하고 싶습니다」라는 뜻으로 자신의 간접적인 희망의 뜻을 나타내기도 한다.

예 ちょっと 休ませて ください。
(좀 쉬게 해 주십시오/쉬고 싶습니다.)

今日は 私に 食事代を 払わせて ください。
(오늘은 저에게 식사비를 지불하게 해 주시오/제가 내겠습니다.)

Point 3 ~(さ)せて もらう

~(さ)せて もらう는 직역하면「~시켜서 받다」로 해석되지만, 이것은 자신에게 어떤 행동을 할 기회를 달라는 뜻으로 정중한 표현은 ~(さ)せて いただく이다. 또, ~(さ)せて もらう는 다른 사람의 허가를 얻어서 비로소 행동하는 듯한 느낌을 주지만, 실제로는 자신의 의지를 강하게 나타내는 표현이다.

예) 今度 会社を 辞めさせて もらいます(いただきます)。
(이번에 회사를 그만두겠습니다.)

三日間 臨時休業させて もらいます(いただきます)。
(3일간 임시휴업하겠습니다.)

Point 4 조사 ~とか의 용법

~とか는 체언이나 용언에 접속하여 몇 개의 예를 열거할 때 쓰이는 조사로 우리말의「~라든지, ~라든가」에 해당하며, 주로 ~とか ~とか의 형태로 쓰인다.

예) 僕は 水泳とか テニスとか いろいろ やれる。
(나는 수영이라든지 테니스라든지 여러 가지 할 수 있다.)

本を 探すとか、図書館に 行くとか、いくらでも 調べる 方法は ある。
(책을 찾든가 도서관에 가든가 얼마든지 조사할 방법은 있다.)

Point 5 ~に ついて의 용법

~に ついて는 앞의 단어의 내용이나 성질에 관해서 언급할 때 쓰이며, 우리말의「~에 대해서, ~에 관해서」에 해당한다.

예) 日本語に ついて いろいろ 話を 聞きました。
(일본어에 대해서 여러 가지 이야기를 들었습니다.)

大学では フランス文学に ついて 研究しました。
(대학에서는 프랑스 문학에 대해서 연구했습니다.)

日本の 歴史に ついての 本を 読みました。
(일본 역사에 대한 책을 읽었습니다.)

문형연습

1 5단동사 ~せる   ~하게 하다, ~시키다

① 木村さんは いつも 人を 待たせる 人です。
(기무라 씨는 항상 사람을 기다리게 하는 사람입니다.)

② 私に 作らせれば、もっと 上手に 作ります。
(나에게 만들게 하면 더욱 능숙하게 만들겠습니다.)

③ 先生は 学生に 本を 読ませたり、字を 書かせたり します。
(선생님은 학생에게 책을 읽게 하기도 하고 글씨를 쓰게 하기도 합니다.)

④ 母は 妹を 買物に 行かせました。
(어머니는 여동생을 물건 사러 보냈습니다.)

2 상1단・하1단동사, 변격동사 ~させる   ~하게 하다, ~시키다

① 先生は 自分で 分かるまで 学生に 考えさせます。
(선생님은 스스로 알 때까지 학생에게 생각하게 합니다.)

② 家の 中に いる 人に ドアを 開けさせなさい。
(집안에 있는 사람에게 문을 열게 하거라.)

③ 子供に 無理に 勉強させるのは よく ありません。
(어린이에게 무리하게 공부시키는 것은 좋지 않습니다.)

④ 自分は 来ないで、ほかの 人を 来させました。
(자신은 오지 않고 다른 사람을 오게 했습니다.)

3 ~とか ~とか   ~라든가 ~라든가

① 病気の 見舞いには 果物とか お花が 好まれます。
(병문안에는 과일이라든가 꽃이 바람직합니다.)

② ケーキとか 和菓子とか 甘い ものは、好きでは ありません。
(케이크라든가 일본과자라든가 단 것은 좋아하지 않습니다.)

③ 休日は テレビを 見るとか 買物するとか して 過ごします。
(휴일에는 텔레비전을 본다든지 쇼핑을 한다든지 하며 지냅니다.)

④ 僕が 行くとか、君の 方が 来るとか、その 時に 決めよう。
(내가 가든지 네가 오든지 그 때 정하자.)

Unit 44. 教科書の 本文を 読ませます

Unit 45 本を お借りしに 参りました

金 　　ごめんください。

奥さん 　はい、どなたですか。

金 　　私は 金と 申しますが、先生は いらっしゃいますか。

奥さん 　はい、おります。先ほど お電話を いただいた 金さんですね。

金 　　はい。先生に 本を お借りしに 参りました。

奥さん 　少々 お待ちください。

大山 　　今日、上野先生は 休講だそうです。どう なさったのでしょう。

小林 　　たぶん 風邪で お休みになったのだと 思います。きのう、用事が あって、先生の お宅に うかがった とき、風邪気味で 頭が 痛い と 言って いらっしゃいましたから。

大山 　　そうですか。上野先生は お体が 弱いようですね。

小林 　　ええ。それに 少し 無理を なさりすぎるようです。

大山 　　先週も 大学祭の 間、旅行に お出かけになって いたのでしょう。

小林 　　ええ。それで 大分 お疲れになったらしいです。

해석 책을 빌리러 왔습니다

김 실례합니다.
부인 네, 누구십니까?
김 저는 김이라고 합니다만, 선생님은 계십니까?
부인 네, 있습니다. 아까 전화를 주셨던 김씨이군요.
김 네. 선생님께 책을 빌리러 왔습니다.
부인 잠시 기다려 주십시오.

오오야마 오늘 우에노 선생님은 휴강이랍니다. 어떻게 되신 거죠?
고바야시 아마 감기로 쉬고 계실 겁니다. 어제 용무가 있어 선생님 댁을 찾아뵈었을 때 감기 기운으로 머리가 아프다고 말씀하셨으니까요.
오오야마 그렇습니까? 우에노 선생님은 몸이 약하신 것 같군요.
고바야시 예. 게다가 너무 무리를 하신 것 같습니다.
오오야마 지난주도 대학축제 동안 여행을 가 계셨지요?
고바야시 예. 그래서 무척 피곤하신 것 같습니다.

학습 Point

1. 일본어의 경어
   ① 존경어(尊敬語)
   ② 겸양어(謙讓語)
   ③ 정중어(丁寧語)
2. 존경 표현 お~になる
3. 존경 동사
4. 겸양 표현 お~する
5. 겸양 동사
6. 정중어

단 어

- ごめんください 실례합니다
- 申(もう)す 말씀드리다
- いらっしゃる 계시다, 오시다, 가시다
- おる 있다의 겸사말
- 先(さき)ほど 아까, 조금전
- 参(まい)る 오다, 가다의 겸사말
- 少々(しょうしょう) 잠시, 잠깐
- 休講(きゅうこう) 휴강
- なさる 하시다
- 用事(ようじ) 용무, 볼일
- 伺(うかが)う 여쭙다, 찾아뵙다
- 風邪気味(かぜぎみ) 감기기운
- 無理(むり) 무리
- 大学祭(だいがくさい) 대학축제
- 疲(つか)れる 피곤하다, 지치다

Unit 45. 本を お借りしに 参りました

Point 1　일본어의 경어

경어(敬語)란 말하는 사람이 듣는 사람에 대하여 존경하고, 겸손하고, 정중한 마음으로 표현하는 말이다. 일본어의 경어에는 그 쓰임에 따라 존경어·겸양어·정중어가 있다.

❶ 존경어 (尊敬語)
존경어란 상대방이나 화제에 나오는 제3자 및 그 사람의 동작이나 상태, 또는 그 사람이 가지고 있는 것을 높여서 말하는 경우에 쓰이는 경어를 말한다.

예　この カードに お書きください。
　　(이 카드에 적어 주십시오.)

❷ 겸양어 (謙譲語)
겸양어는 존경어와는 달리 대화 상대자나 화제의 등장인물이 아닌, 말하는 사람 자신의 동작을 겸손한 마음으로 낮추어 표현함으로써 그 동작이 향해지는 상대를 존경하게 되는 경우에 쓰는 경어이다.

예　時刻表を お部屋へ お届けします。
　　(시각표를 방으로 보내드리겠습니다.)

❸ 정중어 (丁寧語)
정중어는 존경어나 겸양어처럼 듣는 사람이나 화제에 오른 어떤 인물을 공경하거나, 말하는 사람, 곧 자기 자신을 낮추어서 표현하는 것이 아니라, 오로지 이야기를 듣는 사람에 대해 정중한 표현을 하는 것이다. 정중어에는 ます·です·ございます가 주로 쓰인다.

예　ルームナンバーは 三階の 三百三号室でございます。
　　(방 번호는 3층 303호실입니다.)

Point 2　존경 표현 お ~になる

우리말에 있어서 존경의 접미어 「~시」를 접속하여 「읽다」를 「읽으시다」로 존경화 하는 방법이 있듯이, 일본어에도 존경의 뜻을 가진 동사와 ~(ら)れる로 표현하는 존경어, 그리고 「お+동사의 중지형+になる」로 표현하는 방법이 있다. お~になる

는 가장 일반적인 존경표현으로, 존경의 뜻을 가진 동사가 있는 경우는 제외한다.

기본형	중지형	お~になる	의 미
書く	書き	お書きになる	쓰시다
読む	読み	お読みになる	읽으시다
帰る	帰り	お帰りになる	돌아오시다

예 先生は いつ頃 お宅に お帰りになりますか。
(선생님은 언제쯤 댁에 돌아오십니까?)

この 小説の 本は お読みになりましたか。
(이 소설책은 읽으셨습니까?)

あの 問題は どう お考えになりますか。
(그 문제는 어떻게 생각하십니까?)

Point 3 존경 동사

일본어 동사 중에는 독립된 어휘 자체로 존경의 뜻을 나타내는 말이 있다. 우리말에서도 「드시다, 하시다」 등처럼 따로 분류되어 있고, 이것을 대상에 따라 구분하여 사용하는 것이 중요하듯이 일본어에서도 이것을 구분하여 쓰는 것이 중요하다. 그 대표적인 존경동사를 들면 다음과 같다.

보통어	의 미	존경 동사	의 미
いる	있다		계시다
来(く)る	오다	いらっしゃる	오시다
行(い)く	가다		가시다
する	하다	なさる	하시다
言(い)う	말하다	おっしゃる	말씀하시다
見(み)る	보다	ご覧(らん)になる	보시다
知(し)る	알다	ご存(ぞん)じだ	아시다
食(た)べる	먹다	召(め)し上(あ)がる	드시다
飲(の)む	마시다		

예 木村先生は お宅に いらっしゃいますか。
(기무라 선생님은 댁에 계십니까?)

吉田先生は 何と おっしゃいましたか。
(요시다 선생님은 뭐라고 말씀하셨습니까?)

先生、あの 映画は ご覧になりましたか。
(선생님, 그 영화는 보셨습니까?)

Point 4 겸양 표현 お~する

일본어 겸양표현은 앞에서처럼 단어 자체가 겸양어인 것도 있지만, 일반적으로 동사의 중지형 앞에 접두어 お(ご)를 붙이고, 중지형 뒤에 する를 접속하여 만든다. お~する는 경우에 따라「~해 드리다」로 해석되는 경우가 많아 ~て あげる로 표현하기 쉬우나, 이것은 상대에게 은혜를 베푸는 것 같은 느낌을 주므로 실례가 되는 경우가 많다. 따라서 이럴 때는 お~する로 쓰는 것이 적합하다. 또한 する 대신에 いたす를 쓰면 더욱 겸양스런 표현이 된다.

기본형	중지형	お~する	의 미
待つ	待ち	お待ちする	기다리다
送る	送り	お送りする	보내드리다
知らせる	知らせ	お知らせする	알려드리다
借りる	借り	お借りする	빌리다

예 見本は 来週までに お送りします。
(견본은 다음주까지 보내 드리겠습니다.)

合格の 可否は 電話で お知らせします。
(합격의 가부는 전화로 알려 드리겠습니다.)

商店街は 私が ご案内致します。
(상가는 제가 안내해 드리겠습니다.)

さっそく ご案内図を お部屋へ お届け致します。
(곧바로 안내도를 방으로 보내드리겠습니다.)

Point 5 겸양 동사

존경동사와 마찬가지로 독립된 그 어휘 자체가 겸양의 뜻을 가진 것이 있다. 대표적인 겸양동사를 보면 다음과 같다.

보통어	의 미	겸양 동사	의 미
いる	있다	おる	있다
する	하다	致(いた)す	하다
行(い)く 来(く)る	가다 오다	参(まい)る	가다 오다
会(あ)う	만나다	お目(め)にかかる	만나뵙다
見(み)る	보다	拝見(はいけん)する	뵙다
もらう	받다	いただく	받다
言(い)う	말하다	申(もう)す 申(もう)し上(あ)げる	말씀드리다
食(た)べる	먹다	いただく	먹다
聞(き)く	묻다	うかがう	여쭙다

예 私が そちらへ 参ります。
(제가 그쪽으로 가겠습니다.)

さっき 私が 申し上げた とおりです。
(아까 제가 말씀드린 대로입니다.)

先生、教室の 掃除は 私が 致します。
(선생님, 교실 청소는 제가 하겠습니다.)

Point 6 정중어

일본에서 가장 일반적이고 정중한 말은 정중한 단정을 나타내는 です와 ますの다. 이것만 정확히 알고 있어도 큰 실수를 하지 않고 일본어를 할 수 있다.
ございます는 あります의 정중한 표현이고, ~でございます는 ~です의 정중체이다. 또한 상대방을 확인할 때는 ~でございますか라고 하지 않고, ~でいらっしゃいますか로 표현한다.

예 紳士服の 売り場は 三階でございます。
(신사복 매장은 3층입니다.)

お探しの 商品は こちらに ございます。
(찾으시는 상품은 이쪽에 있습니다.)

1 お ～に なる　～하시다

① 先生、いつ お帰りに なりますか。
(선생님, 언제 돌아오십니까?)

② あの 問題は どう お考えに なりますか。
(그 문제는 어떻게 생각하십니까?)

③ この 絵は どちらで お買いに なりましたか。
(이 그림은 어디서 사셨습니까?)

④ これは 木村先生が お書きに なった 本です。
(이것은 기무라 선생님이 쓰신 책입니다.)

2 お ～する(致す)　～하다, ～해 드리다

① 書類は 田中さんに お渡ししました。
(서류는 다나카 씨께 건네 드렸습니다.)

② この 間 お借りした 本は あした お返しします。
(요전에 빌린 책은 내일 돌려 드리겠습니다.)

③ 引っ越しの とき、お手伝い致しましょうか。
(이사할 때 거들어 드릴까요?)

④ この 事件に ついて ご説明致します。
(이 사건에 대해서 설명 드리겠습니다.)

3 존경・겸양동사

① 何時の 飛行機で 日本へ いらっしゃいますか。
(몇 시 비행기로 일본에 가십니까?)

② 木村先生は これは 悪いと おっしゃいました。
(기무라 선생님은 이것은 나쁘다고 말씀하셨습니다.)

③ 息子が 一人と、娘が 二人 おります。
(아들이 하나와 딸이 둘 있습니다.)

④ 先生の お話を 静かに うかがって おります。
(선생님 말씀을 조용히 듣고 있습니다.)

왕초보에서 중급까지
한권으로 **일본어 확실하게 끝내기**

인쇄	2022년 2월 10일
32쇄 발행	2022년 2월 20일

지은이	사사연 어학연구소 저
대표	장삼기
펴낸이	장정란
펴낸곳	도서출판 사사연

등록번호	제10 – 1912호
등록일	2000년 2월 8일
주소	경기도 부천시 원미구 도당동 120-4 시그니엘빌 402호
전화	02-393-2510, 010-4413-0870
팩스	02-393-2511

인쇄	성실인쇄
제본	동신제책사
홈페이지	www.ssyeun.co.kr
이메일	sasayon@naver.com

임시특가 13,500원
ISBN 978-89-85153-02-7 03730

＊이책의 내용 및 이미지를 사전 승인 없이 무단전재 및 재배포 경우,
  관련 법령에 의거 제재를 받을 수 있습니다.
  잘못 만들어진 책은 바꿔 드립니다.